ULLSTEIN

Das Buch

Sinn-Management heißt die neue Herausforderung – gerade auch für Führungskräfte. Überall, wo Achtung, Wertschätzung, Vertrauen und Spielfreude in Teams zum knappen Gut werden, spüren wir Sinnverluste. Wer sich nur um traditionelle Wertschöpfung und Wachstum kümmert, verfehlt das höchste Ziel, das alle Menschen verbindet: den Sinn von Leben und Leistung. Die Frage nach dem Sinn unseres Tuns gehört daher ganz oben auf jede Agenda. Das gilt für alle Chefs, Erzieher, Lehrer und Ausbilder und in erster Linie auch für alle Eltern. Unternehmen und Institutionen müssen sich zu Sinn-Generatoren wandeln, die den Menschen Zuversicht und Geborgenheit geben. Wir alle müssen die Balance zwischen Arbeit und Leben wiederfinden. In der Mitte des Wettbewerbs um Geld und Güter steht die Würde des Menschen – die einzige Größe, die niemals käuflich werden darf.

Die Autorin

Gertrud Höhler, namhafte Publizistin und Professorin für Literatur, ist heute als viel gefragte Beraterin für Politik und Wirtschaft tätig. Sie sitzt im Board der Schweizer Unternehmen CIBA; Bâloise und Georg Fischer und hat mehrere Bestseller verfasst.

In unserem Hause sind von Gertrud Höhler bereits erschienen:

Herzschlag der Sieger
Spielregeln des Glücks
Spielregeln für Sieger
Wölfin unter Wölfen

Gertrud Höhler

Die Sinn-Macher

Wer siegen will, muss führen

Ullstein

Besuchen Sie uns im Internet:
www.ullstein-taschenbuch.de

Die Illustrationen der Seiten 70, 77, 88, 93, 108, 137, 176, 185, 187, 287 sowie 330 basieren auf Ideen von *Illustration-works*.

Umwelthinweis:
Dieses Buch wurde auf chlor- und säurefreiem Papier gedruckt.

Ullstein Verlag
Ullstein ist ein Verlag des Verlagshauses
Ullstein Heyne List GmbH & Co. KG.
1. Auflage Januar 2004

Umschlaggestaltung: Petra Soeltzer, Düsseldorf
Titelabbildung: Sebastian Schmidt, Hamburg
Satz: Leingärtner, Nabburg
Druck und Bindearbeiten: Clausen & Bosse, Leck
Printed in Germany
ISBN 3-548-36499-3

Für Abel
Luna
Daniela

Inhalt

I
Die Versprechen der Mächtigen müssen sich ändern

Die Versprechen der Mächtigen müssen sich ändern

Die Wissensgesellschaft verstört ihre Kinder. Nie waren die Labels so widersprüchlich, mit denen die Wohlstandskultur sich selbst beschreibt: Risikogesellschaft – Spaßkultur – Wissensgesellschaft. Ob wir uns über Risiko, Spaß oder Wissen definieren – eins haben alle diese Diagnosen gemeinsam: Der Sinn wird knapp. Niemand nennt uns eine »sinnerfüllte Gesellschaft«. Und die selbstkritische Feststellung, wir nähmen Zuflucht bei Geld- und Spaß-Shows, prangert »die andern« an, zu denen eigentlich niemand gehören möchte. Der Spaß ist nichts weiter als das Gegengift zum Risiko, das wir nicht dauernd spüren wollen. Überall wo Freude nicht gelingt, gehört die Bühne ihrem frivolen Bruder, dem Spaß.

Unser Stolz auf die *hightech*-gestützten Wissenstransfers, die den Globus zum Spielball der Mächtigen machen, spielt mit in den Spaß-Programmen: Wissen bringt Geld, heißt das Motto, das plötzlich einen Lokführer zum Millionär macht. Nun muss er die Topmanager nicht mehr beneiden. Wissen macht mächtig, lautet die Botschaft. Aber das Misstrauen, dass die transnationalen Clubs der wirklich Mächtigen unsere Welt unter sich aufteilen, während wir ohnmächtig zusehen, lässt sich damit nur von Fall zu Fall beschwichtigen.

Wissen, das Kapital und Produkt der Zukunft, die schon Gegenwart ist: Das Verhältnis der Menschen zum Wissen ist genauso widersprüchlich wie die Epochennamen, mit denen wir uns selbst einzufangen versuchen: Risiko, durch Spaß kompensiert, und Wissen als Medienspaß. Das offensiv naive Verhältnis zum Wissen schlägt unversehens in Dämonisierung um, wenn die wissenschaftliche Neugier den Umsturz vertrauter Werte ankündigt. Dann sieht sich der unersättliche *homo sapiens* mit seinem *alter ego*, seinem anderen Ich konfrontiert, das von der Sehnsucht nach Geborgenheit redet. Das zerrissene Ich baut Fluchtburgen wie die Ich-AG, spielt den Egomanen, während es zugleich nach Verbundenheit mit anderen hungert, ohne die das Leben keinen Sinn macht.

Wo Ego-Trips zum Rollen-Repertoire gehören, halten die meisten sie für eine etwas rüdere Variante der Spaßkultur. In Wahrheit mauert sich das Ich ein, weil es ein bedrohtes Ich geworden ist: Die Wissens-Spürhunde des systematisierten Wissens, die dicht vor dem letzten Geheimnis des Bios, des Lebens selbst, ihre Höhenlager aufgeschlagen haben, bestreiten dem Einzel-Ich seine Einzigartigkeit. Knüpfte sich nicht seine Würde an seine Einzigartigkeit? Schmilzt alles weg, was an verfassungsgesicherten ethischen Gütern unser Urvertrauen stärkte? Reden wir von Fossilien, wenn wir das Vertrauen, den frühkindlichen Reiseproviant *par excellence*, in die Mitte der menschlichen Arbeitsbeziehungen stellen?

Während die Ressource Wissen zum Überflussgut wird, entsteht Knappheit bei Gütern, die so kostbar sind, dass wir nur in Stellvertretersätzen von ihnen reden. Die sinn-entwöhnte Gesellschaft braucht Zeit, um ihren Mangel zu beschreiben. Lustlos, desinteressiert finden die Analytiker das Verhalten der Jugend. Für eine handfeste Auseinandersetzung zwischen den Generationen reicht das wechselseitige Interesse aber nicht aus. Wer sein Publikum amüsieren will, sollte nicht grundsätzlich werden. Keine Erkenntnisse bitte, Kenntnis reicht. Keine Gewissheiten, akutes Wissen genügt. »Alles wird gut« ist der ultimative Tarnkappensatz einer kommunizierenden *upper class*, die schon in der Kindheit gelernt hat, Schmerz zu verleugnen. »Unsicher vermeidend gebunden«* nennt die internationale Forschung diese Kinder, die mit einem brüchigen Grundvertrauen auf ihren Lebensweg gehen – und als junge Erwachsene immer noch die Bedürfnisse von Kindern kultivieren. Viele polemische Texte gelten diesem Phänomen der »infantilen Gesellschaft«, und keiner der neunmalklugen Analytiker erkennt die todernste Ursache dieses Fluchtkomplexes, der uns vor Augen führt, was keiner wissen will in der Wissensgesellschaft: dass die ersten verlassenen Kinder aus Krippen und Horten, Kinder von Karrieristenmüttern und -vätern, oben angekommen sind und sich außerstande sehen, erwachsen zu sein.

»Alles wird gut«? Wenn wir weiter unseren Augen nicht trauen, wie es uns die Medien täglich lehren, dann werden wir diese dramatische Selbstauskunft der Jugend ebensowenig für wirkliche Wissensfortschritte nutzen können wie die virtuelle *just-in-time*-Zeugenrolle, die wir alle am 11. September 2001 zugeteilt bekamen.

Die Realisierung dieser virtuellen Botschaften konnte nicht gelingen; es gibt zu viele Barrieren in unserem Gehirn gegen die Struktur und den Geist dieser Taten. Wissen macht nicht automatisch mächtig. Und der Weg von der Information zum Wissen ist weit.

Wenn die Risiko-, Spaß- und Wissensgesellschaft eine infantile Gesellschaft ist, dann kämpft sie mit noch mehr Widersprüchen als im Alltag bewusst werden. Kindliche Lebensstile bei Mittdreißigern wirken auf den ersten Blick wie Luxuserscheinungen einer aus den Fugen geratenen Wohlstandskultur, in der die Bequemlichkeit der Eltern zur Überbetreuung der Kinder führt – die daraufhin im Kinderstatus verharren. Die Eltern dieser kindlichen Erwachsenen sind aber gar nicht auf der Bildfläche – höchstens virtuell, in Form von materieller Unterfütterung der Shopping-Launen der »Kinder« – die sich folgerichtig als Eltern von echten Kindern gar nicht denken können. Wer auch die Verweige-

---

* Vgl. M. Dornes, Die emotionale Welt des Kindes, Frankfurt am Main 2000, S. 50 ff.

rung der Elternrolle auf das Konto »Ich-AG« schreiben wollte, der sollte den Griffel einen Augenblick zögern lassen: Wer keine Kindheit hatte, kann keine Kindheit geben. Die Selbsteinschätzung der verlassenen Kinder, die nun als Scheinerwachsene zwischen uns herumlaufen, ist zuverlässig: Sie haben das Kapitel Kindheit für sich selbst noch nicht zu Ende buchstabiert. »Alles wird gut« ist ein ironischer, schmerzstillender Spruch für das, was sie dem Leben eben nicht zutrauen, weil niemand es sie gelehrt hat.

Die infantile Wissensgesellschaft lebt in der Tat riskant. Sie lebt mit akuten Mangelständen beim psychischen Grundnahrungsmittel Vertrauen. Ohne Vertrauenserfahrung gibt es kein Selbstvertrauen: Auch da sollten wir den Täuschungsmanövern der Ich-Sager nicht spontan trauen. Erwachsene, in Kindheitsritualen verbunden und gefangen, suchen beieinander jene Geborgenheit, die ihnen von anderen – Eltern, Lehrern, Ausbildern und Theologen, Professoren und Vorgesetzen – nicht gegeben wird. Geborgenheit geht auch von sicherem Wissen aus. Wenn das Lebensprinzip die Flüchtigkeit des Wissens ist, dann schmilzt die Summe der Gewissheiten. Das muss nicht so sein, aber es ist so, wenn sich alle mehr um Wissensvorsprünge als um Gewissheiten kümmern.

Wissensvorsprünge holt man im Wettbewerb. Gewissheiten befreien von der Macht des Wettbewerbs und liefern neue Energie für das Spiel der Kräfte, an dem jeder teilnehmen möchte, um sich selbst mit anderen zu erfahren. Was gilt länger als das flüchtige Wissen von heute? Die *Community* der Wissensarbeiter lässt diese Frage offiziell nicht zu. Sie organisiert die Zugewinne, ohne zu wissen, wie die Rangfolge des Gewussten aussehen soll. Im Eifer der Wissensbeschaffung erkennt niemand, dass von den mitlaufenden Verlusten mehr Stress ausgeht, als die Führung managen kann.

Gewissheiten zu verlangen, die wie Inseln in diesem strudelnden Strom liegen, erscheint als unbilliger Luxus. Dennoch liegen sie im Strom des vorbeiflutenden Wissens, die Inseln der Gewissheit über uns selbst. Auf diesen Inseln stehen manchmal die Kathedralen der großen abendländischen Sinn-Agentur, der christlichen Kirche. Oder die Quellen, mit denen auch sie verbunden waren, reden zu uns: die Tugendlehren der griechischen und römischen Antike, die nichts anderes sind als Kompendien der Gewissheiten, die wir über uns selbst erreichen können. Solche Gewissheiten sind Sinnquellen, weil sie uns daran erinnern, was uns nützt und was uns schadet – freilich in einem umfassenderen Sinne, als es die Märkte definieren. Wenn Aristoteles die vier Kardinaltugenden Klugheit, Gerechtigkeit, Mut und Maß als verlässliches Orientierungswissen behandelt, wenn Thomas von Aquin ihm folgt und damit die »heidnische« Antike getauft ins christliche Abendland mitnimmt, dann macht Erfahrungswissen seinen Weg, weil es dem Menschen und seinen Bedürfnissen gerecht wird. »Tugenden« sind darin zugleich Anforderung und Zuspruch. Sie liefern Sinn, weil sie den Menschen nicht als Ware, Zweck oder Nutzen definieren, sondern seine Würde als ein unantastbares und nie handelbares Gut in die Mitte stellen.

Genauso sahen es noch die Väter der Marktwirtschaft: Im Zentrum des Wettbewerbs mit Geld und Gütern, so betonten sie, steht die einzige Größe, die niemals in Geld umgerechnet und verkäuflich gemacht werden darf: die Würde des Menschen. Ihrem Schutz dienen – ursprünglich – auch alle Instanzen, die den Wettbewerb kontrollieren, um die Menschen vor seiner Entartung zu schützen: das Rechtswesen und die Sozialsysteme.

Die Wissensgesellschaft hat im Strudel ihrer Gewinne und Verluste kaum Energie für den Kern der menschlichen Existenz übrig. Sie ist deshalb die Gesellschaft der großen Verunsicherung. Sie bescheinigt sich selbst lieber Harmloseres als die Sinnkrise, in der wir um ein neues Gleichgewicht von Wissen und Gewissheiten kämpfen.

Sinn entfaltet sich nur, wenn die metaphysische Dimension in unseren Köpfen genauso wichtig genommen wird wie die profitträchtige *brainpower*, die wir als Mitarbeiter und Chefs zu Markte tragen. Der Hunger nach Sinn kreist um die *added values* der menschlichen Existenz, um Ziele jenseits des Profits, um Werte, die den immateriellen Glanz in die materielle Produktwelt bringen. Das kühle Wort »Beziehungsmanagement« beweist, dass wir davon wissen. Wir reden seit einigen Jahren auch im Management über diese offenen Optionen, die den Mitarbeitern und den Kunden zeigen, dass ihre Firma nicht nur zweckgerichtet, sondern sinnorientiert mit Menschen umgeht. Achtung und Wertschätzung, Vertrauen und Spielfreude bestimmen die Teams in Unternehmen, die den Traum vom Sinn zu ihrer Motivationsquelle gemacht haben.

Eine solche Teamkultur ist der Gegenentwurf zur Kommerzialisierung aller Beziehungen, die man uns nachsagt – oder anrät, je nach Perspektive. Das tägliche Versprechen »Ich mache Sie reich« kontern die Mitglieder hochmotivierter Teams mit dem Vorschlag, die Zusage etwas zu präzisieren: »Ich mache Sie reich – an Erkenntnissen.« Nur wenige lachen bei solchen Vorschlägen. Erfolg geht oft besser ohne Durchblick, meinen die meisten. Erfolg ja, aber Sinn? Nein.

Glücklicherweise sind wir Menschen unersättliche Wesen. Das bringt uns viele Nachteile im materiellen Bereich, aber unschätzbare Vorteile im immateriellen. Wie unsere Gier nach Macht und Einfluss, so ist auch unser Durst nach Sinn durch kein Täuschungsmanöver zu stillen. Wir wollen keinen Sinn-Ersatz, wir wollen Sinn. Oft sind die Mittel, mit denen Menschen darum kämpfen, sehr verschlüsselt – wie die Kindergeburtstage der Dreißigjährigen. Die jungen Damen mit den Kindermanieren tragen die Kruzifixe im Dekolleté, die ihre Vorgänger von den Schulwänden herabgeklagt haben. Sie denken sich nichts dabei? Darauf kommt es nicht an. Sie zitieren eine konkurrenzlose Instanz, die als Schutzmacht und Spenderin von Lebenssinn eine große Geschichte hat. Vielleicht wirken sie doch, die Kreuze, sagen die duftenden Kindfrauen verlegen. Man kann nie wissen.

Ein Mahnsatz für die Wissensgesellschaft: Man kann nie wissen.

»Kann eine Kultur überleben, wenn alle ihre Beziehungen nur kommerzieller Natur sind?« – Mit dieser Frage eröffnete Jeremy Rifkin* zur Jahrhundertwende die schwelende Debatte auch offiziell: Wird es gelingen, den Menschen selbst genauso zu behandeln wie die Dinge, die käuflich sind? Und wenn es partiell zu gelingen scheint, was wird aus den Menschen werden, die sich daran gewöhnen, käuflich zu sein und sich selbst als Produkt oder Marke zu erleben?

Viele von den Erfahrungen, die wir im letzten Jahrzehnt mit uns selbst gemacht haben, sprechen dagegen. Nicht weil wir ethisch so empfindsam geworden wären oder unsere Hochschätzung der Menschenwürde uns überall begleitete und unsere Geschäftspartner weltweit überzeugte, sondern weil das vielgeschmähte Ego der Menschen sich gegen die »Verzweckung« wehrt. Der Mensch kann nicht Mittel sein, wenn sein Wohlergehen das Ziel ist. Wenn ein Gesellschaftssystem dieses Ziel dauerhaft verfehlt, verweigern die Menschen diesem Gemeinwesen ihre Leistung.

Den Sinnverlusten Einhalt zu gebieten, ist die Herausforderung an den Mut der Mächtigen. Viele von ihnen spüren bereits, dass die Flucht vor der »metaphysischen Unbescheidenheit« ihrer Leute keine Lösung sein kann. Die Märkte leben nicht von Askese-Modellen, sondern vom Konsumappetit der Bürger. Der lässt sich nicht befriedigen ohne das Leistungsvergnügen der Mitarbeiter. Und dieses Vergnügen hat, wie vieles andere auch, einen gestiegenen Preis. Er heißt Sinn. Kein Topmanager bestreitet, dass für ihn selbst sein Einsatz nichts Geringeres als Sinn entfaltet. Sollen die Mitarbeiter, nur weil sie keine Topleute sind, mit weniger auskommen?

Führung ist die Sinn-Agentur der Zukunft. Das gilt für Eltern, Lehrer, Ausbilder, Professoren und Handwerksmeister, für alle Vorgesetzten. Firmenziele ohne die Lebensziele von Mitarbeitern zu beschreiben wird immer weniger Sinn machen. Die Versprechen der Mächtigen müssen sich ändern.

---

* J. Rifkin, Access. Das Verschwinden des Eigentums, Frankfurt am Main 2000.

II
Die Wissensgesellschaft auf der Suche nach Gewissheiten

1 Wie weit reicht die Macht des Wissens?

Ist es das Wissen, das Macht verleiht? Und ist erst heute das Wissen zum Innovationsgenerator geworden? Labels beruhigen. In unübersichtlichen Zeiten greift man schneller zu einfachen Etiketten: nach der Informations- die Wissensgesellschaft. Wissen, das ist die Ankunft der Information am richtigen Platz. Dass die technologisch verkürzte Debatte um Wissensumschlag und Wissensorganisation nur die Ränder des neuen Chaos erfassen kann, wurde schnell deutlich. Wissens-Management, so war die optimistische Folgerung, wird auch dieses Chaos lesbar machen.

Innovation der Kultur läuft immer schon über die soziale Vererbung von Gruppenwissen. Immer geht es um die Rangordnung dessen, was man weiß. Überleben im faktischen und übertragenen Sinne können Kulturen immer nur dann, wenn es ihnen gelingt, die Spuren zu lesen, die Feinde oder potentielle Verbündete zeichnen. Für unsere Vorfahren hieß das, die Zeichen der alten Ordnung, in der sie lebten, zu lesen und richtig zu deuten. Die richtige Deutung war nur mit dem Erfahrungswissen der Lebenswelt möglich, das die Besten am sichersten verfügbar hielten.

Überleben oder Unterliegen hing davon ab, ob man Drohgebärden von Freundschaftsgesten unterscheiden konnte; Täter oder Opfer zu werden entschied sich in Sekundenbruchteilen. Die Fitness in der Wissenskultur unserer Vorfahren war, wie heute, in erster Linie durch *brainpower* bestimmt. Wer den Feind erkennt, sollte freilich auch emotional stabil und physisch trainiert sein, um über Kampf oder Flucht zu entscheiden. Was bedeutet es,

- wenn der Bär sich aufrichtet
- wenn der Baum brennt
- wenn das Herdfeuer erlischt
- wenn die Raubkatze springt
- wenn Rauch aufsteigt
- wenn der Lehm die eigene Spur aufzeichnet oder
- wenn der Regen sie verwischt?

Der Wissenstransfer in den überschaubaren Gruppen unserer Vorfahren versorgte jeden von Kindheit an mit den Antworten auf diese Fragen. In der neuen Ordnung, die durch unzählige Generationen des Wissenstransfers und der Wissensrevolutionen hochkomplex geworden ist, gibt es nur noch abgeleitete, häufig auch verschlüsselte Spuren zu lesen. Was wir wissen müssen, um erfolgreich zu sein, erfahren wir zum geringsten Teil durch Vorbild und Nachahmung. Wir delegieren unsere Wahrnehmung an Werkzeuge, die besser lesen, speichern und horchen können als wir. Unübersichtlichkeit und Widersprüche der angehäuften Informationen machen uns zu schaffen. »Komplexität reduzieren« nennen wir als eines der wichtigen Ziele. Aber wo sind die Maßstäbe, um die Rangordnung der einströmenden Wissens-Rohstoffe herzustellen? Das Stück läuft, und wir schreiben immer noch am Drehbuch. Viele Regisseure streiten um das Kommando, und die Schauspieler wechseln viel zu rasch.

Die Wissensgesellschaft, wenn sie sich zu Recht so nennt, entdeckt neue Knappheiten:

- Immer mehr mittelbare Erfahrung verlangt immer mehr Vertrauen.
- Immer mehr virtuelle »Wissensprodukte« sind im Markt nur mit immer mehr Glaubwürdigkeit der Anbieter verkäuflich.

Kulturinnovation durch soziale Vererbung von Gruppenwissen:

Die Rangordnung des Gewussten als Überlebensgesetz

Zeichen der alten Ordnung:

... wenn der Bär sich aufrichtet
... wenn der Baum brennt
... wenn das Herdfeuer erlischt
... wenn die Raubkatze springt
... wenn Rauch aufsteigt
... wenn der Lehm deine Spur aufzeichnet
... und der Regen sie verwischt

Zeichen der neuen Ordnung:

- delegierte Wahrnehmung als Kapitulation vor der Komplexität
- Aufwertung der Ressource Vertrauen
- high trust culture statt Kultur der Kontrolle

Es geht immer noch um dasselbe:

- Fressen oder gefressen werden, fight or flight
- In der Fast-food-Kultur heißt das: Have lunch or be lunch

- Aus der Industriekultur bringen viele Spezialisten den Stolz auf ihr Know-how mit – und werden konfrontiert mit der Frage nach dem Know-why – die soviel meint wie:
  - Was soll das Ganze?
  - Wo ist das Ziel?
  - Lohnt es sich wirklich?

Die anspruchsvollsten Produkte der virtuellen Ära lassen eine »Anschaulichkeitslücke«, ein Sinnlichkeitsdefizit. Um so wichtiger werden die *added values*, die emotionalen Mehrwerte. Das Beziehungsmanagement gewinnt an Bedeutung; wir müssten es beherrschen, ehe wir von »Wissensmanagement« reden können. In einer Welt, die kaum noch Original-Erfahrungen zulässt, kann die *high trust culture* nicht als Option gehandelt werden; sie wird zum harten Erfolgsfaktor.

Der ungebrochene Optimismus der Informationstechnologen, die auch das Wissensmanagement als »ihr« Thema betrachten und technisch zu lösen gedenken, ist zwar ein grandioses Missverständnis. Er wird aber die Skeptiker zum Widerspruch und zu Gegenbeweisen anspornen und damit ein komplexes Thema vor der tödlichen Vereinfachung retten.

Was ich gesehen habe, das weiß ich, so sagt es noch das Althochdeutsche (ab 6. Jh.) und Mittelhochdeutsche (um 1050 bis 14. Jh.) *wizzan*: das hieß »gesehen haben«. Dabei gewesen sein. Rationale Erkenntnis und Gewissheit waren ganz dicht beieinander. Die Philosophen legen Wert auf die Unterscheidung: Wissen heißt begründbare Erkenntnis – eben nicht Vermutung, Meinung, Glauben. Damit sind die Welten der intuitiven und der rationalen Erkenntnis zwar getrennt; aber Wissen schillert, wo immer wir es antreffen. Die Revision wissenschaftlich »gesicherter« Erkenntnisse zeigt es. Wissen braucht also Wachsamkeit und Kontrolle.

Welche Ziele hat das Wissen? Was **nützt** es?

- Leistungswissen hilft bei der Daseinsgestaltung,
- Bildungswissen hilft verstehen und einordnen, weiterentwickeln und Traditionen sichern,
- Heilswissen sichert den Zugang zur Transzendenz, es bindet die physische an die metaphysische Existenz.

Schon diese drei Beispiele zeigen: Sachwissen, der größte Wachstumssektor in der Wissensgesellschaft, mischt sich überall mit emotionalen Elementen.

Mit dem rasanten Wachstum der Wissens-Angebote wächst die Unruhe, wie wir das gewinnen können, was Menschen zur Mitwirkung in der virtuellen Kultur motivieren könnte: Orientierungswissen. Nur wenige Menschen widmen ihr Leben dem simplen Ziel, möglichst viel zu wissen, denn ihre Konkurrenten sind die Wissensspeicher in den Büros. Nur wer kreative Wissensordnungen schafft, erregt Aufmerksamkeit. Die Wissensüberflutung, mit der wir leben, stellt uns unaufhörlich vor die Alternative: einfügen oder wegwerfen; speichern oder vergessen; verarbeiten oder vernichten. Sie ist deshalb so schwierig, weil es keine verbindlichen Kriterien für den Wert der Wissenssplitter gibt, die uns täglich um die Ohren fliegen.

Wissen managen – das hieße also zunächst Wissen beherrschen, und davon sind wir ziemlich weit entfernt. Nur wer eingegrenzte Ausschnitte ins Auge fasst, schöpft Hoffnung. Wo Experten experimentieren, scheinen die Grenzen des Wissenswerten plötzlich klar. Fragt man einen nachdenklichen Fachmann, so beschreibt er genau diese Haltung als die große Versuchung: Interaktion mit anderen Spezialsektoren ist unerlässlich. Der Komplexitäts-Stress verschont niemanden, der wirklich etwas durchschauen will.

Durchschauen wollen: das heißt neugierig sein. Die Neugierde wird aber von Natur- und Geisteswissenschaft als die zuverlässigste Energie angesehen, mit der der *homo sapiens* sich vorarbeitet. Konkurrenzlust hält ihn an, zu kooperieren, und der Wettbewerb optimiert die Ergebnisse.

Also müssten wir aufräumen können im Dschungel des Wissens?

Das größte Handicap liefert uns der Wissensstrom selbst: Er spült die Orientierungbojen weg, die wir zur Kursbestimmung im vorigen Jahrhundert noch geeignet fanden.

Die Wissensfülle selbst ist es, die alles Wissen relativiert. Und hier beginnen wir zu begreifen: Immer mehr Wissensangebote machen die Orientierung nicht allein deshalb überflüssig, weil sie nicht mehr gelingen kann. Umgekehrt: Immer mehr Wissensrohstoffe verschärfen den Hunger nach Gewissheiten.

Selbst wenn wir im Wissens-Überangebot eine Beschleunigung unserer Erfahrungen für möglich halten – was schwer beweisbar ist: anstelle der Flexibilität im Umgang mit dem Überfluss wächst der Hunger nach – Sinn.

Die Quantität erstickt das Qualitätsbedürfnis nicht, sondern sie stimuliert es. Immer mehr vom Gleichen, so meinen die Menschen im Wissensorkan, macht übermäßig Appetit auf das ganz andere. »Wissen verdrängt Sinn« ist also eine absolut verfehlte These. »Wissen entlarvt Sinnverluste« wäre die richtige.

Der Optimismus der Wissensverwalter in den Konzernen richtet sich auf Methoden zum Einfangen und Lagern von Wissen, das man anschließend ordnen und verwalten will – wie andere Ressourcen auch. Solange es an Kriterien mangelt, die bei der Rangordnung der Lagerbestände helfen könnten, hofft man auf ehrgeizige Software-Innovatoren, die an *multi-view*-Programmen arbeiten und *classify*-Programme anbieten, die künftig jeder Abteilung in Sekundenschnelle das passende *package* an Wissen auf den Schirm spielen sollen. Dennoch hat man damit nur die Fußspitze in der Tür von der Information zum Wissen. Was generell geschehen muss, um Informationsvorräte beherrschbar zu machen und in Wissen umzuschmelzen, lässt sich in wenigen Schritten vereinfacht sagen:

Der Weg von der Information zum Wissen setzt voraus, dass wir Informationen

- beschaffen,
- einordnen,
- klassifizieren,
- systematisieren,
- formalisieren,
- kommunizieren.

Was sich dahinter verbirgt, ist die Steppe des Wissensmanagements, in der bislang überwiegend Techniker unterwegs sind, die von der technologischen Zähmung der Bestie Wissen träumen. Frühere Jahrhunderte haben die explosiven Kräfte neuen Wissens wie Todfeinde bekämpft. Die Träger neuen Wissens wurden verfolgt, verbrannt, geköpft. Wissen war als Aufrührer und Revolutionär ein Feind der etablierten Mächte. Heute laufen die Abwehrschlachten gegen unerwünschtes Wissen, das Machtpositionen bedroht, verdeckt ab. Die ökologischen Grabenkämpfe um Untergangsthesen wie den Treibhauseffekt geben ein Beispiel. Hier geht es um sehr viel Geld, und die kämpfenden Parteien tarnen sich mit Weltethos.

Wissensmanagement ist eine gemischte Aufgabe. Es verlangt eine gute Balance von Intelligenz und Emotion. Wer von intelligenten Systemen träumt, die den Wissensstrom lenken und kanalisieren, muss enttäuscht werden. Da es sich um *Brainware* handelt, ein viel komplexeres und weniger berechenbares Material als die rohe Information, sollten wir uns eher als Kanufahrer im Wildwasser begreifen. Und da gilt: Nicht den Fluss schieben, sondern das Kanu steuern.

Der Aufgaben-Mix für das Wissensmanagement lässt sich zwar beschreiben – bewältigen lässt er sich aber noch nicht.

Da geht es nicht nur um alles, was die Unternehmen wissen, ohne es verwerten zu können: »Wenn Siemens wüsste, was Siemens weiß …«, sondern um Kulturmanagement in einem neuen Sinne.

Die sicher unvollständige Liste kann man so schreiben:

- schlummerndes Wissen aufwecken
- vagabundierendes Wissen einfangen

Wissensmanagement:

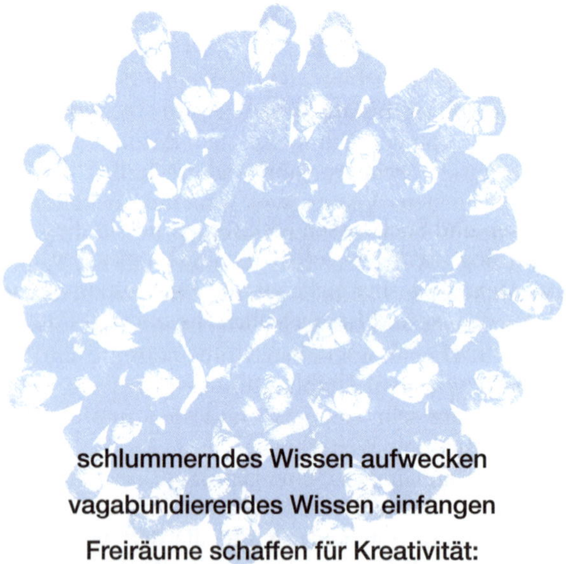

schlummerndes Wissen aufwecken

vagabundierendes Wissen einfangen

Freiräume schaffen für Kreativität:
unkonventionelle Umwälzung von Gruppenwissen

Neugierde systematisieren: Wissenschaft, Forschung

Gewissheit schaffen oder aufbrechen?

Die Balance zwischen Know-how und
Know-why halten

Orientierungswissen entwickeln und nutzen

Leistungswissen aufbauen

Bildungswissen generieren

Heilswissen respektieren und schützen

- Freiräume für Kreativität schaffen durch unkonventionelle Umwälzung von Gruppenwissen
- Neugierde systematisieren:
- Wissenschaft und Forschung Spielräume zurückgeben
- Gewissheit schaffen und Gewissheiten aufbrechen
- Balance halten zwischen Know-how und Know-why
- Orientierungswissen entwickeln und nutzen
- Leistungswissen aufbauen
- Bildungswissen generieren
- Heilswissen respektieren und schützen

Sachwissen und Suchwissen verknüpfen sich in diesem Aufgabenkatalog eindrucksvoll. Alle Kräfte müssten mobilisiert werden, die bisher getrennt und eigennützig operieren: Wettbewerbslust und Erfolgswille müssten im Bündnis mit Intelligenz und ethisch kontrollierter Verantwortung dieses neue Feld des Kulturmanagements bearbeiten.

Die Wissensgesellschaft zeigt bei diesem komplexen Zugriff aber plötzlich ein anderes Gesicht, als es die Technokraten vermitteln: Sie repräsentiert die Ära der großen Verunsicherung.

»Menschen im Netz« sind ja nicht automatisch weltbürgerliche Surfer auf allen Meeren. Sie reduzieren ihre Original-Kommunikation, weil sie wählen müssen: Netz oder Mensch. Der Mensch, den sie nicht real aufsuchen, sitzt ebenfalls vor seinem Bildschirm; im Bedarfsfalle können beide miteinander via Netz kommunizieren. Mit Wissensmanagement hat das nichts zu tun. Die »vernetzten« *User*, wie sie im Jargon heißen, sind zugleich Verstrickte: zappelnd in den Netzen, mit denen sie zum großen Fischzug aufbrachen. Plötzlich ist man Fisch statt Fischer in diesen Netzen und zappelt mit Millionen anderer, und ringt nach Atem.

Die Begriffswahl für das *world wide web* spiegelt sicher nur zufällig den Doppelcharakter der Netze.

Je mehr Stunden im Netz, desto mehr Wissen sammelt sich an, glauben viele der Netzjünger. Das pure Dabeisein hebt ihr Selbstwertgefühl und fördert Selbstüberschätzung: »Das Netz ist eine Metapher für (mühe-)lose, jederzeit reversible Vergesellschaftung; ›Vernetzung‹ steht für Vergesellschaftung light.«*

Wer Wissensgewinne nur über die Informationstechnologien zu machen versucht, gerät bald in einen völlig ungewohnten Mangelzustand: Die Augen sind überlastet, und die andern Sinne hungern: Die Sehnsucht nach Tasten, Schmecken und Riechen erfasst die netzversessenen Wissensarbeiter so heftig, dass sie Nähe um jeden Preis suchen – auch wahllos, exzentrisch, ekstatisch. Endlich wirkliche Menschen, ihre Stimmen, ihr Atem, das Gewirr von Düften – aggressive Reflexe auf die virtuell entseelte Alltagswelt in den tickenden Büros und heimischen Chat-Laboratorien.

Mitten im vorgeblichen Wissensmanagement spüren viele junge Leute, dass ihnen Wissen verlorengeht, das sie nicht entbehren wollen. Sie beginnen an der Rangordnung ihres Wissens zu arbeiten – soweit ihre beruflichen Vorgaben dies zulassen. Wissensmanagement wird also in die private Lebensführung abgedrängt. Wenn der Leidensdruck durch die virtuelle Überlastung wächst, entscheiden viele Menschen pro Lebensqualität und contra »Netztauglichkeit«, wie die böse Vokabel heißt.

Dass »Wissen« nicht satt macht, könnten am besten die Menschen bestätigen, die mit viel Wissen beladen ihren beruflichen und persönlichen Weg gehen. Zugleich würden sie den allzu einfachen Antworten widersprechen, die von Informationsverarbeitern auf die Frage »Was ist Wissen?« gegeben werden: Einfach die angekommene Information, die angedockte Nachricht, sagen viele, und die Definition hat etwas Verführerisches. Wer Menschen mit viel Wissen befragt, der bekommt zunächst eine klare Antwort auf die Frage, ob sie sich beim Wissensammeln immer sicherer oder immer unsicherer gefühlt haben: »Eher unsicherer. Deshalb habe ich immer weitergemacht. Ich dachte, es wird besser«, sagt ein Naturwissenschaftler. »Ich dachte nicht, dass es

* G. Fröhlich, Netz-Euphorien. Zur Kritik digitaler und sozialer Netz(werk)metaphern, in: Schramm, A. (Hrsg.), Philosophie in Österreich, Wien 1996, S. 303.

Beruhigung gibt durch mehr Wissen. Aber ich hatte immer mehr offene Fragen, je mehr Antworten ich kannte, also musste ich weitersuchen.« Macht Wissen süchtig? Beide lächeln. »Nicht direkt süchtig, aber rastlos. Wer viel weiß, sieht viel mehr Gestaltungsmöglichkeiten als einer, der wenig verstanden hat. – Seelenruhe«, meint einer von den beiden Forschern, »können eher die Leute erreichen, die ihren Wissensbesitz einzäunen und nicht mehr aus dem Fenster schauen. Aber die Mentalität dazu muss man haben ...«

»Versteht man mehr vom Sinn des Lebens, wenn man viel weiß?« – »Man lernt, dass der Sinn des Ganzen sozusagen hinter der Schwelle liegt«, sagt der Physiker vorsichtig. »Je mehr Zusammenhänge ich im Laufe meines Lebens verstanden habe, desto mehr staunte ich über die wachsende Zahl der unverstandenen Dinge. Wo ich nicht weiterkomme, vermute ich eine höhere Vernunft, die unseren Denktechniken nicht zugänglich ist. Der Sinn vieler Erscheinungen bleibt uns verborgen, während wir ihre Schönheit und Funktionstüchtigkeit bestaunen. Das heißt also: Wo mein Verstand erfolglos bleibt, habe ich oft die Muse, über den verborgenen Sinn der Erscheinungen zu staunen.«

Wissen ist mehr als nur das Einrasten einer Information im Räderwerk des bereits Bekannten. Hirnphysiologisch trifft diese Definition einen Teil der Wahrheit: Wir können nur das in Wissen umsetzen, was Anschluss findet an bereits gespeichertes Wissen. Darum ist das Management von Lernprozessen eine so hochrangige Aufgabe – auf die Lehrer in unserer Kultur nicht vorbereitet werden.

Wer Niklas Luhmann liest, findet bei ihm eine Definition, die das Mixtum »Wissen« schon erschreckend komplex beschreibt: Wissen, so Luhmann 1994, bestehe aus »veränderungsbereiten«, als wahr geltenden kognitiven Schemata, die den Umweltbezug sozialer und psychischer Systeme regelten.

Ich übersetze, was Luhmann meint: Die Kultur, in der wir leben, liefert Muster zur Verarbeitung von Eindrücken und Erfahrungen, die zwar als »wahr« gelten und für tauglich gehalten werden. Dennoch bleiben sie »veränderungsbe-

Die Wissensgesellschaft lebt mit strapaziösen Verfallsprozessen von Wissen.

Sie soll
- erfahrungshungrig
- veränderungsbereit
- enttäuschungsoffen

sein.

Eine Flüchtigkeitsgesellschaft?

Wer beim Ergreifen schon wieder loslassen soll,
braucht eine hohe Abschieds- und Verlustkompetenz.

DIe Wissensgesellschaft macht nicht nur Gewinne.
Sie macht auch **hohe Sicherheits**- und **SINN-Verluste**.

reit«, also erfahrungsoffen. Mit Hilfe dieser Bearbeitungsmuster gelingt es Menschen und Menschengruppen, mit anderen Menschen und mit den Lebensbedingungen in ihrer Kultur erfolgreich umzugehen.

Merkmal der erfahrungsoffenen Tempokultur ist die grundsätzliche Bereitschaft, ihre Schemata zu korrigieren, wenn neue Erfahrungen es erzwingen.

Die moderne Wissensgesellschaft ist also nicht nur lernbereit und flexibel, sondern sie ist eine enttäuschungsbereite Gesellschaft, gewissermaßen immer auf dem Sprung, das eben noch geltende Bewährte abzuwerfen zugunsten einer neuen Reaktion auf Niegesehenes.

Enttäuschungsbereitschaft wird alsbald umgeformt in eine leichtere Variante: Wo Verluste zum Alltag gehören, bindet man sich nicht mehr wirklich. Was nicht lange gilt, verdient kein Engagement. So wird die »veränderungsbereite« schnell zu einer Flüchtigkeitsgesellschaft, die das Loslassen schon beim Ergreifen des Neuen im Blick hat. Da auch »psychische Systeme«, wie Luhmann sie nennt, als menschliche Beziehungen und einzelne Menschen in diesem Klima leben, ist die erfahrungsoffene auch eine verunsicherte Gesellschaft. Menschen ertragen den raschen Wandel nur dann, wenn sie auf dauerhafte geistig-emotionale Besitzstände zurückgreifen können.

Enttäuschungsoffene Kulturen nehmen nicht automatisch an Gelassenheit und Weisheit zu, sondern sie verlieren das Ferment des Vertrauens. Gedämpfte Erwartungen und Abschiedsbereitschaft kosten Innovationslust. Wenn die Innovation aller Annahmen und Erfahrungen sich als tägliche Bedrohung aller Gewohnheiten und als Feindin der Geborgenheit zeigt, dann werden die Menschen sich nicht als Tempomacher an ihre Spitze setzen. »Wissen managen« erscheint nach diesen Beobachtungen als eine so brisante Aufgabe, dass wir begreifen, wie sehr sie bis heute unterschätzt wird. Wissensmanagement kann sich aber immer auf das Bedürfnis der Menschen verlassen, sich über eine

Wirklichkeit – und im Idealfalle über Wahrheiten – zu verständigen, die unabhängig von unserem Denken und Wissen existieren. Auch der Einspruch der Philosophen ändert nichts an dieser Annahme. Die gemeinsame »Realitätsgewissheit« der Menschen liefert die starke Basis für die strapaziösen Verfallsprozesse von Wissen, denen wir in diesen Jahrzehnten ausgesetzt sind. Weil wir uns darauf verlassen, in einer gemeinsamen Wirklichkeit zu leben, gelingt es uns, Wissen, altes und neues, in Handeln umzusetzen. Ob die Zahl der Verlierer in diesen turbulenten Prozessen tatsächlich dramatisch ansteigt, ist noch nicht ausgemacht. Der Mensch als die langsamste Kraft auf den Wissensmärkten mit ihren neuen Vergänglichkeitsregeln wird das Tempo drosseln, wenn es ihn überanstrengt.

Wenn wir lernen,

- unsere Erwartungen in Frage zu stellen,
- Enttäuschung als Normalfall zu betrachten und
- die Revision unserer Erfahrungen quasi vorwegzunehmen,

dann werden zwangsläufig Werte wie

- Verlässlichkeit
- Versprechen halten
- Vertrauen bewahren

erschüttert. Welche Zusage kann ein enttäuschungsbereiter Mensch noch machen? Welches Versprechen wird er, erfahrungsoffen wie er sein will, noch guten Gewissens abgeben? Kann er dann aber noch Vertrauen erwarten? Und wird er noch Vertrauen bei anderen wecken?

Die Wissensgesellschaft, so meinen viele Forscher, kann sich Ansprüche auf Allgemeingültigkeit oder Stabilität »nur wider besseres Wissen« leisten. Die auf Wissen gestützte Kultur ist stärker als in früheren Jahrhunderten auf Wissensgewinne konzentriert; sie erreicht diese Zugewinne in schnellerer Folge – und ihre Wissensverluste sind gleichzeitig größer. Abschieds- und Verlust-Kompetenz gehören zu den neuen »Tugenden«, mit denen man in der Wissensgesellschaft Erfolgsversprechen einhandelt. Die Zahl der Gewissheiten wächst nicht in der wissensbasierten Gesellschaft. Aber wir erkennen einen wachsenden Hunger nach Gewissheiten.

Als in den sechziger Jahren der Begriff der Wissensgesellschaft – »*knowledgeable society*« – geprägt wurde, war der Ausblick ihrer Entdecker und Architekten hoffnungsvoll: Weg mit dem Ballast der Industriekultur und ihren bleischweren Produkten und ihrer Materialabhängigkeit und hinein in die Welt der federleichten virtuellen Energieströme, raus aus den fossilen Schlachten zwischen Arbeit und Kapital, hinein in eine transparente, intelligente Ära, in der nur eines gilt: Wissen.

Der Namensgeber der *knowledgeable society*, Robert Lane, schlug 1966, im visionären Schwung des ersten Ausblicks, eine vielversprechende Definition für diese neue Etappe vor: Er sah eine Gesellschaft sich entfalten, »deren Mitglieder in stärkerem Ausmaß als die anderen Gesellschaften: a) die Grundlagen ihrer Absichten über Mensch, Natur und Gesellschaft erforschen; b) sich (vielleicht unbewusst) von den objektiven Maßstäben der Richtigkeit und Wahrheit leiten lassen und sich auf den höheren Bildungsebenen bei Untersuchungen an wissenschaftliche Beweis- und Schlussfolgerungsregeln halten; c) beträchtliche Mittel für diese Untersuchungen aufwenden und sich so auch ein umfangreiches Wissen aneignen; d) ihr Wissen in dem Bestreben zusammentragen, ordnen und interpretieren, um es sinnvoll auf die von Fall zu Fall auftauchenden Probleme anzuwenden, und e) dieses Wissen darüber hinaus dazu einsetzen, um sich über ihre Wertvorstellungen und Ziele klar zu werden, um sie voranzutreiben (oder gegebenenfalls auch zu modifizieren).«*

Lanes Kollege Daniel Bell bleibt noch in seiner berühmten Studie zur postindustriellen Gesellschaft (1973) bei die-

---

* R. Lane, 1966, zitiert nach D. Bell, Die nachindustrielle Gesellschaft, 1985, S. 181.

ser optimistischen Einschätzung, dass die Wissensgesellschaft eine wissenschaftsgesteuerte Gesellschaft sein werde.

»Die nachindustrielle Gesellschaft ist in zweifacher Hinsicht eine Wissensgesellschaft: einmal, weil Neuerungen mehr und mehr von Forschung und Entwicklung getragen werden (oder unmittelbarer gesagt, weil sich auf Grund der zentralen Stellung des theoretischen Wissens eine neue Beziehung zwischen Wissenschaft und Technologie herausgebildet hat); und zum anderen, weil die Gesellschaft – wie aus dem aufgewandten höheren Prozentsatz des Bruttosozialprodukts und dem steigenden Anteil der auf diesem Sektor Beschäftigten ersichtlich – immer mehr Gewicht auf das Gebiet des Wissens legt.«*

Beide Prognosen gelten für die Expertensysteme, also für Inseln in der Gesellschaft, auf denen speziell qualifiziertes Personal wie in Kolonien lebt. Sie gelten nicht für das Bildungssystem. Die Spätfolgen unserer ideologisch gesteuerten Sorglosigkeit beginnen wir im Jahre 2002 zu buchstabieren, also, wie unter Menschen üblich, eine Generation alter Ordnung nach den anspruchsvollen Erkenntnissen der Analytiker. Was Luhmann die »psychischen Systeme« unserer Kultur nennt, das ist nicht durchdrungen von Wissenschaft, und das soziale Handeln der »enttäuschungsbereiten« Bewohner der Wissensgesellschaft ist ebensowenig wissenschaftsgesättigt.

Was die Menschen als deutlichen Verlust spüren: Ihre Erfahrung gilt weniger und weniger, Professionalität und akademische Qualifikation werden ihnen als Ideale für ein erfolgreiches Leben empfohlen. Die Zahl der aktiven Mitspieler ist damit begrenzt. Was der Normalverbraucher erfährt, ist: Wissensgesellschaft frisst Sicherheit. Wer täglich seine Erwartungen revidieren soll, in kurzen Abständen seine Erwartungen an das Leben korrigieren und seine Fitness im Verlustmanagement unter Beweis stellen soll, der kommt zu dem Fazit: Sicherheitsverluste. Sinnverluste.

---

* D. Bell, Die nachindustrielle Gesellschaft, S. 219.

In den neunziger Jahren des letzten Jahrhunderts wurden diese Verluste vereinzelt auch von professionellen Beobachtern bemerkt. Der deutsch-kanadische Soziologe Nico Stehr sieht die »größere Unsicherheit, Zerbrechlichkeit und Kontingenz« der Wissensgesellschaft.

Die Ohnmacht der Politik, ökonomische und soziale Probleme zu erfassen und zu lösen, hatte Peter Drucker schon 1994 konstatiert.

»Es geht gerade... um die internen Nebenfolgen der Nebenfolgen industriegesellschaftlicher Modernisierung«, sagt Nico Stehr. »Diese erzeugen... innerhalb gesellschaftlicher Institutionen Turbulenzen, stellen Gewissheiten in Frage und politisieren die Gesellschaften von innen her.«

Die nächste Stufe dieser Entwicklung haben wir eben hinter uns gebracht: die Entpolitisierung – der unter dem Donnerschlag des Terrors eine neue Politisierungswelle innerhalb der Staaten gefolgt ist. Zugleich war *»Nine Eleven«*, der 11. September 2001, eine elementare Kränkung der Wissensgesellschaft, die als Thema tabu ist, aber im verzweifelten Zorn der schwer verwundeten amerikanischen Nation lesbar bleibt. Bei den meisten Europäern reicht es nicht einmal dazu.

Die Wissensgesellschaften zahlen einen hohen Preis für ihre Zugewinne an Wissen. Der Bielefelder Soziologe Wolfgang Krohn fasst die hohen Verluste, die den stolzen Gewinnbilanzen gegenüberstehen, in klare Worte:

»›Die Entdeckung neuer Unbestimmtheiten ist im Mittel immer größer als die Konstruktion von abgesicherten, bestätigten Wissensbeständen.‹ Nach diesem Gesetz bezeichnet der Begriff Wissensgesellschaft eine Gesellschaft, die in ständig wachsendem Maß über den Umfang und die Ebenen ihres Nichtwissens lernt... Nichtwissen steht nicht am Anfang einer technologischen Erprobung, sondern wird im Verlauf der Implementation erarbeitet. Die Auflösung des Nichtwissens in bearbeitbare Probleme und machbare Lösungen ist verbunden mit der Erzeugung neuen Nichtwissens.

(...) Daher ist die Wissensgesellschaft durchzogen mit – häufig anders deklarierten – Forschungsstrategien, die nach dem Muster der experimentellen Praxis verfahren. Wissensgesellschaft würde dann eine Gesellschaft bezeichnen, die ihre Existenz auf solche experimentellen Praktiken gründet, die unvorhersagbar in ihrem Ausgang und unbekannt in ihren Nebenfolgen sind und daher ständiger Beobachtung, Auswertung und Justierung bedürfen. Die Wissensgesellschaft ist eine Gesellschaft der Selbst-Experimentation«.*

Wenn der experimentelle Zug zur Wissensgesellschaft gehört, dann ist der Stress noch leichter erklärlich, der sich bei Menschen einstellt, die nicht mehr wollen als ein Leben, in dem die Konstanten stärker sind als die Ungewissheiten. Und das ist die Mehrheit der Menschen. Ist die Wissensgesellschaft eine Minderheitenkultur, die sich um die durchschnittlichen Bedürfnisse zu wenig kümmert?

Wo bleibt der Sinn aller Leistungen, so fragen sich viele leistungsbereite Mitarbeiter, die die vordere Front der »Wissensarbeiter« nur vom Hörensagen kennen, wenn Unsicherheit das Lebensprinzip sein soll? Wenn morgen nicht mehr gilt, was mir heute wichtig ist? Wenn der dauernde Abschied von unseren Erfahrungen das Programm dieser neuen Phase ist, was gibt man uns statt dessen? Worauf sollen wir uns verlassen? Verlierertexte, sagen die hybriden Wissenseleven auf den – noch – privilegierten Plätzen. Sie vergessen, die eigene Position in den Enttäuschungsbetrieb mit einzubeziehen, dem sie ihre Position verdanken.

Nicht nur die Menschen, auch die Organisationen verstricken sich in den Widersprüchen des Konstrukts »Wissensgesellschaft«. Organisationen sind auf Regelwerke angewiesen. Sie brauchen eine klare Verteilung der Verantwortungen. Zugleich wollen sie nun flexibel, veränderungsbereit und improvisationsstark sein, um Innovationen als erste zu erkennen und aus dem Strudel der vagabundierenden Ideen herauszugreifen.

---

* W. Krohn, Rekursive Lernprozesse: Experimentelle Praktiken in der Gesellschaft, in: Technik und Gesellschaft, Jahrbuch 9: Innovation – Prozesse, Produkte, Politik, Frankfurt a. Main 1997, S. 69 f., S. 84.

Im Versuch, sich ständig diesen widersprüchlichen Anforderungen zu stellen, leben Organisationen riskant. Das fröhliche Ideal von der »lernenden Organisation« beschreibt eine Gratwanderung zwischen bewährten und neu entdeckten Strategien. Der Konflikt, wann was zu dominieren habe, spaltet oft die Topmanager in zwei Lager. Damit wächst der Stress in der Firma zwischen Bewahren und Erneuern. Während der Entscheidungsdruck nicht abnimmt, verschärft sich der Appell, eine lernende, »unsichere« Organisation zu schaffen, die zur Preisgabe ihrer Einsichten nahezu täglich bereit ist. Die Sicherheitsreserven müssen neu sortiert werden, wenn Mitarbeiter und Führung in der erfahrungsoffenen Organisation Erfolg haben wollen.

Die Vertrauensanker müssen Grund gefunden haben, wenn Unternehmen sich der Gratwanderung stellen. Wer jetzt erst Anker auswirft, wird das Misstrauen der Mitarbeiter nicht besiegen können. *High trust* als Firmen-Anker bewährt sich, wenn alle noch um die richtige Lesart für die neue Etappe der gemeinsamen Reise kämpfen.

Die »lernbereite« Gesellschaft lebt mit großen Sicherheitsverlusten. Sie sind der Boden für die immer lauter werdenden Rufe nach einem Sinn, dem auch das Flüchtige zugeordnet werden kann. Die politische Führung liefert, ohne das Dilemma der Wissensgesellschaft zu verstehen, Auftritte, die oft den Tag nicht überdauern. Die Menschen wollen aber gerade der Flüchtigkeit entkommen. Sie möchten Botschaften, die das Fließende aller Verhältnisse überleben. Sie wollen, dass Führungsgruppen Sicherheit und Vertrauen, Glaubwürdigkeit und Verantwortung genauso hoch einschätzen wie das Wissen, das angeblich zum Fortschrittsgenerator wird. Die Wissensgesellschaft macht Hunger auf das, was dem verfallsgefährdeten Wissen überlegen ist: Sie macht Hunger auf Sinn.

2 Hyperkommunikation: Das Verschwinden der Wirklichkeit

Vernetzte Menschen unterwegs. Fast jeder im Großstadtgewimmel lebt in mehreren Szenarien gleichzeitig: Die Einkaufsstraße, die Bushaltestelle, die Treppen zur U-Bahn sind real. Die virtuelle Präsenz des Gesprächspartners im Handy ist mindestens ebenso real, weil sie alle Gefühle und Gedanken besetzt – während die »wirkliche Wirklichkeit« mechanisch abgearbeitet wird: U-Bahnkarte ziehen, Treppen hinabspringen – und die Freundin am anderen Ende sagt: »Ah, du bist im U-Bahnhof – stimmt's? Ich höre die Geräusche!« »Stimmt«, sagt er, »und du?« – Mit den Augen grüßt der Telefonierer zwei Freunde, die am U-Bahn-Gleis stehen, ein Blick auf das Display seines Handys zeigt ihm, wer noch mit ihm reden möchte, wer Botschaften schickt und was heute nachmittag auf dem Zeitplan steht: Peter treffen, Photos abholen. Er ist überall – und nur zufällig physisch in diesem U-Bahnhof. Seine virtuelle Welt begleitet ihn und verschluckt den realen Raum. Der Speicher seines Handys versorgt und bedient – und kommandiert ihn: dies tun, dort zurückrufen, jenes erledigen.

Ist das virtueller Konsumterror? Tausendfach beobachten wir diese Szenen – und sind selbst ihre Mitspieler: Ankunft mit dem Flugzeug, massenhafte zwanghafte Wiederbelebung der virtuellen Kontakte. Hektisches Durchklicken der Mailbox: Wer wollte was, während ich blockiert im Flugzeug saß? Was verpasse ich, was erfahre ich zu spät, wo kann ich noch eingreifen, mitspielen, dabeisein? Dabeisein ist alles.

Die *silent revolution* bringt die virtuelle Überflutung: Ubiquität als Basisgefühl; Allmachtserlebnisse als Hyperkommunikatoren für Millionen; neue Variante von Massenprestige: das Handy als Machtsymbol: Ich hole mir wen ich will. Zu Hause mache ich dasselbe per Internet. Und die andern auch. Wir klopfen nicht mehr an, wir rennen Türen ein, quatschen wildfremde Leute an im *world wide web*.

Reale Präsenz ist eindimensional, so meinen nun viele. Da steht einer im Zimmer, und ich habe Tausende in meinen Netzkontakten. »Warten Sie bitte«, hören – und sagen? – wir jetzt immer öfter, ich habe hier noch eine *mail*, ein Gespräch auf der andern Leitung, und einen längst überfälligen Projektpartner am Handy. Wer nur real präsent ist, landet auf den hinteren Plätzen. Die virtuellen Eindringlinge können ja nicht sehen und hören, dass hier auch noch wirkliche Wirklichkeit läuft – deshalb gehören ihnen die vorderen Plätze. Der reale Gast geht leise zur Tür, um diesen Strudel von Kommunikationsprozessen nicht zu verschärfen. – Später wird er eine e-mail senden mit der Ankündigung: Rufe noch an wegen Projekt X – und anschließend über Handy anrufen, demütig die Mailbox besprechen und auf den Rückruf warten. Er wird viel weniger Hemmungen haben als beim tatsächlichen Annäherungsversuch nachmittags durch die Bürotür. Drängeln ist das Prinzip in der Hyperkommunikation. Nicht fragen, ob man stört. Gleich losreden.

Kommunikation hat mit Herrschaft zu tun, sagt ein gutgelaunter Vollvernetzter, dem die Kabel in den Kragen und in alle Taschen kriechen. Pack dir die Leute, oder leg ab was du willst, und sag gleich dazu, dass du wiederkommst – im Netz natürlich, oder über Handy, auf jeden Fall virtuell. Wer sucht denn noch Parkplätze, füttert Automaten, klingelt an Türen, erklärt sich bei Pförtnern, nimmt Passierscheine entgegen, besteigt Aufzüge, irrt durch endlose Gänge – nur um jemanden lebendig vor sich zu sehen? »Echten Bedarf an Präsenz gibt es eigentlich nur noch in der Liebe«, sagt einer von den quicken Hypervernetzten. »Und selbst dann will ich simultan woanders präsent sein – nur meine Freundin versteht das manchmal nicht ...«

Kommunikation – das Wort sagt es – stellt Gemeinschaft her. Wenn sie gelingt, erreichen wir Verständigung – nicht nur über Termine und Fakten, sondern über Projekte, Absichten und Ziele. Mehr noch: Kommunikation ist nur dann erfolgreich, wenn wir uns auch über die Werte einigen können, die unser Handeln begleiten. *Communio* – die Herkunft des Wortes aus dem Kultus erinnert an diese metaphysische Dimension. Was würden die hyperaktiven jungen Kommunikationsvirtuosen dazu wohl sagen: Transzendenz als ein Merkmal der Kommunikation, wenn sie gelingt? Aber gewiss!, sagen viele von ihnen. Ich transzendiere Zeit und Ort, ich überschreite Grenzen, die mir Zeit und Raum setzen, ich mache aus Abwesenheit Anwesenheit, nehme akustisch die Nähe eines Menschen in meine Gefühle und Sinne; ich kann diese Stimme herbeizaubern, wann immer ich will; auch für ganz triviale Dialoge entfallen so viele Zwänge, so viele zeitraubende reale Bewegungen im Raum: Die Freiheitsgewinne sind gigantisch!

Und die Fremdbestimmung durch all die andern, die via Netz herandrängen? »Das kanalisiert man. Der Respekt vor solchen Annäherungen wird geringer. Unerwünschte Gesprächspartner höre ich gar nicht erst an.« – Der Respekt wird geringer, die Schwelle zur Manipulation senkt sich. Mehr Macht will wahrgenommen sein, sagen die jungen Networker. Als Opfer ist man auch im Netz nicht mächtig. Dieselben Leute, die Mailbox-Anfragen einfach löschen, rechnen für ihre eigenen *messages* an die andern aber felsenfest mit ordentlichen Reaktionen. Eine große Spielgemeinschaft sucht ihre Regeln. Das Internet als der größte Spielplatz der Welt – auf dem man mit allen Kindern der Welt zugleich spielen kann. Mit diesem hochgestimmten Bewusstsein üben die Millionen Mitspieler sich ein in mehr und mehr Gelassenheit beim Navigieren auf den virtuellen Weltmeeren.

Wertfrei, anarchisch und herrschaftsfrei, so wünschen sich viele Abenteurer auf den Ozeanen der globalen Kommunikation die Netze der Zukunft. Aber die Regelwerke

Hyperkommunikation: *a magic garden*

Das Internet ist der größte Spielplatz der Welt –
auf dem man mit allen Kindern der Welt zugleich
spielen kann.

Die virtuelle Kommunikation entwertet die reale:
„Wirkliche" Präsenz ist oft der schwächste Auftritt.

Scheinbare Souveränität der vernetzten Menschen
tarnt virtuellen Konsumterror.

Medienkompetent und „netztüchtig"
entdecken wir das dämonische Antlitz der *silent revolution.*

Im Rauschen der Segel auf den virtuellen Ozeanen
muss *brainpower* der Navigator bleiben.

wachsen rasend schnell mit – und die Regelbrüche eilen ihnen voran und liefern die Stichworte. Herrschaftsfreie Netze für das Hauptprodukt und das Hauptkapital der neuen Ära, das Wissen*, sind nicht mehr Traumstoff, seit es »*Nine Eleven*« gab, der auch mit der Illusion aufräumte, die Netze seien für uns, nicht gegen uns. Weltweite Freizügigkeit im Internet ist seither zumindest von seiten der USA weltweiter Lauschbereitschaft gewichen. Das Internet, ursprünglich als Militärtechnologie erfunden – als »Feuerleitsystem« –, hat den Feinden Amerikas und der freien Welt geholfen, Feuer an unsere Arglosigkeit zu legen – ein Großfeuer, in dem die optimistischen Prognosen für das *world wide web* bis auf die Basis niedergebrannt sind. Und diese Basis heißt: *spes contra spem.* Die Bilanzen hinter der schrecklichen Todes- und Leidensbilanz an den Orten des Geschehens und überall, wo Liebe, Verbundenheit und Empathie die äußerlich unversehrten Menschen in den Schlund des Leidens einsog – die Bilanzen dahinter haben wir erst zu buchstabieren begonnen. Sie beginnen mit der grauenvollen Nachricht, dass *High Tech* nicht *Low Tech*, den Menschen selbst, zu schützen vermag, wie es die amerikanische Sicherheitsarchitektur vorsah, sondern dass dicht geknüpfte *High-Tech*-Netze, die von Tausenden aufmerksamer Menschen in den Kommandozentralen überwacht werden, wirkungslos bleiben, wenn *Low-Tech*, der einzelne Mensch, und die ganz kleine Gruppe von *Low-Techs*, das untergangsbereite Team, sich auf ein *high-tech*-geschützes Ziel stürzen.

Die unerwartete Waffenart war es, die das überfallene Land so verwundbar machte. Der Mangel an Phantasie, die zögernde Bereitschaft zu glauben, was querliegt zu jeder freiheitlichen Verfassung und ihrem Menschenbild, stellten jene Ohnmacht des eigentlich überlegenen Systems her, die der Barbarei freien Zugriff gestattete.

Global kommuniziert hatten die Attentäter über Jahre zuvor; sie waren auf die Netze angewiesen, weil sie sich weit

---

* Siehe dazu das Kapitel »Wie weit reicht die Macht des Wissens?«, S. 23–41.

über die Welt verteilt hatten. Manche unglaubliche Nachricht flimmerte über die Bildschirme der Nachrichtendienste in Europa und Amerika während dieser Jahre der Vorbereitung; da sie unglaublich waren, wurden sie nicht geglaubt.

Die *silent revolution* zeigt ihr dämonisches Antlitz und erinnert uns daran, dass die Entscheidung über den Wert jeder Erfindung in den Köpfen der Menschen fällt – nicht ein Mal und endgültig, sondern immer wieder. Immer mehr Transparenz braucht immer mehr Wachsamkeit. Das will nicht spontan passen zu dem schönen Traum von der *global community*, die man unter das Motto stellen möchte: Alle Menschen werden Brüder.

Die *information super highways* brauchen illusionslose Wachmannschaften, die sich auch im Kopf von Feinden auskennen.

Der Mensch bleibt in der Mitte, und seine »Netztüchtigkeit« ist überhaupt kein Maßstab für seinen Wert und seine Würde. Die Freizügigkeit in den globalen Netzen hingegen muss mit Überwachungstechniken gegen Missbrauch geschützt werden, über die wir heute noch nicht verfügen. »Medienkompetenz« muss künftig auch die Fähigkeit umfassen, friedliche Nutzer vor Angreifern zu schützen. Der Wettstreit der neuronalen Netze bezieht auch jenes neuronale Netzwerk ein, dem *homo sapiens* seinen Siegeszug ins Reich der Neuronen-Schaltungen verdankt: das menschliche Gehirn. Im Rauschen der Segel auf den virtuellen Ozeanen mag manche Illusion den intelligenten Selbstläufen der *Software* der Zukunft gelten: *Brainpower* ist und bleibt der Navigator für dieses Abenteuer der Innovationen. Wenn die Lust zu entscheiden dem Spielvergnügen weicht, entern Piraten unsere Schiffe. Auch dies muss uns *Nine Eleven* gelehrt haben.

Hyperkommunikativ zeigt sich auch die Politik: Da man Bilder produzieren will, wird hier immer noch viel gereist. Abreisen, Ankünfte, Sitzungsräume, die *Old Economy* blättert ihre Bilderbogen auf, wenn topvernetzte Politiker um die Welt reisen, um symbolische Politik zu machen. Hände-

Das Netzwerk der Mächte

Globale Vernetzung von Politik – Wirtschaft – Wissenschaft

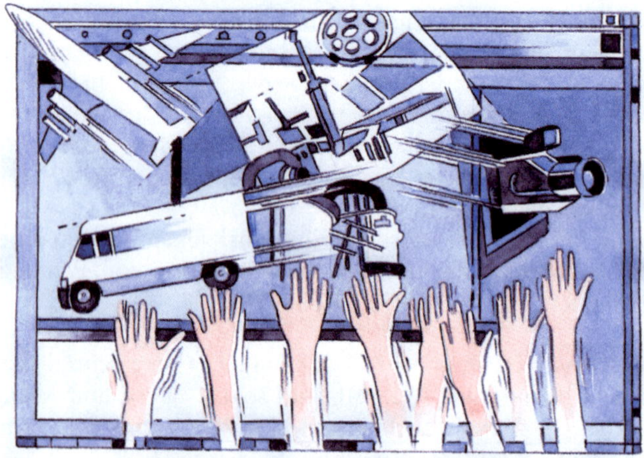

Mehr Transparenz ⟷	Transnationale Clubs, die sich die Welt teilen
Mehr Wettbewerb der politischen Systeme ⟷	Kontrollverlust der Nationalstaaten
Weltweite Wanderung der Produktion ⟷	Reichtumsbedingtes Wachstum der globalen Armut
Zunehmende Interaktionsdichte ⟷	Machtkonzentration durch Großfusionen: „globale Gier"

schütteln, Festbankette – noch mag sich dieser Teil der Welt nicht mit den kostengünstigeren Bildschirmkonferenzen abfinden. Der Eifer bei der Bilderproduktion für die Medien macht um so deutlicher, dass die Politik ihren Machtverlust spürt. Zumal die europäischen Länder erleben ihn verschärft seit dem Angriff auf das World Trade Center in New York, der *Old America* stärker und eigensinniger gemacht hat, als die verspäteten Europäer es wünschen mochten.

Die Wirtschaft wählt ihre Politiklieferanten souverän weltweit. Standort-Debatten ermüden, die Ergebnisverantwortung der Manager lässt Goodwill-Warteschleifen am falschen Ort nicht zu.

Und der einzelne wird zum Mitspieler im großen Powerplay; zumindest kann er die Illusion herstellen: Medienkompetenz wird als Wirtschaftskompetenz erlebt, obwohl die Wissensinseln des Mitspielers klein bleiben. Seine technische Reichweite täuscht Mitwirkung vor. Ist er nun endlich frei, oder ist er endlos manipuliert? Seine Doppelrollen faszinieren ihn:

- Sender und Empfänger,
- Entscheider und Ziel von Entscheidungen,
- Täter und potentielles Opfer,
- privat und beruflich an riesige Nachrichten- und Warenströme angeschlossen:
- Die virtuellen Marktplätze sind bevölkert von staunenden Normalverbrauchern wie ein Rummelplatz mit nie gesehenen Karussells und Geisterbahnen.

Die globale Vernetzung von Wirtschaft, Wissenschaft und Politik fordert *brainpower* heraus, weil auch sie ein doppeltes Gesicht zeigt.

- Mehr Transparenz kann nicht den Verdacht beschwichtigen, dass transnationale Clubs dabei sind, sich die Welt zu teilen.
- Mehr Wettbewerb der politischen Systeme zieht den jetzt schon spürbaren Kontrollverlust der Nationalstaaten nach sich.

Das Netzwerk der Mächte

Weltweiter Export nationaler Konflikte	◄ ►	Weltweite Geltung von Menschenrechten
Völkerverständigung	◄ ►	Gewinnmaximierung
Staatenlose Großkonzerne	◄ ►	„globale Lokalisierung“
Reichtumsbedingte ökologische Zerstörung	◄ ►	Armutsbedingte ökologische Zerstörung

Die 20 größten Unternehmen der Welt setzen mehr um, als die 80 ärmsten Länder zusammen erwirtschaften.

- Weltweite Wanderungen der Produktion fördern ungewollt reichtumsbedingtes Wachstum der globalen Armut.
- Zunehmende Interaktionsdichte und Machtkonzentration durch Großfusionen fördern die »globale Gier« der Gewinner – oder stellen das Ethos der Wirtschaft auf eine harte Probe.

Weltweite Mobilität bedeutet auch

- weltweiten Export nationaler Konflikte – während die weltweite Geltung von Menschenrechten ein stumpfes Schwert bleibt.
- Völkerverständigung als hohes Ziel der demokratischen Länder gerät mit der Gewinnmaximierung als Ziel der Wirtschaft in Widerspruch.
- Staatenlose Großkonzerne agieren nach dem Prinzip der »globalen Lokalisierung« und reichtumsbedingte ökologische Zerstörung hält sich mit der armutsbedingten die Waage.

Die zwanzig größten Unternehmen der Welt setzen mehr um, als die achtzig ärmsten Länder zusammen erwirtschaften.

Eine schillernde, eine entmutigende Bilanz? Während die neuen Weltmächte Konturen gewinnen und zögerlich die neuen Verantwortungen wahrnehmen, die sie für ihre neue Reichweite einhandeln, entwickelt der Nachwuchs der *New Economy* ganz neue Entwürfe für ein unternehmerisches und abenteuerliches Leben in lockerem Konnex zu den alten Organisationen, die nur zu gern den Mut und Ideenreichtum der Jungen zukaufen, während im eigenen Hause der viel zu lange Abschied von den Hierarchien der Industriekultur seinen kriechenden Gang nimmt.

Sie sind Chefs und Mitarbeiter zugleich, diese in der *e-society* geprägten jungen Leute. Sie sind mit den neuen Werkzeugen aufgewachsen. Viele von ihnen haben schon Fehlversuche beim Start in die unternehmerische Existenz hinter sich.

Die e-society begünstigt einen neuen Typus:
Internet-Eliten I

Die Yetties – young, entrepreneurial, tech-based

60-70 Wochenstunden vor dem Bildschirm. Rauschhafte Arbeitsprozesse.

- Alles ordnet sich dem Job unter
- Büro als vernetztes Wohnzimmer
- Kollegen sind Freunde und Ersatzfamilie
- Nestwärme: gemeinsames Frühstück, after-work-Party Freitagabend

Selbstausbeutung unter dem Motto:
Was im Konzern 30 Jahre dauert, schaffen wir hier in 10.

Das Internet ist nicht die Revolution, aber es ist das Mittel für die Revolution der Wirtschaft, davon sind sie überzeugt. Also ist man mit diesem Werkzeug im Zentrum der Innovation. Ein wunderbares Gefühl, im schnellsten Medium der Welt zu arbeiten, sagen sie. Und ihr Arbeitsstil hat rauschhafte Züge. Sechzig bis siebzig Wochenstunden sind normal, zumal das *split life* bei diesen jungen Menschen abgeschafft ist. Das Büro ist ein vernetztes Wohnzimmer, meint einer, und tatsächlich mischen sich hier in kreativen Stilleben privates und berufliches Equipment: ein Babyschnuller neben angebrochenen Kekspackungen und Internet-Ausdrucken. Männer, Frauen und Kinder in entspannter Lebendigkeit über mehrere Räume verteilt. Da fragt niemand: Wann kommst du endlich nach Hause? Alle haben zu tun. Und die Kinder genießen das freundliche Klima, in dem sie spürbar gemocht werden: Kinderkrippe einmal anders. Das Gegenbild zu dem, was die Psychologen tagtäglich bei Abschied und Wiedersehen in den Kindertagesstätten erleben. Wenn hier einer losflucht, weil etwas danebengeht, dann schauen alle teilnehmend und amüsiert auf.

Kollegen müssen Freunde sein, sagt der »Chef« des Unternehmens, wir sind ja zum Teil auch Ersatzfamilien füreinander. Für einige von den Teamkollegen gilt das im ganz ernsten Sinn: Sie haben eine verlorene Kindheit mit Karriere-Eltern und Scheidung hinter sich. Ihre Sehnsucht nach verlässlicher Gemeinschaft ist kaum zu stillen. Eine Konzern-Karriere erscheint ihnen wie eine Fortsetzung des Weges durch die Wüste, den sie hinter sich haben: »Das schaff ich nicht mehr, mein Vertrauensproviant ist zu knapp«, sagt einer von den jungen Männern. »Ich kann auch den Sinn nicht erkennen. Ich wollte endlich mal was machen, was Sinn hat.« Dabei lächelt er entschuldigend in die Runde und wendet sich fast beschämt seiner Arbeit wieder zu. Nebenbei hat er seine Hand auf den Strubbelkopf eines kleinen Jungen gelegt, der unter dem Tisch spielt. Wer gehört zu wem? fragt sich der konventionell gepolte Beobachter. Dass die Frage aber nicht wirklich passt, spürt er auch.

Wir wollen Nestwärme, fängt einer von den andern neu an. Auch unsere Kinder brauchen die. Und auch die Frauen wollen, dass wir gemeinsam frühstücken, wenn wir schon alle morgens hier sind. Am Freitagabend gibt's After-work-Party, aber nicht alle gehen anschließend nach Hause. Man kann im Büro schlafen. In einem der Räume stehen einfache Feldbetten – ein Pionierlager. Sie arbeiten diszipliniert und konsequent, ohne dass jemand den Antreiber gibt. Projekte müssen fertig werden, gestern haben zwei von den Abenteurern in einem Autokonzern eine Präsentation gehabt. Lauter ernste Herren saßen da, in grauen Anzügen, berichten sie. Unfroh haben die dreingeschaut. Oder auch nur statusbewusst, mag sein. Einer guckte etwas munterer, das war wohl der Marketingchef, meinen die beiden. Ihr Auftritt hat gefallen, der Auftrag scheint sicher. Aber die Welten liegen sternenweit auseinander. »Die brauchen uns. Und sie wissen es«, sagt der Chef der Truppe eher nebenbei.

»Was im Konzern dreißig Jahre dauert, das machen wir hier in zehn«, sagt eine junge Frau. Selbstausbeutung? Vielleicht, aber nicht ein Leben lang. Das Tempo weckt Energien, an die Konzernbewohner gar nicht herankommen – wegen der Langsamkeit. Langsamkeit macht schlapp, weiß jeder Sportler. Die ganze Truppe hat Sondertarif im Fitness-Studio. Wenn das Wetter gut ist, wird morgens eine Runde im Wald gedreht; ist wenig Zeit, geht man ins Studio an der nächsten Straßenkreuzung. Kaum einer verlässt das Büro zum Mittagessen; meist wird etwas zum Essen gebracht. Der Gast ist sprachlos, als er die Lieferung sieht: *Firstclass-Food*, nur das Beste. Ist das euer Standard? fragt er verblüfft. Könnt ihr euch das leisten? Der junge Teamchef und Gründer steht von seinem Platz auf, um dem Fragesteller zu zeigen, dass eine grundsätzliche Antwort kommt: »Wer nichts für sich tut, der verliert den Anschluss«, sagt er und betont jedes Wort. »Darum tun wir viel für unsere physische Fitness. Das Training versorgt den Kopf mit mentaler Energie, und darum müssen wir erstklassig essen. Sonst können wir uns keine Höchstleistungen abverlangen.«

Internet-Eliten II

Stolz, im schnellsten Medium der Welt zu arbeiten.

Das Riesen-Ego
will gepflegt sein:
Sondertarife im
Fitness-Studio,
first class food only.

**„Wer nichts für sich tut,
der verliert
den Anschluss."**

**Was kein
Arbeitgeber schafft:
So kommen Leistungs-
und Genussmoral
zusammen.**

„In 10 Jahren frei sein für etwas anderes."

„Altwerden steht nicht auf dem Programm."

„Nur wer kurzfristig plant, kann immer am Limit arbeiten."

Wer nichts für sich tut, der verliert den Anschluss. Das ist der Schlüsselsatz eines Vortrupps, der Hyperkommunikation ganz praktisch, nicht nur virtuell praktiziert. Hier leben und arbeiten die Generationen zusammen, und hier laufen die großen Strömungen zusammen, die den Ausgang des vorigen Jahrhunderts geprägt haben: die Leistungsmoral der Nachkriegskinder und die Genussmoral der achtziger Jahre. Im neuen Konzept der jungen Firmen passen sie plötzlich zusammen, die unversöhnlichen Kontraste der Wohlstandsjahrzehnte von 1960 bis 1990. Was kein Arbeitgeber erreicht, freiwillig und mit eigenem Risiko verbinden es die Nachwuchskräfte zu einem ausbalancierten *work-life*-Konzept: Leistungskultur und Genussmoral gehören zusammen.

Es ist nicht schwer zu erkennen, dass es sich bei diesem Gegenentwurf zu den traditionellen Spaltungsprogrammen von Arbeit und Leben um ein Sinnkonzept handelt. Es ist ein hyperkommunikatives Konzept, in dem die Gleichzeitigkeit von angeblich widersprüchlichen Abläufen und Bedürfnissen gelingt. Arbeit bedeutet nicht mehr Trennung – für Kinder nicht, für Erwachsene nicht. Die Grenzen zwischen Aktivität und Muße werden fließend, weil Leidenschaft und emotionales Engagement bei der Lösungssuche mitspielen. Der Kopf arbeitet weiter an der Lösung, gleichviel wo die Uhrzeiger stehen. Eine Wohltat für jeden lösungsorientierten Menschen, wenn er sich dafür nicht verteidigen muss.

Firmen wie die beschriebene sind die Inseln des Künftigen. Wissens- und Sinn-Inseln, auf denen die Landnahme in einer nicht mehr gespaltenen Welt erprobt wird. Stellvertretend für die vielen sicherheitssüchtigen Risikofeinde in unserer Gesellschaft üben hier junge, unabhängige Menschen die Therapie für die Krankheiten der Gesellschaft: Krieg zwischen Arbeit und Leben, Sinnverlust als Lebensgesetz und soziales Erkalten einer sinnentwöhnten Gemeinschaft.

Immer entsteht die Innovation in den Fugen der Machtstrukturen – wie die kleinen farbigen Blumen, die aus ge-

Junge Firmen sind Inseln des Künftigen.

Junge Unternehmer
bei der Landnahme
in einer neuen Welt:

- Schluss mit den Spaltungsprogrammen
- Aus für den Krieg zwischen Arbeit und Leben
- Stop für den SINN-Verlust
- Halt für das soziale Erkalten einer sinnentwöhnten Gesellschaft

Die Alphatiere der Zukunft sind unter uns.

Sie entwerfen eine atmende Gesellschaft,
in der sich Geborgenheit und Herausforderung verbinden.

Ein neuer amerikanischer Traum: Technologies of Freedom

Interaktive Netze als Gegenentwurf zur europäischen Programmflut der Medienkonzerne

TECHNOLOGIES OF FREEDOM

Die Verheißung:
- Handlungsoptionen, Entscheidungsfreiräume statt Konsumentenrollen
- zensurfreier Wissensaustausch
- anarchische und herrschaftsfreie Netze

Motto:
So wenig Staat wie möglich, aber viel Wettbewerb.

Der Abgrund zwischen den **information poor**, Objekten gerichteter Medienprogramme, und den **information rich**, Subjekten ihrer eigenen Versorgung mit Wissen, schließt sich.

Eine Utopie?

© Prof. Dr. Höhler

waltigen Mauern plötzlich hervorplatzen. Die Mehrheit der Machtverwalter hütet sich vor der Erkenntnis, dass die gutgelaunten Youngster, die im Vorstand der stolzen Firma wie Exoten wirkten, als sie ihre erstklassige Präsentation ablieferten, die Alphatiere der Zukunft sind.

Mit ihrem Trotz, auf jeden Fall ein lohnendes Leben führen zu wollen, in dem Geborgenheit und Herausforderung zusammenfallen, bringen die jungen Vortrupps die erkaltende Gesellschaft wieder zum Atmen.

Ältere, nicht mehr im täglichen Konkurrenzkampf zum Imponiergehabe gezwungene Manager erkennen das Potential, das sich da entwickelt. So haben einige von den jungen Kundschaftern im Zukunftsmarkt auch Sponsoren und Beschützer, die ihren Wert erkennen. Überfluss an Lob begleitet ihren Weg nicht; schon deshalb können sie sich Konflikte zwischen Leben und Arbeit nicht leisten. So zwingen sie Leben und Arbeit, harmonisch miteinander zu kommunizieren.

Vor dem 11. September haben die Amerikaner die globalen Netze mit dem schönen Prädikat *Technologies of Freedom* – Technologien der Freiheit – ausgezeichnet. Grenzenlos kommunizieren, mit Tausenden von Handlungsoptionen, nie mehr festgelegt sein auf Konsumenten- oder Anbieterrollen, Mitspieler im zensurfreien Wissensaustausch rund um den Globus – in anarchischen und herrschaftsfreien Netzen.

Das war nicht nur als großes Spiel der Privilegierten entworfen, sondern mit einem ethischen Anspruch an die reichen Nationen der Welt verbunden:

Die *information rich* sind den *information poor* verpflichtet. Die Kluft zwischen beiden müsse geschlossen werden, so lautete der Appell. Eine Utopie?

Weltweit sind es gerade die Pionierfirmen, die diesen Appell ernst nehmen und andern damit ein Beispiel geben. Bill Gates liefert ein solches Vorbild. Und viele seiner Mitarbeiter, die in jungen Jahren die Firma verließen, weil sie satt waren vom Geldverdienen, sind zu Mäzenen für die Verlorenen und Benachteiligten geworden. Eine ganze Kolonie von jugendlichen Managern, die zu Wohltätern wurden, gruppiert sich um Seattle. »Und wir können wirklich helfen«, sagt einer von ihnen, »weil wir eines gelernt haben: managen.«

Sinn-Macher einer neuen Kategorie. Leise Helden. Die *Human Economy* ist kein Phantom.

3 Die bleierne Mitte: Gleichmacher gegen Sinn-Macher

Ist der Sinn-Manager ein Mensch der Mitte? Muss er sich dort aufhalten, wo die meisten Menschen unterwegs sind? In der Firma heißt das: Ist er ein Hyperkommunikator, zwischen den Mitarbeitern, der Führungsspitze und den Kunden unterwegs, ein Vermittler und Verbinder, der für alle immer sichtbar ist?

Die neue Ideologie der Mitte entfaltet einen starken Sog – zumindest in der Politik. Gab es früher zwei Wege zum Heil, rechts und links von der magischen Mitte, so ist es heute nur noch einer, der durch die große Mitte. Wer die Macht will, muss sich hier aufhalten, lautet das Credo, und wer die Macht hat, muss täglich beweisen, dass er hier steht: in der Mitte.

Rechts oder links zu sein ist auch für Bürger nicht mehr schick. Bekenntnisse alten Stils sind out. Aber die neuen Bekenntnisse, das zur Leistung und das zur Marktwirtschaft, sind traditionell eher rechts verankert. Und wirklich: Die neue Wirtschaftsfreundlichkeit der progressiven Linken, wie sie früher gern hießen, spricht dieselbe Sprache. Nur fehlt das Bekenntnis, dass man nach rechts gerückt ist – in Richtung Pragmatismus, wie der Tarnbegriff heißt.

Der politische Mythos der Neuen Mitte entstand also, weil die Linke einen Rechtsruck verschleiern musste. Dieser Ruck in Richtung der Erfolgsgeneratoren, die im Business stehen und nicht in den philosophischen Bibliotheken oder den politologischen Seminaren, könnte ein Fenster zum

Die neue Ideologie der Mitte

Bekenntnisse alten Stils sind out.

Der politische Mythos der Neuen Mitte entstand, weil die traditionelle Linke einen Rechtsruck zu verschleiern hatte: zu den Erfolgsgeneratoren im Business.

Der Sog zur Mitte kostet produktive Verschiedenheit.

Die Gleichmacher sind wieder in Aktion.

In der **Mitte** fordern

die ehemals **Rechten**:	und die ehemals **Linken**:
Freiheit	**Konsens**
Gerechtigkeit	**Moderation**
Solidarität	**Teilhabe**

Dabeisein ist alles. So reden SINN-Vernichter.

Sinn-Management sein, wenn es gelänge, die planwirtschaftlichen Versuchungen abzuwehren, die aus dem Tross der Verspäteten vehement intoniert werden. Solange die Ideologie der Gleichmacher noch mitläuft, haben Sinn-Macher schweres Spiel.

Gleichmacher agieren gegen den Menschen, der verschieden zu sein zu seinen Grundrechten zählt. Sinn-Macher lehren den Respekt vor dem individuellen Leistungsvermögen und der einzigartigen Persönlichkeit, weil Sinn-Erfahrung nicht verordnet oder verschrieben, sondern nur höchstpersönlich gemacht werden kann. Zeige mir deine Freunde, und ich sage dir, ob deine Wege zum Sinn-Erlebnis kurz oder lang sind: Die Abwandlung dieses Sprichwortes gilt auch für das politische Großklima, in dem wir leben.

Mit dem Mythos der Neuen Mitte konfrontiert, muss man also fragen, ob das Ideal der mittleren statt der Extremtemperatur generell zeitgemäß und erstrebenswert sei, zum Beispiel für die Teams in den Firmen, wo ein Teil der Mitarbeiter begeistert zustimmen würde – all jene, die *high-quality*-Orientierung anstrengend finden und sich nach einem drittklassigen Chef sehnen. Sinn-Management wird der sich kaum auf die Agenda schreiben.

Aber sein Team wird ihm bald solche Sorgen bereiten, dass seine Gedanken ohnehin keine Höhenflüge mehr antreten. Das politische Ideal der Mitte ist ein Ergebnis des Zusammenbruchs von Wettbewerb, also ein Konkurs-Produkt. Die traditionelle Blöcke-Welt reichte ja bis tief in die Staaten hinein, und das Entweder-Oder bestimmte als Rechts-oder-Links das Denken und Fühlen. Mehr noch: das Glauben auch; denn die Zweipoligkeit der Welt ist abendländisches Erbe. Gut und Böse, das Reich der Finsternis und das Reich des Lichts, in der religiösen Kindersprache Himmel und Hölle, ordneten das Denken.

Während die Kirchenbindung zurückgeht, die Welt der Blöcke sich auflöst in neue Unübersichtlichkeit, versagen auch die alten Schemata in der politischen Auseinandersetzung. Alle wollen überall sein, aber niemand an den Rändern. Die Ränder werden stark dämonisiert, und alles strebt zur Mitte.

Das bringt auch für die Sinnsuche der Menschen ganz neue unübersichtliche Konstellationen. Politisch rechts oder konservativ zu sein, das gehörte in der »alten« Bürgerwelt, die wir eben erst verlassen, eng zusammen mit den religiösen Bindungen. Die Sinngewissheit wurde von den Kirchen garantiert, auch wenn der einzelne schwere Zweifel empfand. Die politische Orientierung passte gut zur religiösen; Gott steht rechts, hätten viele Mitglieder konservativer Parteien gern gesagt. Die sozialistischen Parteien blieben durch ihren Gerechtigkeits-Appell ebenfalls in der Nähe der alten Rechtschaffenheitsgarantien der Kirchen. Die demokratische Legitimation machte die beiden großen Richtungen, Rechts und Links, macht Konservative und Sozialdemokraten zu – im Idealfall fairen – Wettbewerbspartnern. Wer dem Sinn des Lebens näher sei, dazu hatten beide ihre Vorstellungen: Wir, sagten die einen; wir, sagten die andern.

Abwechselnd ließ der Wähler beide ihre Fähigkeiten zeigen, mit den Träumen des Souveräns so umzugehen, dass er das Mandat verlängerte.

Die Situation, dass beide politischen Großgruppierungen nicht mehr Verschiedenes, sondern das Gleiche versprechen, ist neu. Sie stiftet auch in den Träumen der Menschen von Sinn und Ziel ihres eigenen Lebens Unruhe. Wenn eigentlich gleichgültig ist, woran man glaubt; wenn unwichtig ist, wo man politisch steht, Hauptsache nahe der Mitte, dann kühlt auch die Vision, das Leben in diesem Staat solle Glanz entwickeln und »Sinn machen«, deutlich ab. Visionen, die nicht mehr leuchten, sind aber keine mehr. Die Sinn-Macher, so folgert der enttäuschte Bürger, sind in der Politik jedenfalls nicht unterwegs.

Bleibt die berufliche und die private Welt. Das Projekt von ihrer Versöhnung ist in vollem Gange*, und der Mythos der Mitte taugt weder für das eine noch für das andere. In der Familie weiß keiner mit dieser Idee etwas anzufangen, es sei

---

* Siehe dazu Teil VIII, S. 281 ff.

denn, man fasst sie ganz anders, als die Politiker sie meinen: Für jeden stehen die andern im Mittelpunkt, und jeder kann genau deshalb für sich selbst das Beste holen. Kinder sehen ihre Eltern – und mit deren Augen sich selbst – im Mittelpunkt; Eltern sehen Kinder – und mit deren Augen sich selbst – in der Mitte. Und die erwachsenen Lebenspartner sehen einander im Mittelpunkt, es ist ein Geben und Nehmen. Jeder erfährt den Sinn des »Teams« Familie in diesen mehrfach gepolten Bindungen.

In den Firmen, wo Vater und Mutter ihre Arbeitsplätze haben, ist die Idee, alle zum Wettlauf in die Mitte aufzufordern, höchstens als Spiel auf dem Firmensportplatz denkbar. Das Ergebnis wäre Tumult, Chaos, Verletzungsgefahr. Rugby ist nicht der ideale Fitness-Wettbewerb für Mitarbeiter. Die Firma ist eine ganz andere Welt als die, von der die Politiker reden. Der Mitarbeiter, und auch der Chef, ist als Pendler zwischen diesen beiden Welten ziemlich strapaziert. Dennoch: Wer nun dem Chef riete, als Sinn-Vermittler zwischen diesen beiden Welten müsse er ein Mann der Mitte sein, würde im guten Falle ein spöttisches Lächeln ernten, im weniger gemütlichen einen Temperamentsausbruch riskieren.

»Da sehen Sie, welchen Schaden die leeren Phrasen der Politiker anrichten,« poltert der temperamentvolle Manager. »Die würden ihre neue Wirtschaftsnähe ganz schnell wieder aufgeben, wenn wir nach ihren Rezepten managen würden: viel Gerede, wenig Taten – und alles auf mittlerer bis kleiner Flamme, um den Mythos nicht zu beschädigen. Wer mehr leisten will als die Mehrheit in der Mitte, wer höhere Ziele hat als die *mainstream*-Jünger, der wäre wahrscheinlich bereits ein Extremist, aus dem Gelobten Land in der goldenen Mitte ausgestoßen und als Spielverderber geächtet.« Business spielt nach anderen Regeln, das wissen alle gut geführten Mitarbeiter zu schätzen. Und die Politik verlässt sich darauf, dass es so bleibt. In der Wirtschaft gelten *high speed* und *high heat*, nicht *slow motion*.

Durchbrüche zum Sinn sind bei mittleren Temperaturen kaum zu erleben. Und folgerichtig kennen wir keinen Politiker im Deutschland der Mitte-Spezialisten, der es wagte, den Tabubereich zu betreten, in dem es um alles oder nichts geht: um den Sinn des Lebens. Die Einwände früherer Jahrzehnte, da hätten Politiker nichts zu suchen, tragen nicht mehr: An wen wollen wir die Sinn-Vermittlung delegieren, wenn immer weniger Menschen das Zentrum ihrer metaphysischen Hoffnungen und das Verlangen nach Transzendenz bei den Religionen verankern?

Immer weniger Politiker schwören ihren Eid auf die Verfassung mit dem Zusatz, der göttlichen Beistand herbeiruft. Deutschland ist nicht Amerika, sagt man dann gern spöttisch, hier kann jeder nach seiner eigenen Orientierung suchen. Gemeinsame Sinnquellen? – Da sind sie schon wieder, die Wertkonsens-Apostel der Mitte:

- Freiheit,
- Gerechtigkeit und
- Solidarität, sagen die einen,
- Konsens,
- Moderation und
- Teilhabe, kontern die andern.

Lauter Konsensformeln, die für den Streit nur begrenzt taugen. Und zum Streiten ist in der Mitte ja auch kaum Platz.

Da lobt sich der Mitarbeiter seine Firma, wo es auch noch um Leistung geht, um Vertrauen und große Visionen, die mehr liefern als nur Zufriedenheit, nämlich Durchblicke zum Sinn. Die öffnen sich nur, wenn Begeisterung für Ziele zum Leistungsklima gehört, wenn die Achtung jedes einzelnen jeden andern seines Wertes versichert und jeder spürt: Wir wollen gemeinsam viel mehr als nur Mittelmaß, wir wollen Spitzenleistungen. Und unsere Führungskräfte werden es nie zulassen, dass die Firma unser privates Glück konsumiert.

Der Staat ist keine Firma. Und nicht jedes Unternehmen ist erstklassig geführt. Damit es immer mehr werden, müssen immer mehr Mitarbeiter die Vision erstklassiger Führung in ihrem Kopf mit sich tragen – und beim Firmenwechsel auf den Verhandlungstisch legen. Sie stellen sich damit als erstklassige Mitarbeiter vor, darum wird man sie einstellen wollen. Was ihr Wissen über gute Führung für die Firma bedeutet, werden ihre Chefs dann bald erfahren.

Nein, der Staat ist keine Firma. Wenn er sich aber immer häufiger als ein Freund der Wirtschaft präsentieren will, dann sollte er wissen, wie anspruchsvoll das Pendler-Leben seiner Bürger zwischen diesen beiden Rollen ist: Bürger und Mitarbeiter, Bewohner zweier Welten. Folgerichtig zieht er einige Energie aus der Rolle ab, die ihn weniger überzeugt, weil er mit ihr kaum Einfluss nehmen kann: als Bürger. Die Politiker sollten ihn fragen, wie es die Demokratie im übrigen vorsieht: Er versteht mehr von dem Zusammenhang zwischen Führung und Erfolg als die Politiker. Er weiß auch, dass mit Reden noch keine Firma auf die Siegerstraße geführt wurde und mit Absichtserklärungen oder Solidaritätsadressen noch kein Betriebsergebnis verbessert wurde.

»Sinn« kann er als Mitarbeiter nur in zielgerichtetem Handeln von sachkompetenten und sozial sensiblen Leuten erkennen. Wer das Gemeinwesen regiert, sollte aber eigentlich auch höhere Ziele als die nächste Wahl kennen, meint ein Teamworker in der abendlichen Debatte nach der Arbeit. »Wenn wir bei unserm Chef den Eindruck hätten, der will nur eins: Chef bleiben, dann würden wir alle weniger als halbe Kraft arbeiten«, fügt der Teamkollege an. »Bei uns ist das nahe an der Bankrott-Erklärung, wenn wir nur noch in der Mitte dabei sein wollen,« sagt ein anderer Kollege jetzt ziemlich ernst. »Bei uns will jeder vorn sein, und der Wettbewerber will das auch«, lacht jetzt ein anderer. »Na, und der Kunde geht dahin, wo die besten Leute sitzen«, fügt einer an. »Es macht eigentlich alles nur Sinn, wenn man das Größte will – das heute Unmögliche«, redet er weiter. »Und morgen schaffen wir das. – Nur große Ziele geben genug Kraft,« schließt er.

Möchten sie in einem Staat leben, der große Ziele hat? Schweigen. »Wenn meine Firma die hat, reicht es mir schon. Deutschland und große Ziele – welche sollten das denn sein?«

III
Statisten, Solisten, Autisten: Der Gefangenenchor der Führung

Führung als verkehrte Welt:

Herren präsentieren sich als Knechte.
Täter erklären sich zu Opfern.
Wo aber stecken die wahren Herren, die wirklichen Täter?

Das System selbst ist die Droge.
Alle halten es funktionsfähig –
und alle deklarieren sich als
seine Opfer.

Jeder opfert, um eines Tages Täter zu werden.
Das verbindende Dogma, das alle fesselt:
Karriere und Leben sind feindliche Welten.
„Wer Erfolg im Business will, muss sein Leben opfern."

1 Jäger als Gejagte: Die Ohnmachtserklärung der Führung

Wer Prestige will, muss überlastet sein. Diese Regel bestimmt das Arbeitsleben der meisten Führungskräfte – oder zumindest ihre Selbstauskünfte.

Zwischen »Zuviel« und »Zuwenig« pendeln die Szenenbilder, die sie entwerfen. – Keiner wagt zu sagen: Bei mir ist es eigentlich gerade genug von allem: genug Arbeit, gute Mitarbeiter, genug Zeit, mit ihnen und den Aufgaben umzugehen, genug Erfolg, um zu erkennen: Anstrengung lohnt sich; genug Anspannung, genug Regeneration – und so soll es bleiben.

Wer einen solchen Bericht wagt, provoziert geringschätziges Gelächter. »In welcher Welt leben Sie?« ist die spöttische Rückfrage. »Was für eine Firma ist denn das, wo alles im Lot ist? Kämpft ihr denn gar nicht mehr?« – »O ja, wir kämpfen, aber um das richtige Maß. Um die Balance. Um möglichst lange erstklassige Leistung abzuliefern.«

Die Welt der Balance ist uns fremd geworden – sie taugt für Gurus, die ihre Füße nicht auf dem Boden, sondern in den Wolken haben. Balance ist etwas für Träumer, behaupten die Stress-Apostel – um den eigenen Balanceverlust als Normalität zu verkaufen.

Für die meisten Führungskräfte ist das Leben als *split person* die Normalität. Dass der Sektor »Privatleben« in diesem Entwurf immer schmaler wird, nehmen die meisten erst wahr, wenn das private Eiland, zu dem sie alle paar Abende hinüberschwimmen, sich so weit entfernt hat, dass sie seinen Strand nicht mehr aus eigener Kraft erreichen. Da steht auch niemand mehr, der auf den Powerstar wartet: Die Insel ist leer, die Familie hat sich zerstreut.

Es ist ein deprimierendes Bild, das als »Normalität« ausgegeben wird, wenn vom Alltag der Führungskräfte die Rede ist. Nicht nur Mediziner versetzt es in Angst und Schrecken, sondern auch Theologen, Psychologen und Biologen; zumal jene, die unsere Evolutionsgeschichte kennen, erschreckt es.

Ist das noch *homo*, der den Beinamen *sapiens* verdient? Der Jäger, der sich als Gejagter präsentiert, nachdem ihm die gesamte Schöpfung hilflos ausgeliefert ist? Ein Gejagter seiner Unersättlichkeit und Ruhmsucht, seines Erfolgshungers, dem nur er selbst ein Maß geben könnte?

Das Erschreckendste am Selbstbildnis der Führungskräfte lässt sich in zwei Aspekten zusammenfassen:

1. dass jeder sagt: So muss es sein, überall verfehlen wir das Maß und die Mitte, aber das ist der Preis für exponierte Plätze; und
2. dass ausgerechnet jene, die mehr Verantwortung tragen und anderen zeigen sollen, wohin und wie wir in die Zukunft reisen, mitteilen, sie hätten nichts im Griff: nicht ihre Lebenszeit, das kostbare Gut, nicht ihren Kräftehaushalt, nicht ihre *work-life-balance*, nicht ihre Regeneration. Und damit wollen sie Vorbild sein?

Karriere, so die Auskunft, zu der alle fatalistisch nicken, hat einen hohen Preis.

Die Führungskräfte selbst zählen die Ansprüche ihrer Arbeitsumwelt auf, die sie knechten. Statt zu schildern, wie sie führen, also die Bedingungen des Erfolgs bestimmen, beschreiben sie sich als abhängig und gejagt.

Schon dieser Befund müsste Schrecken verbreiten.

Was mit geringen Varianten immer wieder aufgezählt wird, sind diese Faktoren:

- Zuviel, viel zuviel Arbeit.
- Viel zuwenig Zeit.

- Zu viele Projekte und zuwenig Führungszeit.
- Zu hohe Erwartungen des Unternehmens an die
  - Mobilität
  - Flexibilität und
  - Loyalität.
- Zuviel Identifikationsdruck von der Firmenkultur.
- Zu viele unterschiedliche Rollen-Anweisungen und
- die davon abweichenden Erwartungen, Forderungen und Lebenshaltungen in privaten Beziehungen.

So zeichnen diejenigen, die Richtung geben und Motivation schaffen sollen, die eigene Lage als hoffnungslos abhängig. Die Herren sein sollen, beschreiben sich als Knechte. Sie nennen sich »fremdbestimmt«, während sie bestimmen sollen, was geschieht. Sie beklagen die eigene Demotivation, während sie motivieren sollen.

Der gesamte Führungsalltag erscheint in diesen Selbstbildern als Generalattacke auf die physische und psychische Gesundheit derer, die für das umfassende Wohlergehen ihrer Mitarbeiter zuständig sind. Verräterisch auch dies: So wird Führungsverantwortung nie beschrieben – als Zuständigkeit für das umfassende Wohlergehen derer, die dem Gedeihen der Firma und der Vertiefung ihrer Außenbeziehungen zuarbeiten sollen. Können Mitarbeiter das überhaupt, wenn es ihnen nicht gutgeht? – Und, da schließt sich der Kreis, können Mitarbeiter das erreichen, wenn schon ihre Führungskräfte gejagte Knechte sind? – Ein aussichtsloses Projekt.

Verblüffend sind die Strategien, mit denen Führungspersonal die niederschmetternde Beschreibung der eigenen Lage komplettiert. Dass sie keinen Einfluss auf ihr Zeitbudget haben, dass sie die Prioritäten ihres Handelns nicht selbst setzen können – und dass beide Ohnmachtsmeldungen im Zerrspiegel des Zeitdrucks erscheinen: Dies, so meinen sie defätistisch, sei eben der Preis des Erfolgs; statt zu fragen: Wo bleibt da der Erfolg, wenn man derart in der Falle sitzt? – Na ja, vielleicht geht diese Zeit der verschärften Anspannung ja auch vorüber, meinen viele. Und genauso viele wissen: Dies ist eine Täuschung.

Die nächstliegende Folgerung, so könne man doch nicht führen, zieht fast keiner. Die Einigkeit in der Diagnose ersetzt die Therapie. Führen ist, nach Meinung der meisten Führungskräfte, also mit rapiden Freiheitsverlusten gekoppelt, die dem ursprünglichen Verständnis von Führungsaufgaben hohnsprechen.

Oder laufen hier die Zeugen solcher Klagelieder in eine Falle, die die vermeintlichen Opfer, die hilflosen Führungskräfte aufstellen? Soll das Klagelied sie vor kritischen Fragen schützen? Wollen sie ihre Verantwortung abschütteln, indem sie melden: Wir kommen gar nicht dazu, sie wahrzunehmen? Eine kleine Dosis Übertreibung macht dennoch das erschreckende Bild nicht unwahr. Hier schildern Abhängige ihre Sucht und deren Preis. Oder Ohnmächtige lassen erkennen, dass sie allesamt auf den falschen Plätzen gelandet sind, da sie der Zwänge nicht Herr werden, die ihnen die Wahrnehmung ihrer eigentlichen Aufgaben unmöglich machen.

Was die Führungskräfte als ihr Arbeitsklima schildern, ist nichts anderes als: Stress. Sie berichten vom Kontrollverlust auf allen wichtigen Feldern. Weder privat noch beruflich steuern sie, was geschieht. Sie sind Opfer statt Täter. Wenn so die Führungswirklichkeit aussieht, dann müssen wir uns wundern, dass nicht viel mehr dramatisch entgleist. Führungskraft wird man offenkundig auch aufgrund höherer Belastbarkeit. Eigentlich, um Mitarbeitern Lasten von den Schultern zu nehmen. Nach dem Protokoll der Führungskräfte über ihren Alltag sieht es anders aus: Die Last der Fremdbestimmung kostet alle Kräfte. Schüchtern erwähnt einer hier und da, man müsste noch einmal neu anfangen können, mehr für sich selbst tun ... Aber die Droge ist stärker: Prestige und Privilegien sind die klägliche Entlohnung, nach der alle sich ausstrecken. Oben sein, koste es was es wolle. Und es kostet – nicht nur Wohlbefinden und Glück, sondern den Sinn des Lebens.

Führungskräfte – Opfer und willige Mitspieler im großen Komplott der Aufsteiger gegen das wirkliche Leben.

Führungskräfte
leben im Dauerkonflikt zwischen Ansprüchen und Erwartungen, die sie als unvereinbar erleben:

Beruf und Privatleben fordern und erwarten;
der Manager weicht aus.
Von seinen eigenen Erwartungen und Ansprüchen
redet er nicht.

Ist die Opferrolle eine Selbsttäuschung,
die das Gewissen beruhigen soll?

Wenn Führungskräfte Märtyrer sind,
dann für eine Lehre, die sie selbst entwickelt haben.

Sinn-Manager für Mitarbeiter und Kunden können diese Führungskräfte nicht werden.

Die Knechtschaft, von der die meisten Führungskräfte berichten, scheint einer allgemeinen Verabredung zu entsprechen, für die dennoch niemand verantwortlich sein will. Alle definieren sich als Opfer, wo aber stecken die Täter? Die Täter sind – die Systeme, sagen die Manager.

»Das Unternehmen«, »die Firma« verlangt, erwartet, erzwingt, bestimmt. Alle sind sich einig, dass von den Organisationen Zwänge ausgehen, denen man sich weder als einzelner noch als Mehrheit entgegenstellen kann. Warum wird, bei so viel Leidensdruck, so schnell und kampflos kapituliert? Das System ist die Droge, kann man vermuten. Gefangener der Zwänge zu sein, die sich offenbar in Selbstläufen potenzieren, wenn alle sich fügen, muss auch einen gewissen Charme haben; worin aber besteht der? Ist es nur die Vision, noch weiter nach oben zu gelangen, wenn man lange genug durchhält? Ist es die männliche Neigung, als Bewährungsprobe nur das zu werten, was gegen die eigenen spontanen Bedürfnisse läuft und richtig »weh tut«?*

Männer beschreiben berufliche und private Werte als gegensätzliche Wertewelten. Die Spaltung ist schon in den Idealen vorgezeichnet, und hier könnte die Quelle des Kontrollverlustes liegen. Die moralischen und ethischen Anforderungen in Beruf und Privatleben seien verschieden, so melden die Führungskräfte auf Befragen.** Sie leben im Dauerkonflikt zwischen Ansprüchen und Erwartungen, die sie als unvereinbar erleben: Beruf und privates Leben erfahren sie als verfeindete Zonen; sie sehen sich außerstande, den Anforderungen beider Lager zu genügen. Dies allein reicht als gefährliche Stressquelle aus. Zahllose Ausweich- und Verdrängungsstrategien verlängern den Stressprozess;

* Vgl. dazu G. Höhler, Wölfin unter Wölfen. Warum Männer ohne Frauen Fehler machen, München 2000, S. 190–195.

** Vgl. dazu K. Linneweh, Führen kann nur, wer sich selbst führen kann, Fachartikel bei ZFU, CH-Thalwil.

Das Innovationsprojekt: Old Economy trifft Human Economy

Führungskräfte sagen:

Im Beruf gelten:	**Was fehlt:**
Effizienz	Vertrauen
Leistungswille	emotionale Kondition
Rationalität	psychische Fitness
Komplexität	Siegeswille
Autorität	Sinn-Gewissheit
Macht	

lösen lässt sich das Dilemma damit nicht. Die Frage, die sich heranschleicht, lautet: Was für eine Gesellschaft ist das, in der Beruf und Privatleben den Hochleister in Zerreißproben führen, denen er nicht gewachsen ist – und die er trotzdem akzeptiert? Das Dilemma bestünde nicht, wären nicht alle, die sich als Opfer deklarieren, zugleich willige Mitspieler. Die Werteskalen der beiden verfeindeten Sphären, Berufs- und Privatleben, werden von Führungskräften so geschrieben: Im Beruf gelten

- Effizienz,
- Leistungwille und
- Rationalität.

Auf den nächsten Plätzen folgen, überwiegend der Berufswelt zugeordnet,

- Komplexität,
- Autorität und
- Macht.

Eine kühle, keine böse Skala. Eine Liste der Arbeitstugenden, Leistungsziele und Erfolgsbedingungen. Dieser Katalog macht nicht zwangsläufig Opfer. Freilich sind die meisten Führenden der Meinung, dass eines hier ausscheidet:

- Gefühl. Privat seien Gefühle dagegen öfter erlaubt und sogar erwünscht, fügen die Manager hinzu.

Emotionale Kondition als Erfolgsfaktor: unbekannt. Obwohl wir uns seit mehr als einem Jahrzehnt über die Macht der Emotionen im Management informiert sehen, obwohl Daniel Golemans Bücher zur Emotionalen Intelligenz weltweit triumphieren, obwohl wir an den Börsen und in den Firmen die globale Macht der Erwartungen, Vermutungen und Befürchtungen als Faktum tagtäglich erleben, sagen die meisten Führungskräfte: Gefühl hat im Business nichts zu suchen.

Auch diese Verdrängungsleistung ist mitverantwortlich für die Bereitschaft dieser Gruppe, unter Bedingungen zu arbeiten, die sie selbst als schädigend erkennt. Sie können und wollen sich nicht befreien, weil sie Träger und Multipli-

Führung, die sich nicht selbst führen kann:

Ein Gespenstertrupp, den kein Mitarbeiter ernst nimmt und den eigentlich kein Unternehmen gebrauchen kann.

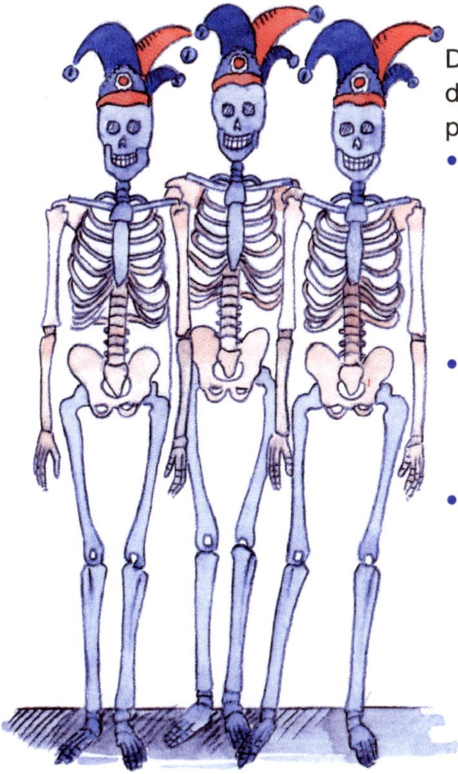

Das Dilemma der Führung ist programmiert:

- wenn die Entscheidung für die Karriere eine Entscheidung gegen das private Leben ist,
- wenn die Ausblendung des „Lebens draußen" belohnt wird,
- wenn niemand mehr die Verantwortung für diese kollektive Enteignung von Leben übernehmen will.

Wer soll die Mächtigen achten, die in Ohnmachtsrituale flüchten?

katoren des Systems sind, das sie anklagen. Sie leben mit unentschiedener Prioritätenskala. Die unselige Alternative Beruf oder Privatleben wird so lange ein aussichtsloses Dilemma beschreiben, bis die Zahl derer groß genug geworden ist, die fordern: Beruf **und** Privatleben sind die Faktoren des großen Balancespiels, in dem ich mich bewähren will.

Balance findet nur, wer Balance halten will. *Work-life-balance* schiebt sich als großes Lebensthema der jungen Generation in die Kapitulationsgewohnheiten der Älteren. Ego-Management und Fitness-Kultur wirken an der Aufwertung dieses neuen Zieles mit. Die neuen Generationen haben keine Lust auf ein gespaltenes Leben. Schon ihre Visionen sehen anders aus. Nicht Erfolg um jeden Preis, sondern Lebenserfolg als Gesamtkonzept interessiert sie. Was hat denn einer erreicht, der beruflich glänzt und privat scheitert? Wie sieht es in seinem Herzen, in seiner Seele aus? Freilich: Beide kommen auf den Werteskalen der Führungskräfte für die Berufswelt nicht vor. Führen ohne Herz, ohne Seele? Im rauhen Wind des Business versteckt man das, was von ihnen übriggeblieben ist – für ein illusionäres »Danach«, das nie kommt.

Bestürzend ist das Fazit einer Studie*, die auch Antworten auf die Frage liefert, in welcher ihrer Effizienz- und Leistungsrollen die Führungsmanager sich denn am wohlsten fühlen. In keiner von den Berufsrollen, antworten die meisten, sondern – in der Rolle des Ehemannes. Was immer diese schwer deutbare Antwort verbergen mag: Der symbolische Wert der privaten Bindung scheint immer noch hoch zu sein. Auf dem zweiten Platz erscheint die Rolle des Vaters – eine »Rolle« unter anderen? Vater sein ist ja auch ein biologisches Faktum, ist ethische Verantwortung, eine der höchsten, die unter Menschen vorkommen. Führungskräfte verbuchen auch diese unentrinnbare Verantwortung unter anderen Rollen, denen sie entkommen könnten, wenn sie nur entschieden wollten.

* R. Streich, Managerleben. Im Spannungsfeld von Arbeit, Freizeit und Familie, München 1994.

Das Fatale einer Führungskarriere ist: Sie lässt keine Zeit für anspruchsvolle Lösungen des Dauerdilemmas zwischen Leben und Arbeit. Sie lässt nur Scheinlösungen zu, die im Krisenfalle untauglich bleiben. Die meisten Spitzenmanager entscheiden für sich persönlich: Wenn sich schon beide Lebenssphären nicht versöhnen lassen, dann gehört der Beruf auf Platz eins. Dass ihnen die Rolle des Ehemannes und Vaters »eigentlich« die liebste sei, erscheint im Lichte dieser Entscheidung wie ein symbolischer Tribut an die vernachlässigte Hälfte des Lebens, der man die Aufmerksamkeit entzogen hat, die ihr eigentlich zukäme, wenn – man sie so wichtig nehmen könnte wie den Berufserfolg. So managen die meisten Führungskräfte Alternativen, die sie empört abwehren müssten.

Für die meisten von ihnen lautet der schale Kompromiss daher auch: Beruf und Privatleben sind entschieden getrennt zu führen. Dies bei gleichzeitiger Diagnose, dass der Beruf die private Zeit auffrisst.

Schon die Aufspaltung der Lebenszeit in zwei Sektoren, berufliche und private – oder Arbeits- und Freizeit –, zeigt uns als Mitwirkende an dem Dilemma, das Führungskräfte verschärft erleben.

»Eigentlich«, sagen sie wie Ertappte, »möchte ich ja genau das am liebsten sein, was ich faktisch fast nie praktiziere, wofür mein Leben – ohne mein Verschulden! – auch gar keinen Raum lässt: Ehemann und Vater.« Das ist natürlich eine Schutzbehauptung, die aber viel verrät über die immer noch mitschwingende »innere« Werteskala, auf der »private« Werte höher stehen als berufliche.

Die Wahrheit ist: Sie wollen für ihre getroffenen Entscheidungen nicht einstehen. Ein wenig schämen sie sich, »gegen« ihre privaten Bindungen entschieden zu haben, als sie »für« die Karriere entschieden. Entschuldigend führen sie ins Feld, dass sie einen hohen Preis zahlen: Es geht mir richtig schlecht, ich bin nicht mehr Herr dieses Lebens, das ich gewählt habe, fremde Mächte bestimmen jeden Tag in meinem Leben, niemand sollte mich beneiden. In diesem

Lichte betrachtet, erscheint die gesamte Bilanz der Zwänge, unter denen Manager stöhnen, wie ein Ablasshandel: Wer so leidet, sollte nicht auch noch getadelt werden. Jeder Manager ein Sisyphos, der täglich vergeblich den Stein wälzt, Knecht fremder, ungnädiger Götter, die willkürlich ihre Gunst verteilen und entziehen. Der Manager als Märtyrer? Als Stellvertreter? Das sind Rollen, die vielen Führungskräften zusagen würden. Wer sie dagegen ehrfurchtslos auffordert, die eigene Abhängigkeit als Drogensucht zu erkennen, die Unterwerfung unter Zwänge, die ihre Pflichterfüllung geradezu verhindern, abrupt zu beenden, hat einen schweren Stand.

Nur darum aber kann es gehen. Führung, die sich nicht selbst führen kann, ist ein Gespenstertrupp, den kein Mitarbeiter ernstnimmt und den kein Unternehmen gebrauchen kann. Wenn die Welt der Spitzenkräfte eine Welt der Opfer ist, dann muss uns das erschrecken. Wenn aber die Opferrolle eine Flucht aus den realen Verantwortungen und Pflichten ist, die wir Führungskräften zu Recht zumuten, dann ist der Gefangenenchor, den Forscher immer wieder anteilnehmend in Führungsstudien notieren, ein Skandal.

Wer sich nicht die notwendige Freiheit zum Handeln und Entscheiden verschafft, die eine Führungsposition erst sinnvoll macht, der ist auf dem falschen Platz. Damit wären zahllose Führungspositionen mit den falschen Leuten besetzt? Mit Drückebergern, Stressopfern, urteils- und entscheidungsschwachen, wehrlosen Systemanbetern, die sich hinter vorgeblichen Zwängen verstecken, anpassungssüchtig durch ihre Tage stolpern, stundenlang palavern statt die Balance ihrer Zeitbudgets zu managen und ihr Kräftebudget im Gleichgewicht zu halten.

Die Wahrheit ist, dass unzählige Führungskräfte den Kurzschluss Nummer 1 mit Kurzschluss 2 verbinden, um für keine Entgleisung ihrer Lebensbalance mehr verantwortlich zu sein: Beruf ist Hauptthema, und Familie hat im Berufskopf nichts zu suchen. Wer als Mitarbeiter von solchen reduzierten Egos geführt wird, hat nichts zu lachen. Bald

Wer löst das Dilemma der Führung?

Wer Widersprüche nicht auflösen kann und
nicht aushalten will, braucht Täuschungsmanöver.

Das einfachste lautet: *Business first*.
Alle Lebensfunktionen werden Zulieferer für die Karriere.
Die Rationalisierung erfasst auch die privaten Beziehungen:
Gefangene perfektionieren ihre Obsession.

Business-Networking verzehrt die Freizeit.
Die „Effizienz" des Karrieremannes steigt.
Sein SINN für „Überflüssiges" schärft sich.
„Freunde" werden strategische Kommunikationspartner.

Bald führt er ein Leben ohne Widersprüche.
Wenn er abstürzt, ist er allein.

steht für die Mitarbeiter dann ebenfalls dieses Schrumpfkonzept von Leben auf dem Programm: Alles ordnet sich der Karriere unter; und alles, was wir machen, tun wir fremdbestimmt. Das heißt: Niemand von uns ist wirklich verantwortlich. Was uns verbindet, ist der Stress. Hektik und Aktionismus bestimmen den Tag. So erkrankt ein Team an Gruppenstress. Autistisch kreisen alle um den Lebensausschnitt Beruf, den sie für das Ganze nehmen. Dass sie Kunden haben, die vielseitiger leben, stört allenfalls. Dass sie Träume hatten, die nie ganz verstummen wollen, kommt schmerzhaft zutage, wenn Atempausen erzwungen werden: Etwas läuft nicht nach Plan, jemand erleidet einen Verlust, alle erleiden eine Niederlage. – »Wozu das alles?« fragt plötzlich einer mit großen Augen. »Wozu?«

Damit stellt er die gefährlichste aller Fragen. Keiner in der Truppe hat mehr ein Rückzugsgebiet, keiner ein Hinterland, in das er sich zurückziehen könnte zum Wundenlecken. Die Karriere ersetzte die Welt. Aber die Welt ist größer als die Karriere. Plötzlich haut der Wind des wirklichen Lebens mitten in die Verabredung der Süchtigen, die Arbeit anstelle des Lebens zu nehmen, nicht als einen Teil davon. Einer wird krank, ein Kind stirbt, eine Ehefrau gibt auf. Ein Attentat jagt alle auseinander. Was bleibt? Der Sinn-Ersatz verfliegt. Der Sinn fehlt. Aber es eilen Menschen herbei, die ihn noch haben: Feuerwehrleute und Kioskbesitzer, »kleine Leute« ohne Führungsverantwortung, die nun die Führung übernehmen und die Prioritätenliste umdrehen: Mitgefühl, steht da plötzlich ganz oben, das Wort, das die Führungskräfte aus ihrem Berufsalltag verbannt haben. Ihre Familie soll es hüten, das Gefühl; sie sind für die Effizienz zuständig – die im Katastrophenfalle, dem öffentlichen wie dem privaten, nichts ausrichtet. Viele »Führungskräfte« mögen in solchen Augenblicken die Leichtfertigkeit ihrer *split-life*-Konzepte spüren. Und viele werden erfahren: Wer sich selbst nicht führen kann, der sollte sich die Führung anderer nicht zutrauen.

2 Modell für Sinnverluste: Wie Lebensentwürfe zu Geschäftskonzepten werden

Die Flucht aus den Widersprüchen zwischen Business und Privatleben führt meist zur Scheinlösung »*Business first*«. Die Entscheidung fällt heimlich, sie ist kein Familienthema. Statt den Widerspruch selbst als Irrweg zu entlarven, fügt man sich: Wenn es das Entweder-Oder sein soll, dann gehört der Beruf auf den ersten Platz. Zugleich mit der unaufrichtigen Botschaft, am liebsten sei man Ehemann und Vater, wird damit eine Vita entworfen, die ohne Sinnreserven und ohne Regulativ ist. Mit der Entscheidung für den Beruf »anstelle« der Familie ist eine Rangzuweisung getroffen: das Privatleben wird zur Funktion des Berufs. Er bekommt, was »übrigbleibt«, was »abfällt«. Und das wird immer weniger.

Warum nicht? Alles hat seinen Preis, sagen die Manager dann gern. Aber dieser Preis ist zu hoch – nicht weil der Ehemann und Vater zu Hause im Lehnstuhl sitzen sollte, sondern weil mit der Zustimmung zum Entweder-Oder ein Mechanismus angestoßen wird, der alle schädigt: die Führungskraft selbst, die Mitarbeiter, die Familie, die Kunden der Firma und damit die Firma als Ganzes. Mit der Entscheidung für die Firma und gegen das Privatleben ist ein Defizitprogramm des Managers verbunden, das die Ergebnisse seiner Arbeit verschlechtert.

Wirklich? Sehen wir uns die Wertverschiebungen an, die der Manager von nun an Schritt für Schritt vornimmt, um sein Berufsleben mit all seiner Energie zu beschicken, so zeigt

Das Führungs-Dilemma: Karriere als Obsession

Wenn Lebenskonzepte zu Geschäftskonzepten
verschlankt werden:
Karrieristen als Fremde im eigenen Haus –
auch im Haus ihrer eigenen Gefühle,
Träume und Visionen.

Karriere als eingedampfter Restentwurf von „Leben".

Wenn Führungskräfte Gefangene der Systeme sind,
die sie selbst perfektionieren:
Wie wollen Gefangene Freie begeistern?
Zum Beispiel die Kunden, Partisanen der Märkte –
und die jungen Mitarbeiter?

Karriere als Droge: sie kostet Lebens-SINN.

sich: Er gibt eine Dimension nach der andern preis. Er wird »effizienter« ganz im Sinne der Skala, auf der dieser Wert ganz oben steht. Sein Sinn für »Überflüssiges« schärft sich: Jede Minute gehört der Firma, das gesamte persönliche Energiekonzept wird auf die Firma zugeschnitten. Sport dient fortan der beruflichen Fitness. Der Zeitaufwand muss gering sein, also erhält das Fitness-Studio den Vorrang vor Wald und Feld. Leistungsmessung fasziniert auch hier: Zum Equipment gehören Pulsfrequenzmesser und Stoppuhr; man ist Profi, auch hier. Die Zeiteinheit Sport ist Zulieferer für die Leistungssteigerung des Karrieristen.

Zeitökonomie heißt auch gezielte Kommunikation außerhalb der Bürostunden: »Freunde« sollten strategische Kommunikationspartner sein. Das Business dominiert die Dialoge, *Networking* bestimmt jede Stunde scheinbarer »Freizeit«.

Die »ineffizienten« Vorschläge aus der Familie, was mit den Restzeiten neben dem Business anzufangen sei, muss der so in Zwecke und Nutzen eingemauerte Ehemann und Vater bald als unzumutbar zurückweisen. Dass er seine Gefangenschaft selbst perfektioniert, muss er verbergen; für die eigene Verteidigung braucht er fremde Schuldige – möglichst solche, die nie ergriffen und abgeurteilt werden können. Und viele Manager, die sich derselben Obsession anvertraut haben, bestätigen seine Befunde: Wir sind die Besten, und wir zahlen den Preis. Wir zahlen ihn sogar stellvertretend, denn das materielle Wohlergehen unserer Familien ist schließlich unser Werk.

Die Rationalisierung des eigenen Lebens führt bald zu sehr homogenen Außenkontakten. Widersprüche kommen kaum noch vor. Der einzige qualvolle »Widerspruch«, jener zwischen den Vorstellungen der Familie vom Leben und den eigenen Zielen, der in den wissenschaftlichen Studien immer wieder vorgetragen wird, ist für den Chef der Familie gelöst. Er ist jetzt nur noch Chef, sein Koordinatensystem wird immer schlichter und überschaubarer: Die Karriere bestimmt jede Entscheidung – die eigene Karriere wohlgemerkt, nicht die der Familie oder der Mitarbeiter.

Leadership beginnt mit Selfmanagement:

Nur die Führungs-
kräfte selbst,
Architekten
ihrer Zwänge,
können
das System
verändern.

Sie müssen es verändern,
weil ihre Aufgabe nicht
Selbsterkundung,
sondern „Führung“ heißt.

Führung beginnt mit Selbstkontrolle.
Probleme beherrschen und Menschen gewinnen.
Beweger sein, nicht Opfer von Zwängen.
Führung weiß,
dass das Leben mehr ist als das Business.

Führung ist Leistungs-, Zeit- und Stressmanagement.
Führung lebt von Achtung und Selbstachtung.
Führung ist Vertrauensmanagement.
Führung muss Fenster aufstoßen: zum SINN des Lebens.
Führung muss **fragen** – weil Mitarbeiter mehr und anderes wissen –, zum Beispiel zum SINN des Lebens.

Während sie so alles auf eine Karte setzen, schleißen die privaten Netzwerke, mit deren Unvergänglichkeit viele Führungskräfte blauäugig rechnen. Wirft es sie aus der Kurve – Hirn- oder Herzinfarkt, Entlassung, Firmenzusammenbruch –, dann stehen sie fassungslos vor den fremden Gesichtern zu Hause. Die schwere Kränkung, aus dem Kreis der Sieger verstoßen zu werden, obwohl man den hohen Preis gezahlt hat, wird unerträglich, wenn auch die private Schutztruppe, die man irgendwann zurückgelassen hat, nicht den Stellenwert wechseln will, den ihr der »Chef« vor vielen Jahren selbstherrlich zugewiesen hat.

Er selbst sieht seine Opferrolle bestätigt: zuerst dem System gehorcht, das die unbedingte Auslieferung forderte, nun vom System ausgebeutet und ausgespien, zugleich ohne Verbündete in der andern Hälfte der Welt. Was mit einer Fiktion begonnen hat – »das System« wolle nur Besessene, die alles opfern –, muss in der existentiellen Niederlage enden. Es war ein Leben unter lauter Abhängigen, die sich alle als Opfer sehen, während sie alle Produzenten ihrer Zwänge sind. Deshalb hat es jeder, der hier einmal die Spielregeln unterschreibt, schwer, zu erkennen, dass Widerspruch und Widerstand ihn erst führungsfähig machen würden. Denn wie eigentlich führen Menschen, die nicht frei sind? Wie verbergen sie ihre Obsession vor den Mitarbeitern? Wie begeistern die Gefangenen die halbwegs Freien, und wie knüpfen sie Beziehungen zu den Partisanen der Märkte, den Kunden?

Wieviel Prozent der Opfergeschichte, die so viele Führungskräfte von sich erzählen, sind eine Lüge? – Wir möchten uns wünschen: hundert Prozent. Aber wahrscheinlich ist es komplizierter.

Auf jeden Fall schließen sie alle ihr Balanceproblem kurz, weil Balance Kraft kostet. Sie blenden aus, was Einspruch gegen ihre Einseitigkeit bedeutet: die private Welt. Sie übertragen das berufliche Effizienzdenken auf alle Gebiete ihres Lebens: Regeneration, Zeit, Beziehungen. Sie »verschlanken« ihr Lebenskonzept damit zu einem »Geschäftskonzept« – und werden bald »Fremde im eigenen Haus« – auch im »Haus« ihrer eigenen Gefühle, Träume und Visionen. –

Was die meisten von ihnen zu spät bemerken: Sie opfern mit diesem eingedampften Restentwurf von »Leben« nichts Geringeres als dessen »Sinn«. In den meisten Firmen ist »Sinn« – noch! – kein Thema. In den Familien ist er, obwohl nicht als Vokabel aufgerufen, das grundierende Hauptthema, Musiker würden sagen der *cantus firmus*, der alle Melodien dominiert und ordnet und trägt. Kinder rebellieren, wenn sie keinen Sinn erkennen, aber sie können ihr Verlustgefühl noch nicht beschreiben. Sie fühlen das Unstete, Monomanische in der leeren Präsenz des Vaters, aber ihnen fehlen die Zusammenhänge, um sich zu wehren. Ihre Gegenwehr ist daher für die Eltern so verschlüsselt – Leistungsverweigerung, kleine Delikte, Verschlossenheit –, dass alle in eine Kette der Missverständnisse geraten, aus der sie sich nicht befreien können.

Dass »Sinn« ein Businessthema sei, gar ein dominierendes, wollen die wenigsten Führungskräfte glauben. Dass sie »Lebenssinn«* transportieren, wenn sie führen, wehren sie noch entschiedener ab – zumal die Leidenschaft, Menschen zu führen, in ihren Selbstauskünften meist gar nicht vorkommt. Sie sind ja nicht einmal in der Lage, sich selbst zu führen. Zugleich steht allen Spitzenleuten das eigene Idealbild vom souveränen Topleader vor Augen und im Wege: unerschütterlich und unbeugsam in jeder Lebenslage zu sein, das kostet viel Kraft. Sie wird verfügbar, wenn man gnadenlos vereinfacht und Emotionen streng zensiert. Wer so mit sich umgeht, wird ein Virtuose der Nüchternheit – ein Langweiler, sagen die Kinder; ein Techniker der Macht, meinen die Kollegen. Ein Schatten, verglichen mit seinen Jugendtagen, denkt die Ehefrau.

Aber die Wahrheit holt viele Aufsteiger wieder ein: Während ihre Perfektion steigt, sinkt ihr Selbstwertgefühl. Eigentlich möchten sie anders sein, sagen die Aufrichtigen,

---

* Dass Führungskräfte und Manager generell »Sinn-Macher« sein müssen, um Erfolg zu haben, wird in den Teilen IX und X, S. 299 bis 362, gezeigt.

aber zum Ausstieg fehlen die Ziele. Wer andere Optionen weggestrichen hat, kann sie nicht plötzlich wiederbeleben. Der Faktor »Zeit« zeigt sein todernstes Gesicht: Es gibt keine Rückwege. Der Verlust von Optionen bestätigt den Sinnverlust: Wo nichts mehr offen ist, aber alles entschieden, da fehlen Neugier und Hoffnung, die beiden Stimulantien für Leistungslust. Nur sekundäre Motive bleiben übrig: leisten, um dazuzugehören. Leisten, um nicht ins Grübeln zu geraten. Leisten, um die innere Unruhe, ob man auf dem richtigen Wege sei, zu beschwichtigen.

Solange alle, die in den künstlichen Systemen des Business leben, sich als Opfer dieser Systeme beschreiben, wird es unmöglich sein, die Systeme zu Dienern der Menschen zu machen. Wer sich als Knecht beschreibt, wird eine dürftige Führungsleistung abliefern. Wer von Sklaven des Systems geführt wird, verliert jeden Respekt vor der Organisation und sollte keinen Anlass sehen, selbst in die Position des höhergestellten Knechtes zu gelangen; – es sei denn, die Droge »Macht und Einfluss« wäre wirksam. Wenn schon abhängig, dann lieber einige Etagen höher, sagen sich resigniert die Nachwuchskräfte angesichts der freudlosen Performance ihrer Vorbilder. Dass immer noch mehr Männer unter ihnen sind, hat mit genau dieser Anpassungsbereitschaft zu tun. Frauen akzeptieren die Übermacht des Systems nicht. Sie polemisieren, aber sie unterwerfen sich nicht. Darum werden sie zu den Pionieren einer *Human Economy* gehören, die den Menschen zum Maß der Systeme macht – und damit wirklich auf *brainpower* setzt.*

Der Markt der Hilfsangebote für Manager, die sich selbst verloren haben und beim *Self Management* scheitern, ist reich besetzt: mit Gurus, Theologen, Psychologen und Dilettanten, die genau das vorschlagen, was für den besessenen Aufsteiger unerreichbar geworden ist – und was, in

---

* Vgl. dazu G. Höhler, Wölfin unter Wölfen, S. 265–293.

seinen Augen, den gesamten bis dahin erreichten Erfolg kosten würde.

Erkenne dich selbst, heißt es da. Genau das wäre tödlich, und der Absturz gewiss.

Widme dich deiner Familie, heißt es weiter. Genau das haben sie aufgegeben, weil es ihre Energie zersplittert.

Sprich gründlicher mit deinen Leuten im Team, rät man ihnen. Genau dafür fehlt jeden Tag die Zeit, und alle haben sich damit abgefunden.

Verbessere dein Zeitmanagement, sagt man ihnen. Genau dies liegt aber gar nicht in meiner Hand, antworten die Führungskräfte.

Verteile deine Energie besser: weniger für die Projekte, mehr für die Menschen.

Das Fatale: Führungskräfte selbst schreiben diese Liste, wenn man sie auffordert, konfliktlösende Faktoren aufzuzählen. Sie wünschen – und widersprechen, im gleichen Atemzug.

Obwohl die meisten von ihnen ihre Lebensinteressen auf das Business fokussiert haben, träumen sie von

- mehr Familienkontakten,
- mehr privaten Reisen, längerem Urlaub,
- weniger Fremdbestimmung.

Die Forscher, die solche Befragungen durchführen, fragen aber nicht an dieser Stelle weiter: Wenn dies aufrichtige Wünsche sind – willst du den Preis für ihre Erfüllung bezahlen? Die Antwort würde in fast allen Fällen lauten: Nein.

Differenzierter müsste sie lauten: Ich will nicht auf meinen beruflichen Erfolg verzichten. Ich will überhaupt nicht dieses gnadenlose Entweder-Oder. Ich möchte Systeme, die mir ein Leben mit allen Werten erlauben, die ich hochschätze. Ich will nicht mehr die eine Hälfte der Welt für die andere opfern. Ich will in lebenden Systemen arbeiten, die dem Organismus des Menschen gleichen: soziale Organismen, in denen nicht bestimmte Hirnareale abgeschaltet werden, damit andere die Macht an sich reißen können.

Topmanager kennen kein Führungsdilemma: sie managen.

Ihre Führungsleistung spielt für ihre Selbsteinschätzung keine Rolle.

Selbstzweifel fehlen.

Gefühle liegen zuverlässig an der Kette.
„Gelegentliche Anfälle von Nachdenklichkeit“ gelten als Störfeuer.

Von „Tugenden“ wollen sie ungern reden.
Aber für „bescheiden“ halten sie sich.

Wenn ihr Image schlecht ist, so machen sie „schlechtes Marketing“ und „Neid“ dafür verantwortlich.
„Authentisch“ möchten sie handeln –
und meinen damit Stehvermögen, Selbstbehauptung.

© Prof. Dr. Höhler

- Ich will nicht nur intelligent funktionieren.
- Ich will leisten, lieben, begeistern und begeistert werden.
- Ich will erkennen und verstehen.
- Ich will gestalten und verändern.
- Ich will meine Kräfte erproben.
- Ich will Beziehungen, berufliche und private, mit Sorgfalt entwickeln.
- Ich will herausfordern und schützen.
- Ich will die wesentlichen Entscheidungen in meinem Leben selber treffen.
- Ich will, dass es sich lohnt zu leben.
- Ich will Sinn erkennen.

Während wir über die Probleme der Führungkräfte mit ihrer *Leadership* für sich selbst diskutieren, gerät in der Regel der ernsteste Aspekt ganz aus dem Blick: dass diese Manager eine Leistung abzuliefern haben, die »Führung« heißt. Ihre Machtentfaltung in der Firma ist also, im Versagen wie im Erfolg, beachtlich. Sprechen wir von ihren *Self-Management*-Problemen, so reden wir eigentlich durchgehend von Qualifikationsdefiziten, nicht allein von Befindlichkeiten und Persönlichkeitskrisen. Ganze Forschungsberichte klingen inzwischen so, als ginge es nur um die Steigerung des Lebensappetits von Führungskräften. Es geht aber um ihre Eignung für die Aufgaben, die sie erfüllen sollen. Wie sollen aus Mitarbeitern bessere Führungskräfte werden, wenn die Vorbilder so unsicher auf ihren Füßen stehen? Lösungen sind also dringlich. Wer begriffen hat, dass Führungserfolg viel mehr ist als Effizienz-Zugewinne für die Firma, der erkennt die Brisanz von Siegen und Niederlagen beider, der Führungskräfte und der Mitarbeiter, für das gesamte Unternehmen und seine Kundenkontakte.

Die meisten Forscher und Berater, die sich mit dem Dilemma der Führungskräfte befassen, landen bei Ratschlägen, die sehr enttäuschen. Ihre Lösungskataloge sind Listen der verfehlten Ziele – so weit so gut; aber sie führen das Verlorene vor und fordern Gefesselte auf, es zu ergreifen. In

Wahrheit taugen diese Listen aber zur Absicherung der Erkenntnis, die sich längst andeutet: Nur die Bewohner des Systems können das System verändern. Dazu müssen sie sich freilich von der Behauptung verabschieden, die Systemarchitekten seien andere. Liest man die illusorischen Ratschläge an die Sklavenschar der Führungskräfte so, dann sind sie die Anleitung zur Revolution der Business-Systeme.

Wir können auch die Verlustlisten der Manager danebenlegen und jedem Stück verlorenen Terrains die Rückforderung gegenüberstellen: Das alles will ich wiederhaben, müsste der virtuelle Anführer einer Revolution der Führungskräfte rufen. Und er könnte besten Gewissens ein kühnes Versprechen anfügen: Wenn wir das alles zurückgewinnen, was wir vorschnell der Karriere geopfert haben, dann wird unsere Führungsleistung die doppelte Qualität entwickeln.

Ungefähr so sähe die Liste der Rückeroberungen aus.

- Ich selbst kontrolliere mein Leben.
- Ich bestimme mein Verhalten im Zusammenspiel mit den Bedürfnissen und Leistungen anderer; unser gemeinsames Ziel ist die Lösung von Aufgaben, die wir verstehen und beherrschen.
- Ich bin nicht Sklave, sondern Beweger des Systems, in dem wir gemeinsam arbeiten. Das System wird regelmäßig unseren Fähigkeiten und Zielen angepasst.
- Gemeinsam mit meinen Mitarbeitern und Vorgesetzten wehre ich jede Verfestigung von Rollenbildern ab, die uns Fesseln anlegen.
- Ich handle verantwortlich in verschiedenen, gleichwertigen Regionen meines Lebens: am Arbeitsplatz, bei meiner Familie, bei meinen Freunden, bei Sport und Spiel.
- Ich regeneriere meine Kräfte, weil ich das Maß meiner Belastbarkeit kenne, so, wie es zu meinem Leistungsprofil passt.
- Zeit- und Stress-Management sind in jedem Tagesbudget offizielle Themen. Sie sind verpflichtend auch für meine Mitarbeiter.

- Die Firmenziele enthalten Lebensziele, die mich faszinieren: Ich kann mein Potential entwickeln und werde in meinen Werthaltungen gestärkt.
- Ich weiß mich verantwortlich für meine Gesundheit, meine Ernährung und meine physische Fitness. Was ich für mich selbst auf diesen Gebieten tue, entspricht auch meinem Wunsch, im Beruf leistungsfähig zu bleiben.
- Ich lasse nicht zu, dass meine Selbstachtung beschädigt wird.
- Meinen Mitarbeitern zeige ich meine Achtung und Hochschätzung, weil sie nur so ihr Bestes geben können.
- Meine Führungsverantwortung umfasst auch das Management von Vertrauen.
- Ich erwarte hohe Leistungen und gebe selbst mein Bestes. Dies ist nur möglich in einem Klima des Vertrauens.
- Meine Mitarbeiter erfahren von mir, dass ich nicht letztlich für materielle Ziele arbeite, sondern für *»added values«*, für emotionalen Mehrwert.
- Die knappste Ressource, die wir gemeinsam managen, ist der »Sinn« des Ganzen. Warum macht es Sinn, dass ich mein Bestes gebe, gerade hier, gerade jetzt? Wer darauf keine Antwort findet, wird weitersuchen müssen, bis er oder sie am richtigen Platz ist.
- Deshalb nehme ich die Aufgabe sehr ernst, meinen Mitarbeitern bei der Antwort auf die Frage zu helfen: Bin ich in der richtigen Firma?

Wer diese Liste der Landgewinne für Revolutionäre durchgeht, der wird vielleicht an viele Sätze die Notiz schreiben: erreicht! Oder er – noch häufiger sie* – wird zustimmend nicken bei vielem und die Blätter seufzend beiseite legen: Manches geht, das meiste geht nicht, wird er sagen. Und sie wird beharren: Es geht. Vor allem deshalb, weil es normale Ansprüche eines jeden Menschen sind, die hier stehen.

* Vgl. dazu G. Höhler, Wölfin unter Wölfen. Das Buch zeigt und erklärt, warum Frauen ein ungestörtes Verhältnis zu Revolutionen der Arbeitswelt haben – und zu ihren Bewegern gehören werden.

Warum sollen Führungskräfte schlechter leben? Da sie mehr Verantwortung wollen und erreicht haben, müssen sie sich sehr um die Qualität des eigenen Lebens kümmern, damit sie viel Energie ausstrahlen können. Ein Lump, der mehr gibt, als er hat.

Dass die hier aufgeschriebenen Grundrechte arbeitender Menschen eher Selbstverständlichkeiten beschreiben als Utopien, werden uns auch junge Leute bestätigen, die sich längst erlauben, so zu leben. Da die Großkonzerne noch ungeschickt sind beim Öffnen kreativer Nischen und die massenhafte Ansteckung ihres Personals durch das Virus *Life-and-Work-Quality* fürchten, wächst die *Human Economy* der Zukunft von außen in die Unternehmen hinein. Da die jungen Unternehmen meist Zukunfts-Know-how verkaufen, können die Saurier der Industriekultur nicht gänzlich auf sie verzichten. Schauen wir diesen kleinen Einheiten im Alltag zu, so ruft die Liste der irrealen Wünsche der Kollegen aus den Riesentankern hier nur ein mitleidiges Lächeln hervor: Wer Manifeste der unerfüllten Wünsche schreibt, hat keine Zeit, an der Zukunft zu arbeiten, meint ein junger Unternehmer. Vorn dabeisein, gut mit sich umgehen, keine Mauern aufrichten zwischen Business und *Privacy*: So lapidar sind die Antworten, die man einfängt, wenn man das überflüssige Thema der fernen Führungsetagen anstimmt.

Es geht, sagt die leistungsstarke Nachwuchstruppe. Aber geht uns bitte aus dem Weg mit eurem Führungsfrust und euren Selbstfindungs-Trips. Wir müssen arbeiten.*

---

* Zum *work-life*-Konzept der jungen Pioniere siehe S. 51–59, 111 und öfter.

3 Die Herren der Knechte: Topmanager führen nicht – sie entscheiden

Wer sich von den Balancestörungen der Chefs auf der zweiten und dritten Ebene erholen möchte, der rede mit Topmanagern. Nur ein ferner Nachhall der Selbstzweifel und Verluststrategien, von denen die Führungskräfte aus den nachgeordneten Etagen berichten, dringt nach oben. Keiner der »Angekommenen« spricht vom »hohen Preis« des Gipfelsturms, niemand zählt Verluste auf, die einen Schatten auf den Erfolg werfen.

Wer sich aus Reihe zwei und drei bis ganz nach oben vorarbeitet, hat noch eine Handvoll anderer Qualifikationen als seine Zuarbeiter, die von seiner Position nur träumen können. Wer hier oben angekommen ist, beginnt auch nicht mehr Sätze mit »Eigentlich möchte ich …«, um dann vom Ideal des Ehemannes und Vaters zu sprechen, das ihm vorschwebe. Die *work-life-balance*-Themen sind hier abgeschlossen: »Meine Frau hat es noch nicht ganz begriffen, aber sie akzeptiert es«, oder, gelassen und nüchtern: »Natürlich hat man Sehnsüchte …«, aber erfüllt werden sollten sie auch nicht unbedingt, denn dann melden sich andere.

Der wichtigste Unterschied zwischen denen, die noch im Mittelfeld kämpfen, vom Blick zurück geschwächt und vom Ehrgeiz ebenso zerrissen wie vom Zweifel, ob sie jemals zu denen da oben gehören werden, ist nicht ein gradueller, sondern ein substantieller. Aus der Gruppe der Aufsteiger lösen sich in der Gipfelregion dann die wenigen, deren Selbstbild noch weniger krisenanfällig, deren Ego noch ungestörter und deren Weltbild in noch einfacheren, klaren Strichen gezeichnet ist. Auch sie, die Topmanager, hätten gern »mehr Zeit«. Aber sie teilen das nicht gequält mit, sondern wie eine Wettermeldung. Was sie tun, ist wichtig genug, um zu rechtfertigen, dass keine »freien« Zeitzonen übrigbleiben. Was man entschieden hat, wird nicht beklagt. Eine Weltumseglung, sagt einer, wünsche er sich ohnehin nicht. »Ich sehne mich nach Kleinigkeiten.«* Die Ökonomie der Wünsche, ein wichtiges Instrument für die Steuerung der eigenen Zufriedenheit.

Wer die Selbstauskünfte von Managern der ersten und der nachgeordneten Führungsebenen vergleicht, der erkennt vor allem diesen wichtigsten Unterschied: Von ungeklärten oder unbeherrschbaren Konflikten in ihrer Karriere berichten nur die nachgeordneten Führungskräfte. Die Topmanager dagegen leben mit lauter abgeschlossenen Statements, die sie auf Verlangen auf den Tisch legen. Kein tiefergehender Zweifel am eigenen Weg trübt die Überzeugung, der richtige Mann am richtigen Ort zu sein. Die weibliche Variante der Top-Selbsterfahrung fehlt in den meisten Forschungen zum Spitzenmanagement, weil Frauen dort fehlen. Wir wissen zuverlässig, dass hier Nuancen zu erwarten sind, die Männer für sich nicht mehr zulassen.**

Die Gespräche mit Spitzenmanagern zeigen deutlich, dass der erfolgsorientierte Vereinfacher bei guter Intelligenz und durchschnittlicher Kooperationsfähigkeit, unbedingt aber mit Durchsetzungswillen und Ichstärke ausgestattet, sehr gute Chancen auf einen Spitzenplatz hat. Wenn die Topmanager dennoch eine ausgewogene Mischung von *soft* und *hard skills* als ihr Credo präsentieren, so stehen wir damit vor dem eigentlichen Dilemma solcher Umfragen: Kein Spitzenmanager wird heute den »harten Mann«, den

---

* Für die folgenden Selbstauskünfte der Topmanager vgl.: Quellen der Identität. Das Selbstverständnis deutscher Topmanager der Wirtschaft, Schriftreihe Identity Foundation, Bd. 2, Düsseldorf 2001.

** Vgl. G. Höhler, Wölfin unter Wölfen, S. 179–189.

Topmanager über Topmanager*

Disziplin, Pflichtgefühl, harte Arbeit, Verzicht
findet jeder vierte Topmanager wichtig (24 %).

Ehrlichkeit, Offenheit und Wahrheitsliebe
schätzen 23 von 100 Topmanagern.

Verlässlich
möchte nur jeder Fünfte sein.

Konfliktlöser
wollen nur 2 von 100 Topmanagern sein.

Vorbild sein
wollen nur 4 von 100.

Mut für Veränderungen
finden 7 von 100 Topmanagern erstrebenswert.

Für Fairness
votieren nur 10 %.

Für Vertrauen
gar nur 4 %.

Fazit:
Topmanager, soweit sie befragt werden,
ruhen in sich selbst.
Sie brauchen keine Tugendkataloge.
Ihr Selbstvertrauen ersetzt alle Tugenden.

* Identity-Foundation, Düsseldorf 2001

»Fighter« als Ideal oder gar als Selbstportrait offerieren. Wer an der Spitze ist und die öffentliche Seite der eigenen Rolle begriffen und akzeptiert hat – und davon berichten die meisten Wirtschaftsführer –, der ist immer unter den Ersten, die das neue Vokabular und die marktgängigen Positionsmeldungen zum Führungsstil kennen.

Bei diesem Stichwort wartet dennoch eine Überraschung auf uns: Von Führung ist in den Auskünften der Topleute über die Prioritäten nur wenig zu lesen. Mittelbar gibt es da zwar Auskünfte, die aufhorchen lassen – zum Beispiel, wenn ein Manager sagt: »Meine Kinder steuere ich. Die merken das gar nicht. Die studieren nur, was ich will« – oder wenn ganz nebenbei in einem familienfreundlichen Auftritt des Topmannes der Satz auftaucht: »... bis ich meine Kinder auf die Schiene gesetzt habe –«.

Führung in der Firma erscheint für Spitzenmanager nicht als unmittelbare, sondern als mitlaufende Funktion: Natürlich wirkt der eigene Auftritt, und unvermeidlich ist die »Vorbild«-Rolle – aber da gehen viele Topleute auf vorsichtige Distanz. Sie wollen bescheiden wirken, sie verachten Angeberei und Selbstgefälligkeit – und doch: Bei der Frage nach dem »Vorbild«, das sie darstellen, müsste ihnen das gar nicht einfallen. Oben sein, das heißt für die meisten auch, nicht mehr so konkret mit alledem belästigt zu werden, was die nächsten Führungsebenen tun müssen. Motivieren, ja, aber eben durch das eigene Beispiel; von leidenschaftlicher Zuwendung ist nicht die Rede. Wenn wir am Ende dieser Beobachtungen ein Fazit ziehen, dann wird dieser Befund wichtig bleiben: Leidenschaft und Vertrauen, Empathie und Zuwendung fehlen im Selbstportrait von Führungskräften.

Was die Wirtschaftselite von sich selber hält, das bleibt natürlich nicht ohne Einfluss auf die Gesamtstimmung und die Selbsteinschätzung anderer Eliten im Lande. Was die Topmanager über sich selbst sagen, ist getragen von ihrer mehrheitlichen Meinung, dass sie die »Beweger« sind, nicht die Politik und nicht die Wissenschaft. Wer eine Führungsposition in der obersten Etage eines Wirtschaftsunternehmens hat, ist also obendrein überzeugt, an einem der begehrenswertesten Plätze im Gemeinwesen zu sitzen.

Unspektakulär erscheinen, daran gemessen, die Leitvorstellungen, die das Leben »auf dem Dach der Gesellschaft« bestimmen. Harmlos geradezu klingen diese Grundsätze, die jeder ohne Zögern für sich gelten lassen würde. Und nicht zum letzten Mal kommt der Verdacht auf, dass wir von den Herren in den Topetagen überhaupt keine authentischen Auskünfte mehr erhalten können. Die Folgerung drängt sich auf, dass es gerade die virtuose Kodierung der eigenen Abweichung vom Durchschnitt ist, die den Weg an die Spitze erst möglich macht. Werfen wir einen Blick zurück in die wirklich authentischen Zerrissenheitsprotokolle der Rudersklaven zwei Etagen tiefer, dann darf vermutet werden, dass ebendieses Hadern mit dem eigenen Sonderweg, die Abkoppelung von der Normalität der Durchschnittlichen als Leidensdruck, den Weg an die absolute Spitze blockiert.

Die Kette der Harmlosigkeiten auf der Erfolgsliste der Topmanager:

- Zufriedenheit. Freude an der Arbeit und am Erfolg.
- Respekt. Harmonie, Achtung vor anderen, Verantwortung.
- Leistungsbereitschaft. Die eigenen Grenzen austesten, Karriere machen.
- Werte (kein Mehrheitsthema!). Ehrlich, fair und offen sein, Fleiß und Disziplin üben.
- Flexibilität. Vielseitigkeit und Neugier. Nutzen für andere schaffen.

Eine fast brave Skala ist das. Nichts von *Highflyer*-Allüren, keine Balancestörung. Was die Trupps unterhalb des Gipfels noch Herzrasen kostet und schlaflose Nächte, das ist hier längst ausgestanden – oder nie zum Problem geworden? »Wenn Sie so eine Funktion erreichen, wie ich sie habe, betrachte ich das trotz gelegentlicher Anfälle von Nachdenklichkeit als einen ausgesprochenen Glücksfall … Seit meine Frau das akzeptiert hat, dass ihr Mann nun so ist, sitzen wir abends bei einem Glas Wein … eine Stunde zusammen, wenn es geht, und reden über dieses und jenes.

Und dann sage ich ihr, ich muss noch ein bisschen über meinen Kram nachdenken ...«

Ein gutes Leben, das würden die meisten sich selbst bescheinigen, wenn »die Kinder in dieselben Fußstapfen getreten sind«, »wenn ich in meiner Familie fortlebe«. Das soll so nebenbei herauskommen, aber ganz entschieden gilt: »– wenn man mir sagen würde, was ist wichtiger, dein Beruf oder die Familie, dann sage ich heute der Beruf.« – Er sagt »dein« Beruf, aber »die« Familie.

»Die nächste Generation auf den Weg zu bringen«, das sei das Wichtigste, sagt einer. »Und dafür habe ich eine gute Voraussetzung geschaffen – insofern der berufliche Weg eigentlich nicht nur für meine Identität und für meinen Willen ganz entscheidend steht – sondern auch dafür, die Kinder auf die Schiene zu bringen.«*

So, hat der Manager einleitend gesagt, stellt er sich eine »vernünftige Balance« vor.

Verräterisch genug sind diese Sätze. Mein Egotrip wirft für meine Kinder etwas ab, also trifft der Vorteil nicht nur mich, sondern auch andere. Dieser Vater sagt nicht: Ich habe meinen Kindern soviel Anerkennung und Ermutigung, soviel Zuwendung und Lob, soviel von meiner Lebenserfahrung – und vor allem soviel von meiner Liebe – zugewendet, dass sie voller Selbstvertrauen ihren je eigenen Weg wählen und gehen. Nein: Ich habe sie auf die Schiene gesetzt. »Dass sich meine Kinder vernünftig entwickeln«, nennt ein anderer als wichtiges Ziel. Die starke, schwere Hand der Erfolgsväter liegt auf den Schultern dieser Kinder.

Die harmlose Lebensliste täuscht. Sie ist Ergebnis eines jahrelangen Trainings unter dem Motto: Klar bin ich gut, das beweist ja meine hohe Position. Aber mein Herz ist rein. Ich bin, wie es Topmanager immer wieder versichern, ein ganz normaler Zeitgenosse. Und so gebe ich mich auch. – Mit dem Riesenbündel Ausnahmen, die dann noch 99 Prozent der Realität ausmachen. Und die Manager wissen das

* Quellen der Identität, S. 40, 42.

auch. Sie haben ihr schlechtes Image im Kopf, an dem sie sich mitschuldig glauben: »schlechtes Marketing« und »Neid«, sind ihre Befunde.

Wer Topmanagern länger zuhört und zusieht, beginnt zu begreifen, wie stark ihr Selbstbild vom Fremdbild abweicht: Schon ihre Kinder werden den kühlen, manipulativen Stil der Berichterstattung über ihre eigenen Schicksale nicht harmlos und schon gar nicht liebevoll finden. Aber das Wort »Liebe« kommt auch bei den Vätern nicht vor. Aufrichtige Herren, diese Spitzenmanager. Deshalb löst es globale Medienbeben aus, wenn einmal die Liebe in ein wohlprogrammiertes Managerleben einbricht – wie eine Macht aus einer anderen Welt.

Welche Tugenden bestimmen das Handeln der Topmanager? Wer so fragt, muss zuerst mit dem Stirnrunzeln der Wirtschaftsführer kämpfen: »Was meinen Sie mit Tugend?« fragen viele spontan. Die meisten entschließen sich, Tugend als Forderung, als Anspruch an sich selbst zu verstehen. Das protestantische Arbeitsethos klingt durch. Aber »authentisch« wollen die meisten trotzdem handeln – was immer das heißen mag. Die Vokabel kommt bei Spitzenmanagern verdächtig häufig vor. Sie gehört wahrhaftig nicht in die protestantische Ethik, sondern eher in die Sphäre, die den meisten Topleuten als Gegenwelt aus der Studentenzeit in Erinnerung ist. Mit »Authentizität« meinen sie eher die Selbstbehauptung, der sie ihren Erfolgsweg verdanken, als den Widerstand gegen die Institutionen und Systeme. Denn im System sind sie aufgestiegen, und Egostärke könnte ein Synonym für das sein, was sie mit »Authentizität« bezeichnen. Ich bin ich – das hat meine Frau nun endlich auch begriffen, das fiele sicherlich unter diesen Spezialgebrauch des Wortes.

Tugenden, die das Handeln bestimmen, sind für die Topmanager:

- Disziplin, Pflichtgefühl, harte Arbeit, Verzicht (24 %)*
- Ehrlichkeit, Offenheit, Wahrheitsliebe (23 %)

---

* Quellen der Identität, S. 55.

- Verlässlichkeit, Berechenbarkeit (21 %)
- Fairness, anständiger Umgang (10 %)
- Vertrauen, soziales Engagement (4 %)
- Mut, mit Veränderungen umgehen können (7 %)
- Vorbild sein (4 %)
- Konfliktfähigkeit (2 %)
- An die Zehn Gebote halten (2 %)
- Genießen können (2 %)
  (Probleme mit dem Tugendbegriff: 9 %)

Auf den ersten Positionen findet sich der Pflichtkatalog der Leistungstugenden. Dennoch: Kaum ein Viertel der Befragten verpflichtet sich den Allerweltstugenden der Leistungsgesellschaft. Lassen sich die ersten beiden Positionen (24 und 23 %) begrifflich noch als austauschbar verstehen, so wird es ernst bereits bei dem kläglichen Fünftel »Verlässlichkeit«: Das meint ja immerhin, man wolle seine Versprechen halten. Nach Meinung der Topmanager eine verzichtbare Tugend. Nur jeder Fünfte von ihnen möchte jemand sein, der »berechenbar« ist. Vielen wird das Gegenteil tatsächlich günstiger erscheinen: Lass dich nicht ausrechnen! Lass dich nicht festlegen! Fairness, ein Begriff aus dem Sport, ist nur einem von zehn Wirtschaftsführern wichtig. Natürlich heißt das auch, dass sie nicht an die Fairness ihrer Partner glauben. Vertrauen erscheint einer überwältigenden Mehrzahl unter den Topleuten unangebracht. Und die wohlfeilen Texte zur sozialen Kompetenz, die wir heute bei jedem Spitzenmann abrufen können, werden mit leichter Hand vom Tisch gewischt, wenn es um den Klartext der – immerhin – handlungsleitenden Tugenden geht. Der Löwenanteil der wichtigen Tugenden auf dieser Liste ist für Topmanager ohne Bedeutung. Vertrauen brauchen sie nicht, soziale Kompetenz ist Nebensache, Mut ist überflüssig, für Vorbildrollen ist man zu bescheiden, Konfliktfähigkeit wird nicht benötigt, die Zehn Gebote sind nicht mehr aktuell (aber »christliche Werte«, so ganz allgemein, hat man noch im Blick), genießen ist ein bisschen suspekt – und überhaupt, sagen immerhin neun Prozent, was soll das mit dem Tugendbegriff?

Topmanager über Topmanager*

Topmanager reagieren mit Unbehagen,
wenn es um **Autorität** und **Vorbildrollen** geht.

Werte vermitteln wollen nur 10 von 100.

Glaubwürdigkeit
wünschen sich immerhin
20 von 100.

Erfolgsquellen:
- Arbeitsfreude,
- Selbstmotivation,
- Begeisterungsfähigkeit,
- Optimismus,

sagt ein Drittel der Topmanager (36 %).
Projekte und Strategien fesseln das Interesse,
nicht Kunden und Mitarbeiter.

Topmanager definieren sich selbst ohne den Markt.
Keiner sagt: Ich verdanke alles meinen Leuten.
Eher gilt: Ich verdanke alles mir selbst.

* Identity-Foundation, Düsseldorf 2001

Keine harmlose Liste. Vielmehr eine äußerst aussagekräftige. Ein Katalog der Einseitigkeiten und des Ichbezugs. »Disziplin, gesunder Ehrgeiz, Leistungswille«, zählt einer auf, darum geht es doch. Vertrauen? Klar, man will nicht betrogen werden, kommt als Antwort. Selbst Vertrauen geben? Kein wichtiger Gedanke, niemand greift ihn auf. Die Erfahrung fehlt, die Praxis im *networking* der Topetagen ist anders. Beziehungen pflegen, na klar. Gleiche Interessen halten das Netzwerk zusammen. Da braucht man keine hochtrabenden Begriffe. Und Mitarbeiter spielen nicht die dominierende Rolle. Das sind Untergebene. Die sollen ihre Pflicht tun.

Dieselbe Scheu, die dem Tugendbegriff gilt, zeigt sich bei Managern auch gegenüber dem Phänomen der Autorität – und, wie wir schon gesehen haben, des Vorbilds. Unbehagen und Vorbehalte bestimmen die Antworten. Autoritäten, die den eigenen Weg beeinflusst haben? Kaum einer mag solche nennen. Noch schwieriger wird es, wenn Autorität generell definiert werden soll. Ist sie nur eine Sache der Persönlichkeit?

Welche Rolle spielt die Sachkompetenz? Und welche die Funktion?

Autorität hat auch mit Führungsfähigkeit zu tun, sagen die Manager. Am besten sei der Mix: Person und Sache und Führungserfolg.

Vorbild sein, das möchten sie schon – aber sie wollen es nicht einfordern. Vorleben, ja. 30 Prozent der Befragten aus der Identity-Studie haben Zweifel an der eigenen Vorbildrolle. Ist das Koketterie oder die Flucht vor der Verantwortung? Es fällt schon auf, dass die Antworten beim Umgang mit Sachfragen, Projekten, Konzepten viel unbefangener kommen als bei den Fragen, die sich auf Beziehungsmanagement richten, auf den Umgang mit Menschen. Ein Zehntel der befragten Manager meint, man solle Werte vermitteln, ein Fünftel wünscht sich Glaubwürdigkeit, ungefähr ebenso viele wollen soziale Werte bewusst vorleben. Aber ein Drittel zweifelt, dennoch, ob man Vorbild sein kann …

Die Ich-AG als Karriereziel?

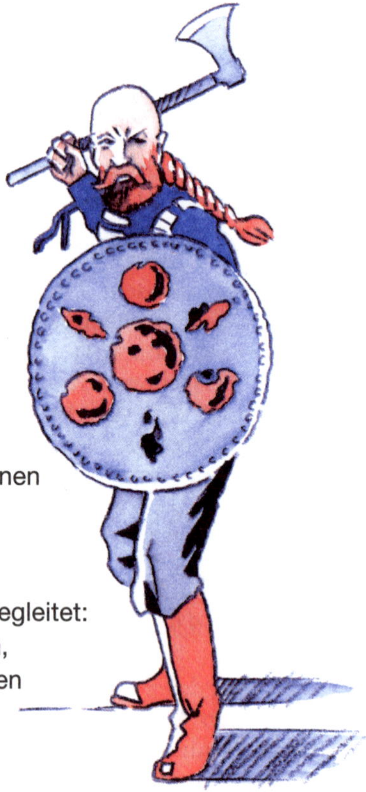

Wenn das EGO wächst,
droht Realitätsverlust.

Das Riesen-EGO als
Defensivmaßnahme:
gegen die Egomanen
im Team.

Das bärenstarke Ich
bekämpft auch die eigenen
Träume.

Der EGO-Kult wird von
übertriebenen Opfern begleitet:
zwei Fehlentwicklungen,
die einander rechtfertigen
sollen.

**Nur wer mehr als Karriere will,
findet auch für diese das richtige Maß.**

Ganz sicher fühlen sich aber alle, wenn die wichtigste Frage gestellt wird, die nach der eigenen Motivation. Was ist die Erfolgsquelle Nummer eins?

Freude an der Arbeit, Selbstmotivation, Begeisterungsfähigkeit und Optimismus, sagen 36 Prozent.

Sie sagen nicht: meine Mitarbeiter, das Team, die Rückmeldungen der Kunden, der Fortschritt der Firma.

Überhaupt ist von Kunden und Märkten in den Antworten der Wirtschaftsführer nicht die Rede. Ihre Identität definiert sich ohne Kunden und ohne Markt. Über weite Strecken der Befragung sogar ohne Mitarbeiter.

Nur schattenhaft treten Zielgruppen und Partner des Handelns auf: Kommunikationsfähigkeit sei wichtig, die Fähigkeit, Menschen zu überzeugen und zu motivieren, sagen 34 Prozent der Spitzenmanager auf die Frage nach dem Erfolgsgenerator. Teamarbeit sei wichtig. Das nächste Fünftel ist uns schon vertraut. Da sind sie wieder, die Pflicht- und Disziplinbereitschaft, Tüchtigkeit und Leistungswille. Wichtigster Antrieb aber ist der Erfolg selbst: »Für mich ist Erfolg ein ungeheurer Motor«, sagt einer.

Keiner sagt: Ich verdanke alles meinen Leuten. Keiner meint: Ohne meine Mitarbeiter bin ich nichts. Niemand tut kund: Es geht nicht ohne die andern. Was ich geworden bin, ist nur zum Teil mein Werk. Die *Community* hat meinen Weg zustimmend begleitet. Lieber sagen die Manager: Ein bisschen Glück war dabei. Beziehungen haben geholfen. Mein Ehrgeiz hat mich vorangetrieben. Offenbar beruht die Qualifikation für Spitzenpositionen wesentlich in dieser Fähigkeit, sich nicht zu nachhaltig auf andere zu beziehen.

Networking ist ein strategischer Faktor, der nichts mit Empathie, mit Vertrauen und Verlässlichkeit zu tun hat – für viele. Die abweichenden Erfolgsbilanzen fallen auf. Wenn da einer sagt: Alles, was ich bin, verdanke ich meinen großartigen Leuten, dann würde das einem Bergsteiger ohne weiteres geglaubt. Im Business klingt es schon fast zu bescheiden. Aber die Kunst, alle Verluste wegzustreichen, auch im eigenen Gehirn, Niederlagen nicht zu verzeichnen

Die jungen Revolutionäre der *Human Economy*

Eine Leistungsethik neuer Ordnung:

Männer, Frauen und Kinder leben, arbeiten und genießen gemeinsam.
Karriere und Leben gehören zusammen.
Kinder werden geliebt und geachtet.
Frauen sind Mitspieler – nicht Wächterinnen für Ruheräume.
Männer begreifen, dass Verzicht kein Mittel zum Erfolg ist.

Sinnhungrige Jugend ergreift die Verantwortung.
Ihre Botschaft: Die Produkte der Zukunft sind die Träume unserer Kindheit.

Endlich wieder eine große Vision:
Das Leben soll mehr als Nutzen, es soll **SINN** machen.

und Siege doppelt zu zählen, scheint eine wichtige Voraussetzung für den Spitzenerfolg zu sein.

Dass die junge Generation den so nicht mehr definieren will, wissen die Topmanager von heute. Und die jungen Manager sind bereits unter uns. Sie schreiben andere Kataloge von Erfolgsfaktoren. Sie schreiben, wenn wir ihnen unsere Unterstützung nicht entziehen, das Lehrbuch der *Human Economy* – mit einer Leistungsethik neuer Ordnung, die Genuss nicht nur zulässt, sondern als Erfolgsverstärker fordert. Mit Frauen, die nicht auf Verzicht trainiert werden, sondern im Business mitspielen. Mit Kindern, die von ihren Vätern nicht »auf die Schiene gesetzt« und nicht »gemanagt«, sondern geliebt, verstanden und begleitet werden bei ihren eigenen, nicht den väterlichen Entscheidungen.

Eine sinnhungrige Jugend ergreift die Verantwortung. Sie strebt nicht die Perfektion im Wegzensieren von Träumen an, sondern deren Übersetzung in ein erwachsenes Leben. Die Produkte der Zukunft sind die Träume unserer Kindheit, das wissen diese *Newcomer*. Sie halten ihr Vokabular so vollständig wie ihre Gefühlsskala: Liebe und Freundschaft stehen da ganz oben. Zuwendung, Wärme und Tempo passen da plötzlich zusammen.

Die Mauer zwischen Privatleben und Beruf fällt. Lebenszeit ist für solche Spaltungsaktionen viel zu kostbar. Mit den Jungen kommt eine große Vision endlich wieder. Die Vision, dass das Leben mehr als nur Nutzen, dass es vielmehr SINN machen soll.

4 Die Ego-AG: Karriere als Droge

»Diese Firma steure ich mit dem kleinen Finger der linken Hand«, sagt der Topmanager ruhig. Er hat eine gute Leistung geboten, Übertreibungen dieser Art waren eigentlich nicht nötig. Warum braucht er sie?

Zahllose ähnliche Statements von Vorstands-Chefs sind abrufbar. Telecom-Chef Ron Sommer beim Weltwirtschaftsforum in Davos 2001 auf die Frage, ob seine Aufgabe einer *mission impossible* ähnele: »Beim Amtsantritt sagte man mir, ich hätte den schwierigsten Job Europas; heute weiß ich, es waren einfache Dinge, die es zu tun galt.«* – Was Sommer entgangen sein mag: Ob er diese »einfachen Dinge« getan hat, bleibt offen. DaimlerChrysler-Chef Jürgen Schrempp teilt mit, dass keine Macht der Welt ihn so unter Druck setzen könne wie er selbst. Was immerhin heißt: Er ist stärker als alle Kräfte, die auf ihn wirken. Ein Heldenbild, das niemand fordert, das der Held selbst entwirft, weil er es braucht. Oder will er mit diesem *Superman*-Profil den Zuschauern Vertrauen vermitteln?

Schnell schließt sich die unterhaltsame Frage an, ob die falschen Leute auf den höchsten Plätzen sitzen. Zwei Drittel der deutschen Vorstände, so ein Headhunter mutig, gehörten am wenigsten dorthin, wo sie sitzen, in die Chefetage.**

---

* Zitiert nach *manager magazin* 4/01, S. 59.

** Ebda.

Und wo will der Headhunter nun die richtigen suchen? Auf den billigen Plätzen?

Seltener wird die andere Frage gestellt: Ob die Weltkonzerne mit immer komplexeren Strukturen überhaupt noch zu managen sind mit den herkömmlichen Spitzentrupps und ihren Aufsehern – und wenn nicht, warum es nicht schneller gelingt, die Führungskonzepte und Mannschaften der neuen Unübersichtlichkeit anzupassen.

Ist das Riesen-Ego der Topmanager eigentlich Voraussetzung oder Folge der Riesenverantwortung? Gibt die Selbstüberschätzung der *Topshots* den engsten Mitarbeitern mehr Selbstvertrauen oder schüchtert sie ein? Ist der vorschnelle Griff vieler Beobachter zu entzaubernden Diagnosen, die Chef-Karrieren als neurotische Prozesse beschreiben und die im Ziel Triumphierenden kurzerhand der Psychiatrie überlassen wollen, ein Ergebnis der *Underdog*-Perspektive, die das Große verkennen muss, um mit dem eigenen Ressentiment und Neid fertig zu werden?

Wir wissen, dass Spitzenleute, zumal wenn sie männlich sind, die Arrhythmien ihres Herzens, die Nervosität ihres Magens und die Unberechenbarkeit ihres Nachtschlafs kühl und nüchtern auf die Kostenseite für eine große Karriere schreiben. Ganz oben mitspielen, das hat seinen Preis.

Das Riesen-Ego dient als Bollwerk gegen die zahllosen, mehr und weniger qualifizierten Angreifer, mit denen die gut sichtbaren Spitzenleute zu kämpfen haben: Viel Feind, viel Ehr.

Viele von den Feinden sitzen im eigenen Haus. Je größer das Ich des Konzernchefs, desto weniger wird er von seinen nächsten Zuarbeitern über die Stimmung im Hause erfahren. Gibt er sich als zugänglicher Kommunikator, so entsteht eine Vertraulichkeit, die beim nächsten einsamen Entschluss zu unerwünschten Einsprüchen führen könnte. Die komplexe Verantwortung führt zu Abschottungsbewegungen der Topmanager, obwohl sie auf den ersten Blick das Gegenteil erfordert: Aufteilung der Verantwortung unter verschiedenen Kompetenzen, Abwägung aller Schritte im Team, gemeinsame Urteilsfindung, gemeinsame Entscheidung. Ist die Entscheidung falsch, steht er doch wieder – fast – allein im Scheinwerferlicht: der Vorstandsvorsitzende oder -sprecher. Also wählt er von Anfang an die Solistenrolle – die viele Kritiker eine Autistenrolle nennen.

Das Dilemma entsteht aus widersprüchlichen Wünschen – des Publikums und der Topmanager. Warum zeigen sie nicht beharrlich eine Spitzencrew und sagen den lauernden Kritikern: Die sind es, die bei uns Verantwortung tragen. Warum statt dessen der einsame Held, der erst durch diese Überschätzung seiner Reichweite auch intern isoliert wird? Hat er keinen andern Fluchtweg als die Selbstüberschätzung, oder kann er der Droge Macht nicht widerstehen, wenn er dieses Spiel mitspielt?

Jeder ins Scheinwerferlicht aufrückende Manager weiß: Die Beobachter, professionelle und Laien, brauchen Helden, weil sie morgen Prügelknaben brauchen. Sie wollen personalisieren – und die Topleute spielen mit. Obwohl sie es besser wissen: Ihre Aufgabe ist viel zu komplex – die Firma ist ein globaler Gigant mit unzähligen regionalen Spezialitäten –, als dass sie die Rolle eines Alleinherrschers glaubwürdig füllen könnten. Beide Seiten, die Manager und ihre Chronisten, haben aber ein Interesse an dieser Fiktion, weil sie beide stimuliert: Da steht er, der Herr über 50 000 Arbeitsschicksale, Milliarden-Umsätze, weltweit verteilte imponierende Niederlassungen, ein Herkules, der ganze Wälder mit der bloßen Hand fällt, Prometheus, der den Göttern das Feuer geraubt hat. Offenbar profitieren beide Seiten von diesem illusionären Portrait des modernen Helden.

Im Netz der Erwartungen und Versuchungen bewegt sich der so Ausgezeichnete naturgemäß nicht mehr vertrauensvoll, sondern misstrauisch: Wer sollte ihn stützen, wer möchte ihn schützen? Welche Motive bleiben übrig, wenn die virtuelle Person die natürliche so weit hinter sich gelassen hat?

Wer als Halbgott Vertrauen zum Teamgesetz machen will, hat ein Glaubwürdigkeitsproblem. Wer einmal in der Falle der allgemeinen Überschätzung sitzt, konfrontiert mit unerfüllbaren Anforderungen, gefangen in einem Drehbuch, dessen Rollenzuteilung er aus Eigenliebe nicht mehr zu ändern wagt, der hat es schwer, Führungstugenden glaubwürdig vorzuleben.

Die meisten Topmanager teilen denn auch mit, wie sie dieses Dilemma umgehen: Sie finden keine Zeit für Führung. Sie sind, was sie sind, und wer sich zu Höherem berufen glaubt, kann ihnen zusehen. Ihr Beispiel spricht für sich, meinen viele. Da müssen sie selbst nicht hyperkommunikativ sein. Nicht in der Firma. Aber nach draußen. Weil die Heldenrolle nun einmal geschrieben ist.

Entwerfen Presse und Konsumenten solche übergroßen Heldenbilder auch aus der Verlegenheit, die hochkomplexen Konzernriesen, die den Erdball umspannen, auf den Begriff zu bringen? Menschen als Symbole für Labels, Markengesichter neben den Produktprofilen, Markengesichter, die Menschengesichter sind: Globalisierung handelbar gemacht. Natürlich weckt das Mienenspiel des Daimler-Chrysler-Chefs auf dem Fernsehschirm und in den tausend Schnappschüssen der Photographen bei Bilanzpressekonferenzen mehr Emotionen als der kreisende Stern über der Stuttgarter Hauptverwaltung. Die Information ist in beiden Fällen ausreichend – im Auftritt eines Menschen gewinnt sie zusätzliche Dimensionen. Nichts ist interessanter als der Mensch selbst. Öffnen sich Spielräume für die Phantasie wie bei einem Weltherrscher des Zuschnitts von Jack Welch, Jürgen Schrempp oder Rupert Murdoch, dann kann von ihren Weltreichen tatsächlich nichts Interessanteres gezeigt werden als sie selbst. Weil mit keinem Mittel der Kontrast deutlicher wird, den die Zuschauer gruselnd bestaunen wollen: ein Mensch, fast wie du und ich. Ein Regent über ein weitverzweigtes, vielstimmiges Imperium. Wie immer sie auftreten – gelassen oder offensiv, jovial oder freundlich –, der Kontrast bleibt. Die Zuschauer kommen auf ihre Kosten; das Unglaubliche ist ihr tägliches Recht. Sie wollen staunen, kritisieren, bewundern. Sie wollen Heldenmacher sein – und diese Helden eines Tages stürzen.

Das EGO der Topmanager – Voraussetzung oder Folge der Spitzenposition?

Das starke Ich als Bollwerk gegen Anfeindungen und als Rüstung im Scheinwerferlicht.

Das Publikum wünscht Solisten und prangert sie als Autisten an.

Wer heute Helden macht, hat morgen Prügelknaben.

Die Macht als Droge:
Wer siegt, vergisst, sein Team zu zeigen.
Wer scheitert, verweist auf sein Team.

Topmanager im Netz der Erwartungen und Versuchungen:

Herren über Hunderttausende von Schicksalen,
Giganten, die sich die Welt teilen.
Markengesichter, die Produktprofile ergänzen.

Hybris als Programm?
Oder Stellvertreterschaft der Alphatiere?

Für Egomanen passen die Bedürfnisse des Publikums – zumal sie sich zutrauen, immer oben zu bleiben. Ein starkes Ego ist aber in jedem Falle für Aufstiege unentbehrlich; nicht, weil man so viele Rivalen erledigen muss, sondern weil die Antriebslage überdurchschnittlich sein muss, wenn man hohe Ziele erreichen will. Da antriebsstarke Menschen gute Vorbilder für andere sind, die nicht ganz so ichstark vorwärtsstreben, müsste im Idealfall die Ausstrahlung eines sehr erfolgreichen Aufsteigers für alle, die mit ihm arbeiten, Vorteile bringen. Dann wäre die Isolation auf den Gipfelplätzen nicht zwangsläufig, sondern eher die schwächere Variante des gemeinsamen Spiels.

Es gibt Manager, die das Konkurrenzgeschehen so erleben und ihren eigenen Durchbruch zu einem absoluten Spitzenplatz als ein Teamergebnis beschreiben.

Alphatiere, die ihren hohen Rang den anderen verdanken: Kaum jemals kommentiert ein Topmanager seine Ankunft auf dem höchsten Platz in der Firma so: Die andern haben mich dazu gemacht. Nein, er möchte seinen Sieg für sich allein. Wenn er trendgerecht darüber redet, dann fügt er leutselig an, wie offen er von hier oben aus kommuniziert und wie leicht der hundertfache e-mail-Fluss die hierarchiefreie Kommunikation im Unternehmen macht. Mit welchem Ergebnis? Das sagt der stolze Star dann nicht, weil es um Ergebnisse auch gar nicht geht: Es geht um Verfahren, um technisches Equipment, nicht um Innovationsprozesse, wissensgestützt. Dafür gibt es im übrigen eine eigene Abteilung. Es wird nicht mehr lange so bleiben, dass Manager die eigene Bedeutung an der Zahl der täglichen e-mails ablesen. Bald werden jene die Stars im Wissensmanagement sein, deren Schleusensystem am besten funktioniert: Von 100 erreichen sie nur die vier wichtigsten e-mails, das ist die Zukunft. Die Zukunft heißt Auswahl statt Überflutung.

Warum diese Sonderstellung von Chefs im Top-Business, während es viele ähnlich anspruchsvolle, mit viel Verantwortung beladene Führungsaufgaben gibt, die von exzellent ausgebildeten Experten wahrgenommen werden? Warum ist der Spitzenforscher nicht unser Medienheld, warum nicht der Kapitän des Supertankers, der in Stürmen mutig entschieden hat? Als Metaphern nutzen wir sie zwar, die Kapitäne, die Piloten, wenn wir von den Stars des Business reden. Die Rangliste des öffentlichen Interesses sieht Piloten und Kapitäne nur im Absturz- oder Untergangsfalle auf vorderen Plätzen. Gewöhnlich gehört Platz 1 den Idolen der Popmusik. Platz 2 teilen sich Politiker und Manager. Auf Platz 3 herrscht reges Gedränge: Die Eintagsfliegen der Party-Szene wechseln sich dort ab. Wissenschaftler erscheinen nur bei Skandalen und Krisen. Alle drei Plätze im Licht sind demselben Gesetz unterworfen: Pushen und Abschießen.

Platz 1 ist schnell erklärt: Die Massengesellschaft macht die zu Idolen, die sie konsequent unterfordern. Will man es etwas anspruchsvoller ausdrücken, dann kann man sagen: Idole sind die Menschen, die den schönen Schein inszenieren, ohne uns dabei etwas zuzumuten, das weh tun könnte: sie holen die Menschen dort ab, wie es im Soziologenjargon heißt, wo diese sich gerade aufhalten. Sie bedienen Träume und schläfern Frustrationen ein, aber auf trivialem Niveau, das ist Bedingung.

Auf Platz 2 die Mandatsträger, die wir wählen: Ihre Auftritte unterhalten, weil jeder Bürger von ihren Aufgaben irgend etwas versteht. Sie sind die Geiseln des öffentlichen Interesses, weil sie auf die Wählergunst angewiesen sind. Prinzipiell könnte jeder auf ihrem Platz sein, so will es die Demokratie. Das macht die kritischen Kommentare so lustvoll.

Ebenfalls auf Platz 2 die Helden des Business: Dass man, was sie steuern, konkret nicht sehen und nie komplett durchschauen kann, macht ihre Aura aus. Als entrückte »Beweger« unsichtbarer Energien, Täter, die kein Werkzeug in der Hand halten, Herren der *brainpower*, haben sie genug Fremdes und genug Vertrautes an sich, um zu faszinieren. Den Ausschlag für ihre Aura gibt aber die Sphäre, der sie zugerechnet werden: die Welt des großen Geldes. Mammon, der mächtige Gott des Industriezeitalters, hat gewaltig an Statur gewonnen, seit wir in der virtuellen Welt leben. Globale Finanzströme umfließen die Produkte, eilen ihnen voraus, vertreten sie auf den Märkten. Geld scheint das höchste Gut und der magische Schlüssel zu Unabhängigkeit und Glück. Die Wirtschaft ist die Leitmacht, hier wird die begehrteste Ressource bewegt und recycelt: Geld. Das ist es, was die Scheinwerfer zu den Machern dreht. Sie produzieren die Droge, sie sind selbst süchtig danach, so sieht es der Beobachter. Die Standard-Auskunft der Manager kennt er natürlich: Um Geld gehe es da nun wirklich nicht mehr. Wenn, dann nur symbolisch.

Wenn sinkende Schiffe verlassen werden, überwiegt ein anderer Eindruck: Nun geht es nur noch um Geld. Geld als Gratifikation fürs Scheitern. Schweigegeld, Entschädigung für die entgangene Zukunft – es gibt viele Varianten der Solidarität beim Gipfelpersonal, wenn die goldenen Fallschirme ausgeteilt werden.

Das Riesen-Ego, so folgern nachdenklichere Manager – die selten sind, weil die meisten sagen: zum Nachdenken bleibt keine Zeit und Nachdenken ist eine Gefahr –, hat zweierlei Funktionen: Man braucht es, um konsequent zu klettern. Sich zu behaupten. Die Opfer, die man bringt, zu ertragen. Und man baut es aus, um Attacken abzuwehren, widerstandsfähiger gegen Verletzungen zu werden. Es wird erzwungen, das starke Ich. Wer eine gute Kondition mitbringt, wird bald eine bessere haben. Wer selbstbewusst auf die Strecke ging, hält schon auf halber Höhe weit mehr von sich als beim Start. Und wer ganz oben ankommt, der sagt sich: Ich muss gut sein, anders ist dieser Erfolg nicht zu erklären. Ob man unterwegs Bessere gesehen hat, ist die falsche Frage. Kaum ein Manager, den sie nicht irritiert. »Bessere? Wenn sie da waren, wo sind sie heute?« fragt der Mann, dessen kleiner Finger der linken Hand die Firma steuert. »Ich wollte nach oben. Ich. Was andere wollen, müssen andere tun.«

Die Sprache der Alphatiere? Nicht ganz. Im Rudel der Wölfe beispielsweise gibt es die regelmäßigen Kraftproben zwischen dem anerkannten Alphawolf und den nachrückenden Bewerbern. Ob der Herrscher sich behauptet oder der nächste nachrückt, entscheidet sich nach vielen spielerischen Drohgebärden im offenen Kampf. Es geht nicht ohne die andern. Um ihren Schutz wird es gehen, wenn der neue ranghöchste Wolf das Rudel umkreist. Seine Stärke wird das Rudel gegen fremde Angreifer brauchen, und die eindrucksvollsten Rollenwandlungen durchlaufen die wilden Kämpfer, wenn Nachwuchs im Rudel lebt: Die Alphaweibchen schützen die Welpen vor weiblichen Feinden, und die Alphamännchen schlagen die Rüden unter den Angreifern zurück. Intern aber, in der Gruppe, wird der Alpharüde für diese Zeit der Nachwuchspflege zum sanftmütigen Friedensstifter, der ausgeglichen und ausgleichend überall zur Stelle ist, wo kleine Rangeleien im Rudel aufkommen.

Eine breiter angelegte Rolle, die der Wolfsrüde übernimmt. Aber er lebt auch nicht in der gespaltenen Welt. Er hat kein *work-life-balance*-Problem.

Ist das wuchernde Wachstum des Ego am Ende mehr eine defensive Maßnahme als fortschreitender Realitätsverlust? Viele junge Menschen sind davon überzeugt, dass die pure Sichtbarkeit, gleichviel, welche Inhalte sie begleiten, ein Aufstiegsmoment sei. Medien, Presse und die entsprechende Berufsgruppe müssten häufig genug denselben Namen hören, dasselbe Gesicht sehen, um Schritt für Schritt die Vorstellung zu entwickeln: Dieser Mensch ist wichtig.

Viele junge Manager handeln zumindest im Unternehmen nach dieser Erkenntnis. Der Chef muss sich an mich gewöhnen wie an einen Schatten. Er muss bei jedem Auftrag, der zu vergeben ist, als ersten mich sehen. In internationalen Umfragen schwören junge Karrieristen auf diese Methode.*

Während er nun der Schatten des Chefs ist, fühlt der junge Mann sein Selbstwertgefühl wachsen. Er holt sich,

---

* Siehe dazu G. Höhler, Wölfin unter Wölfen, S. 179–189.

was er braucht: ein wachsendes Ego. Nun muss er nur noch im richtigen Moment die Seite wechseln, wenn der Vorgesetzte zu lange oben bleibt oder an Macht verliert. Sichtbarkeit ist alles, davon bleibt dieser junge Mann trotzdem überzeugt. Nach seinen wirklichen Wünschen hat er immer noch nicht gefragt. Er liest nur in den Gesetzen der Welt, in der er nach oben will. Er wagt nicht zu erforschen, ob sie zu seinen Bedürfnissen passen. Und er ist bereit, jung und belastbar, wie er ist, auf seine Wünsche zu verzichten – wenn die Richtung stimmt: nach oben.

Um rechts und links auszuradieren, was ihn auch noch locken könnte, braucht er jetzt ein bärenstarkes Ego. Es muss seinen eigenen und allen andern Zweifeln gewachsen sein. Der Antrieb, im Wettbewerb andere zu überholen, gehört zum menschlichen Leben wie die Neugier, die spielerischen Kraftproben der Kinderzeit. »Erfahren, wer ich bin«, hat der Heranwachsende sich gesagt, wenn er Verbote umging, Risiken suchte und Strafen provozierte. Er spürte sehr genau, dass ihm das alles zustand. Erst nach der Schulzeit, in dem Riesenunternehmen mit seinen Riesenabständen zwischen denen, die unten, und denen, die oben leben, wurde eine ganze neue Dimension von Wettbewerb greifbar. Hier stellen junge Leute selbst die Weichen. Entweder lautet ihr Urteil: Aussichtslos. Hier bin ich zufrieden mit dem mittleren Niveau. Oder die Flamme lodert plötzlich, man zeigt mehr Eifer, man fällt auf, die Flamme lodert höher und heller. Alles wagen, alles opfern, heißt die verführerische Gleichung, die nun auftaucht. So reden die von oben auch, also ist er auf dem richtigen Weg. Wenn der Erfolg viel kostet, muss er es wert sein, denkt der anpassungsbereite junge Mann. Also weg mit den Träumen, weg mit Gefühlen, die Stress machen, weg mit zeitaufwendigen Beziehungen. Das Einzige, was jetzt noch zählt, ist Durchsetzungsvermögen, so erkennt er. Die Karriere lässt ihn nicht mehr los. Die Droge wirkt.

Und dann kommen, auf halber Strecke nach einigen Jahren, Kollegen und sagen, er habe ein Riesen-Ego entwickelt. Er schaut erstaunt. Es ging nicht ohne! möcht er spontan

Der Egotrip als böser Traum

Alles wagen,
alles opfern –
und plötzlich
erwachen:

Gesichter sehen,
Vertrauen fassen
und Führung entdecken:

terra inkognita.

Zurück unter Menschen, lernt der Highflyer,
dass er – fast – am Wichtigsten vorbeigelebt hätte:

am Bündnis mit seinen Leuten.

sagen. Aber er sagt es dann doch defensiver: »Was glaubt ihr, mit welchen Egomanen ich es hier zu tun habe! – Das überlebst du nur mit einem starken Ego!« Das Riesen-Ego als unausweichliche Maßnahme, weil die andern so egostark sind: Diese Erfahrung von Managern ist kaum zu widerlegen.

Wer diesem jungen Mann aufzählt, wieviel Kostbares er aufgegeben hat und wie sehr es ihm fehlen wird, der kommt einerseits zu spät und andererseits zu früh. Solange er nach vorn stürmt, darf er nichts hören, was ihn schwach macht, das weiß er genau. Wenn er angekommen ist, hat er zunächst jahrelang keine Zeit, sich umzuschauen. Er wird perfekt geworden sein im Wegschlagen von Heimweh, Träumen und Erinnerungen an das, was er früher einmal vom Leben erhofft hat. Seine Mitarbeiter werden ihm ab und zu Augenblicke des Nachdenkens aufzwingen. Sie werden ihm ziemlich fremd bleiben, wenn er nicht lernt, was Achtung und Vertrauen, Wertschätzung und Empathie für das Team bedeuten. Plötzlich steht er wieder ganz am Anfang. Er hat für sich gekämpft und dabei alles geopfert, was ihm früher einmal wertvoll erschien. Sein Erfolgsbild hatte erbarmungslose Züge, und andere haben ihn darin bestätigt. Ausgeplündert ist er angekommen, und nun bekommt er Führungsverantwortung. Die andern sind nicht von seinem Zuschnitt, so spürt er. Sie wollen kooperieren, sich einfügen, Ziele verstehen und erreichen. Wenn er nun, trotz Riesen-Ego, Abstand von sich selbst gewinnt, sieht er sich vor einer Riesenlektion. Wenn er noch besser werden will als seine Kollegen aus dem Topmanagement, wird er sie lernen.

- Er wird Vertrauen geben und das rückflutende Vertrauen genießen.
- Er wird mit dieser Vorleistung den ersten Baustein für seine Autorität legen.
- Er wird seinen Leuten sagen, dass Karrieren oft Defizite mit sich bringen und dass er mit ihnen gemeinsam diese Defizite abbauen will.

- Er nennt die Stärken, die es zu entwickeln gilt:
  - emotionale Kondition
  - Empathie: Fähigkeit und Bereitschaft, sich auf den Platz des anderen zu setzen
  - Humor – die Kraft, konventionelle Debatten durch Brüche produktiv zu machen
  - Rituale kreativ umdeuten
  - sportliche Fitness, mentale Stärke
  - Verschiedenheit – die Leistungsquelle im Team – erkennen und nutzen

Er wird, wenn alles dies gelingt, erfolgreicher werden als seine Kollegen. Freilich in einer neuen Komplexität, die viele von den ausgeplünderten Siegern noch nicht kennen. Aber sie kommt unweigerlich mit den jungen Mitspielern, so verführerisch die Askese-Konzepte auch sein mögen, die das traditionelle Karrierebild begleiten. Junge Männer wollen viel opfern, um viel zu erreichen. Schon die Mythen erzählen von diesen Drachentötern, denen fassungslose Frauen zusehen. Es gibt schon viele unter diesen jungen Männern, die verstanden haben, dass die übertriebenen Opfer den übermäßigen Egokult begleiten. Sie wollen mehr als nur Karriere – und genau deshalb finden sie auch für die Karriere das richtige Maß.

IV
Führung: Menschen gewinnen – Probleme beherrschen – Sinn gestalten

1 Ansehen statt Dominanz: Wie Kinder ihre Alphatiere wählen

Führungstalente erkennt man schon im Kindergarten. Wer unter Erwachsenen die führungsstarken Talente erkennen will, hat mit Störfeuer zu kämpfen: Schon junge Bewerber sind vielfältig beeinflusst und befangen. Sie sind zur Schule gegangen und haben dominante oder schwache, imponierende oder führungsstarke Lehrer erlebt. Längst hat sich in ihrem Kopf und Herzen ein Bild entwickelt, wer sie sein wollen, wem sie nacheifern. Sie haben auch erfahren, wie man »sich verkauft«, was die Chefs mögen, wofür man sich interessieren sollte. Längst sind sie nicht mehr unverstellt »sie selbst«, sondern informierte Kinder der Hyperkommunikationskultur. Sie haben Bücher über Bewerbungsgespräche gelesen und ihre Vita chefgerecht sortiert. Da sie meist jünger sind als ihre möglichen Chefs, um deren Gunst sie werben, sind ihre Strategien unter Umständen zeitgemäßer, ist ihr Auftritt trendgerechter, als die Älteren erwarten: Der Durchmarsch auf Top-Start-Positionen ist gesichert.

Erklärt sich so vielleicht ein Teil der Fehlbesetzungen, über die Firmenchefs klagen? Sie drücken es anders aus: Die neu eingestellten Bewerber erfüllen nach einem fulminanten Start die Erwartungen auf der Strecke nicht. Sie sind weniger belastbar, als man dachte, weniger zuverlässig und weniger diszipliniert, als ihr strahlendes Bewerbungsprofil vermuten ließ. Sie verdienen das Vertrauen nicht, das der Chef in sie gesetzt hat; im Gegenteil: Sie beuten es aus. Ehe die Entscheider zur eigenen Fehlentscheidung stehen, machen sie die Ausbildungssysteme, die Jugend im Ganzen, die Lehrer, die Professoren oder Meister in den Betrieben verantwortlich. Was sie zugeliefert haben, sind Blender, keine Führungsbegabungen.

Wichtiger wäre die andere Erkenntnis: Die Strategien der Selbstvermarktung sind heute so ausgereift und so wohlfeil auf den Kommunikationsmärkten, dass jeder junge Mensch sich zum idealen Kandidaten stylen kann, zumindest für die Dauer eines Bewerbungskontaktes. Die »Papierform« lässt man sich von Profis anfertigen; die paar Ausbildungsmerkmale, die da hineingehören, erreicht man spielend: Abitur oder, origineller und Beweis für zielstrebiges Umsteuern, zweiter oder dritter Bildungsweg, Auslandsreisen, Stipvisiten in verschiedenen Betrieben, ein bisschen Sport, ein wenig Charity, Kunst- oder Musikinteresse, und schon steht die Vorzeigevita.

Viele Entscheider haben als junge Menschen nicht halb so viel gesehen, nicht halb so bunt gelebt und nicht halb so flüssig parliert; sie sind beeindruckt; leiser Neid steigt auf. Wenn sie schon diese *easy-going*-Lebensstile nicht nachträglich für sich reklamieren können, dann wenigstens souverän von morgen sein und für diese quicken jungen Sprinter entscheiden.

So werden viele von ihnen eingestellt, und die Kette der Missverständnisse und Enttäuschungen beginnt – für beide Seiten.

Ein weiteres Handicap liefern die Auswahlsysteme der Firmen selbst. Intelligenztests prüfen nur den geringsten Teil der Führungseignung: die logisch-schlussfolgernden Fähigkeiten, die schon in der Schule überbewertet wurden. Sie sagen nichts über die Führungstalente, absolut nichts über die Belastbarkeit und die emotionale Kondition eines Bewerbers aus.* Seit Jahrzehnten leben wir mit der ausgelagerten Intelligenz in unseren elektronischen Werkzeugkästen, die logische Operationen sicherer und ohne Anfälle

* Dieses Problem wird ausführlich behandelt in: G. Höhler, Herzschlag der Sieger. Die EQ-Revolution, Düsseldorf/München 1997.

Führungsnachwuchs als Herausforderung

Selfpromotion der Bewerber überfordert die Führungskräfte von heute.

Gutgemischte Vita statt gutgemischter Kompetenzen: Wie reduzieren wir die Zahl der Fehlentscheidungen?

Der IQ-Test reicht nicht.

- Prüfen Sie die **emotionale Stärke**: Fragen Sie den Bewerber nach Sport und Spielen seiner Kindheit; nach Freunden, nach glücklichen Augenblicken.

- Fragen Sie den Bewerber nach seinen **Träumen** statt nach seiner Karriereplanung.

- Sprechen Sie über seine und Ihre **Visionen**.

- Fragen Sie, was der junge Mann/die junge Frau unter dem **SINN des Lebens** versteht.

von Langeweile oder Ideenfeuer, daher fehlerärmer ausführen als unser Gehirn. Und immer noch fragen wir uns gegenseitig genau diese längst delegierten Fähigkeiten ab – weil wir so ungern von Gewohnheiten lassen und weil wir das Berechenbare so hoch schätzen. Die Mischqualifikation einer Führungspersönlichkeit lässt sich nicht via Intelligenztest abfragen; sie ist komplexer, als dieser Test es zulässt. Hier scheitern daher oft die wertvollsten Talente. Und so erklärt sich die Häufung der enttäuschten Erwartungen. Teure Irrtümer, zeitraubende Sackgassen erwarten die Chefs und ihren Nachwuchs auch in Zukunft, wenn wir so weitermachen.

Und die Chefs alter Schule werden sicherlich spöttisch lächeln, wenn ich ihnen sage: Schauen Sie nicht in die überlegenen Gesichter der jugendlichen Kommunikationsjongleure, denen Sie nicht gewachsen sind; geben Sie nicht Ihrer Sehnsucht nach, so einen gewandten Hyperkommunikator einzustellen, weil Sie ein solcher nie mehr werden können. Forschen Sie nicht in den fitgetrimmten Lebensläufen dieser überlegenen Jungstars, denen scheinbar die Welt gehört. Lassen Sie sich nicht durch die MBAs und Harvard-Gastspiele Ihrer Bewerber verblüffen, sondern blättern Sie weiter zurück in deren Lebensläufen – bis dorthin, wo die ersten Bewährungsproben unter Kindern ablaufen: auf den Spielplätzen und in den Kindergärten – bis in die ersten Schuljahre hinein. Und beobachten Sie nicht die Autoritätsgeschichte mit den Vorgesetzten – Eltern, Kindergärtnerinnen, Lehrer, Erwachsene generell – , sondern die Beziehungen der Kinder zueinander.

Hier lernen wir die Strategien und Eigenschaften kennen, die Führungsrollen begründen. Hier begreifen wir, dass Führung nicht ein Anspruch, sondern eine Auszeichnung ist, die auf Auswahl beruht. Diese Auswahl treffen immer jene, die geführt werden wollen. Sie wählen ein Qualifikationsprofil für die Führungsrolle, das sie überall da stark macht, wo sie ohne Führung schwach sind. Wer in diesen Profilen liest, die Kinder, noch vor dem Eintritt in das Trommelfeuer erwachsener »Du sollst« und »Man muss«-Botschaften, spielerisch ernst entwerfen, der wird einen ganz neuen Katalog der Führungseignung schreiben.

Konsequent wäre es schon, die Talente der Führung von morgen in den Kindergärten von heute auszusuchen. Bis wir an diesen Erfolgsweg gemeinsam glauben, können wir zumindest die Erfolgsprofile kindlicher »Führungsauswahl« ablesen und mit unseren erfolgsschwachen Auswahlschemata vergleichen.

Da es uns nur selten gelingen wird, den anderen Erfolgsweg zu nutzen: die Vorgeschichte des jungen Erwachsenen bis in seine Kinderzeit zurückzuverfolgen, spricht alles dafür, den Forschern zuzuhören, die Kindergruppen und ihr kindliches »Führungspersonal« beobachten.

Während wir uns selbstgewiss für Alphatiere halten, würden wir wohl in Gelächter ausbrechen, wenn jemand uns mahnen würde zu bedenken, dass Alphatiere natürlich schon unter Kindern vorkommen. Alphatiere, so würden die Evolutionsbiologen einwerfen, werden geboren. Das behagt all jenen nicht, die schon eine Weile auf dieser Welt unterwegs und immer noch auf der Suche nach der eigenen Alpharolle sind. Wer Kindergruppen zusieht, muss seine Spätentwickler-Hoffnungen dämpfen: Grundsatzentscheidungen, so berichten die Forscher, fallen früh.*

Wichtigstes Merkmal der Führungsrolle: Die »andern« vergeben sie, nicht der Überlegene greift zu.

Autorität und Führung wird von denen verliehen, die sich abhängig verhalten – weil sie dem einen, den sie auszeichnen, mehr zutrauen.

Die Skala der »Leistungen«, die in eine Führungsrolle unter Kindern führen, besticht durch Kontraste – spontan würden viele Routiniers sagen: durch Widersprüche, die sie für illusionär halten. Wie aber kann es sein, dass Kinder spontan Ränge nach Kriterien vergeben, die später nicht

* Für das Folgende vgl. B. Hold, Rangordnungsverhalten bei Vorschulkindern. In: *Homo*, 25/1974, S. 265–267; Rank and Behavior, An Ethological Study of Preschool Children. In: *Homo*, 28/1977, S. 158–188.

Die „Kinderskala“ für Führungspersonal

Alphatiere leben schon in Kindergärten.

Kinder verteilen Führungsrollen nach dem einzig richtigen Prinzip: Führung ist nicht Anspruch, sondern Auszeichnung.

Wer geführt wird, wählt, von wem.

Kinder vergeben Führungsrollen an Kameraden, die
- gut organisieren können und mehr Ideen haben,
- Trost spenden, wenn er gebraucht wird,
- mit anderen teilen,
- Angegriffenen helfen, die schwächer sind,
- Aggressionen abwehren,
- durch diese Eigenschaften den Respekt aller Kinder erlangen.

Alle Kinder
- suchen die Nähe dieses Alphatiers,
- verstärken seine Position, indem sie ihm Geheimnisse anvertrauen,
- fragen und suchen den Rat dieses Kindes,
- bitten um Schutz, wenn sie Angst haben.

Diese „Kinderskala“ besticht durch ihre Spannweite. Erst die Bildungssysteme trainieren die Wärme weg und töten die Empathie.

mehr gelten sollen? Warum entfernen wir uns von diesem breitgefächerten Führungsprofil, wenn wir erwachsen werden? Warum machen wir so viele Kompromisse, die nichts anderes widerspiegeln als Feigheit und Kleinmut? Wären wir mit unseren Kompromissen erfolgreich – MBA plus Intelligenztest –, dann könnten wir uns den Blick der Selbstprüfung in die kindlichen Rangordnungen sparen.

Hier beschämt uns ein Idealbild, das wir schon aufgegeben hatten. Es fängt harmlos an.

- Da gibt es Kinder, die Spiele organisieren können und mehr Ideen haben als die andern.
- Sie trösten andere Kinder, wenn Trost gebraucht wird.
- Sie teilen mit anderen.
- Sie stehen schwächeren Kindern bei, wenn diese angegriffen werden.
- Sie wehren Aggressionen erfolgreich ab;
- sie verschaffen sich dadurch Respekt.

Die andern Kinder reagieren mit Hochschätzung und Vertrauen:

- Sie ordnen sich dem überlegenen Kind zu und suchen seine Nähe.
- Sie verstärken die »Führungsposition« des kindlichen Alphatiers, indem sie ihm kleine Entdeckungen zeigen, Neuigkeiten zuerst bei ihm abliefern und
- Fragen stellen, Rat suchen.
- Das so exponierte Kind wird nicht nur gefragt, es wird auch um Hilfe gebeten, wenn eines von den andern Kindern oder die ganze Gruppe sich eine Lösung nicht zutraut oder Angst vor einer Bedrohung hat.

In der Kindergruppe sammelt sich das höchste Ansehen auf jenen Ausnahmegestalten, die nicht etwa durch Aggression und Dominanz glänzen, sondern die Versöhnung der Widersprüche in sich vereinen. Denn die Liste der Merkmale, die wir hier sehen, ist ein Kontrastkatalog, vor dem die meisten erwachsenen Chefs kapitulieren würden. »Wer wird bei meinen Leuten das höchste Ansehen haben?« ist ja auch eine ganz ungewohnte Frage bei der Auswahl von Führungsnachwuchs. Und doch ist es im Spontanverhalten von Menschen zunächst diese Kontrastharmonie, die das höchste Zutrauen stimuliert. Übersetzen wir sie in die Welt des Business, so sagt diese Liste: Anerkennung als Führungspersönlichkeit bekommen jene Männer und Frauen, die

- organisationsstark und konzeptionell überlegen sind;
- mehr Ideen haben als andere – also kreatives Potential mitbringen;
- Empathie entwickeln, also Kraft und Bereitschaft, sich auf den Platz des je anderen zu setzen und andern von ihrer Energie etwas abzugeben;
- Visionen, Ziele und Erfolge mit anderen teilen;
- andere verteidigen und unterstützen, wenn diese angegriffen werden;
- kämpfen können und Angriffe abwehren;
- Achtung und Respekt bei den andern wecken, also Autorität zugesprochen bekommen.

Das wichtigste Merkmal dieser Skala ist ihre Spannweite. Wer im Business-Jargon lebt, würde »*hard and soft factors*« hier in einer bestürzend engen und verblüffend friedfertigen Nachbarschaft finden:

Konzeptionell vorpreschen, Visionen entwickeln **und** Menschen umarmen. Voraneilen **und** mit den andern alles teilen, was man erreicht. Die andern verteidigen, wo diese zu schwach dazu sind, die Gruppe vor Attacken schützen, statt den eigenen Erfolg auf Kosten anderer zu suchen. Die Belohnung durch die Gruppe zeigt eindeutig: So möchten Menschen geführt werden – solange sie noch eigene Führungsvisionen entwerfen dürfen, im Kindesalter.

Die Skala der Führungstugenden unter Kindern gibt auch Hinweise für Eltern, Erzieher, Lehrer und Ausbilder – eben die »ranghöheren« Funktionseliten, die den Kindern durchaus nicht spontan durch die genannten Eigenschaften und Handlungsformen einleuchten. Die enttäuschenden Erziehungs- und Bildungsergebnisse in unserer reichen und stol-

Führung ist mehr als bloße Dominanz

Führung braucht vor allem eines:
Ansehen.

Ansehen erreichen jene Männer und Frauen,
die Offensivkraft mit Empathie verbinden:
Angreifen und Umarmen.

„Ansehen“ erringen jene,
auf die sich aller Augen am häufigsten richten.
Ranghohe Positionen sollten erst nach diesem Test
besetzt werden.

Die Rangniedrigeren entscheiden,
wem der höchste Rang zusteht.
Dies unterscheidet Führung von bloßer Dominanz.

Topmanagement sollte zu diesem Prinzip zurückkehren.

zen »Wissensgesellschaft« finden hier eine verblüffend knappe und überzeugende Erklärung. Wenn Kinder wählen dürften, wer sie beeindruckt und folglich den höchsten Rang erhält, zugleich ihrer Zuwendung und Achtung, ihres Vertrauens würdig wäre, so müsste er oder sie einfach nur dieser hochwertigen kleinen Skala genügen. Aber Erwachsene kommen nicht auf die Idee, den Kindern abzulauschen, wie sie sein müssten, um Ansehen bei Kindern zu erlangen. Die meisten halten die Richtung der Frage für verfehlt: Der Starke fragt den Schwachen nicht. So verfahren wir auch bei der Auswahl von Führungsnachwuchs unter Erwachsenen. Dass Chefs den Mitarbeitern einleuchten müssen, und nur nebenbei auch den andern Chefs, ist ein ganz unbekanntes Prinzip.

In der Wirklichkeit geht es aber um genau dies: Wer führen will, braucht Ansehen und Hochschätzung. Der Rang von Führungspersönlichkeiten wird nicht durch die Unternehmenshierarchie, sondern durch die Achtung der Geführten bestimmt. Kaum ein Unternehmen hat offiziell Instrumente, um diese Entscheidergruppe zum Zuge kommen zu lassen. Im Idealfall ergibt sich der Führungsrang eines Mitarbeiters aus der Hochschätzung durch die Gruppe der übrigen, und ein kluger Chef vollzieht die Entscheidung der Gruppe nach.

Das »Ansehen« von Führungspersönlichkeiten bedeutet tatsächlich, dass aller Augen sich auf sie richten – weil jeder sich nach ihnen richten will. Ranghohe Menschen werden mehr und ausdauernder angesehen als durchschnittliche Mitglieder des Teams. Wer einer Gruppe bei der Arbeit zuschaut und herausfinden will, wer die Alpharolle innehat, der muss nichts anderes tun, als die Blickrichtungen zu bündeln: Wer am meisten angesehen wird, ist der Chef. Er hat das höchste »Ansehen«, wie die Sprache so klar sagt.

In der kindlich-spontanen Zuteilung von Anerkennung und Aufmerksamkeit lässt sich eine der wichtigsten Errungenschaften der menschlichen Kultur ablesen:

Großkonzerne teilen die Handicaps von Massengesellschaften

Das Ethos der Führung
wird hier auf eine harte Probe gestellt.
Die Versuchung zu purer Dominanz ist groß –
weil Führung die Geführten nicht mehr kennt.

Die Geführten sind zugleich nicht mehr in der Lage,
die Kompetenz der Führung zu erkennen.

Für beide Seiten gilt:
Fremden gegenüber haben Menschen weniger Skrupel.

Wie beherrschen wir die Korruptionsgefahr
in Großsystemen?

1. dass es nicht die Aggressivität ist, die einen Menschen in Führungspositionen bringt, sondern die soziale Kompetenz;
2. dass nicht die Starken die Rangniedrigeren unterwerfen, sondern die Rangniedrigeren entscheiden, wer sie führen soll;
3. dass ebendieser Unterschied »Führung« ausmacht, die sich damit deutlich von bloßer Dominanz unterscheidet.

Genau dieser Unterschied ist es, der uns die Gefährdung der Führungskultur in Massengesellschaften vor Augen führt. Auch Großkonzerne sind in diesem Sinne »Massengesellschaften«, in denen das Ethos der Führenden auf die Probe gestellt wird. Die Probe besteht ganz einfach darin, dass man die Menschen, deren Aufmerksamkeit man braucht und deren Achtung das gemeinsame Handeln sichern müsste, nicht mehr kennt. Damit verkommt Führung zur puren Dominanz, wie sie die Evolutionsbiologen schildern: »Dominanzbeziehungen bilden sich, wenn Eroberer andere unterjochen. Sie herrschen auch vor in der anonymen Großgesellschaft, in der der einzelne die soziale und fachliche Kompetenz seiner politischen Führer häufig nicht mehr zu erkennen vermag.«*

Diese Beobachtung führt mitten in die veräußerlichte Debatte um »Aufmerksamkeit«, *»awareness«*, die der Schlüssel zum Erfolg in der Massengesellschaft sei. Dass es tatsächlich um Aufmerksamkeit geht, haben wir aus den Forschungen bei Kindern erfahren. Entscheidend aber ist für Kinder das, was in den munteren Gewusst-wie-Diskursen der erwachsenen Kommunikationsprofis fehlt: Es ist keineswegs beliebig, durch welche Leistung Aufmerksamkeit erreicht wird. Aufmerksamkeit allein durch multifunktionalen Aktionismus oder durch simple Omnipräsenz wird auf der Kinderskala der Quellen von *awareness* und Rang nicht erwähnt. Kinder, die noch nicht zu Lehrlingen der

* Vgl. I. Eibl-Eibesfeldt, Und grün des Lebens goldner Baum. Erfahrungen eines Naturforschers, Köln 1992, S. 266.

brutalen inhaltsleeren Dominanz durch leere Präsenz geworden sind, vergeben Aufmerksamkeit als Prämie für vollendete Humanitas: Stärke und Wärme werden von ihnen prämiert, Mitleid und Kampfkraft, Großzügigkeit und Mut.

Die Gegenüberstellung mit dem »Kinderkatalog« der Führungsleistungen, die Auszeichnung verdienen, lässt die laufenden Experimente, Führung als Happening und Entertainment zu inszenieren, als das erscheinen, was sie sind: ein Korruptionsprozess der Führungsphilosophie der gesamten Gesellschaft.

Wichtig bleibt die offene Frage: Wie wehren wir uns gegen die drohende Korruption von Führung in Großsystemen, wo Menschen geführt werden, die die Führung nicht kennt? »Fremden gegenüber haben Menschen weniger Skrupel«, sagt der Naturforscher.* Ein großes Thema der globalisierten Gesellschaft sind die wachsenden Einheiten, die international geführt werden und auf die zutrifft: Man kennt die Geführten nicht mehr. Die klare Konsequenz sind noch anspruchsvollere ethische Grundsätze für die Führung – die sich von den einfachen, aber anspruchsvollen Regeln der belohnenden Aufmerksamkeit nicht entfernen dürfen, die wir bei den Menschen, nicht bei den Systemen kennen lernen.

---

* Ebda.

2 Auch Ideale brauchen Innovation – Abschied vom klassischen Unternehmerbild

Während das Vertraute schwindet und das unvertraute Neue uns befremdet, schauen wir gern zurück ins Übersichtliche – das seinen Zeitgenossen turbulent erschienen sein mag. Ein Blick, und wir sehen ihn vor uns, den logisch aufgebauten Unternehmerlebenslauf, der ohne Stolpern absolviert wird – ohne allzugroße Anteilnahme an den Menschen auch.

Immer noch forschen und debattieren wir an Hochschulen und auf Kongressen über Gründerpersönlichkeiten des letzten Jahrhunderts, um die Unruhe zu beschwichtigen, die von der Frage ausgeht: Wie können wir mehr unternehmerische Energie in den Wirtschaftsprozess bringen? Dahinter lauert die bedrohlichere Frage: Wie können wir uns vorbereiten auf ein Szenario, in dem die Rangordnungen nicht wegfallen, aber komplexer werden und die Anforderungen an die Führenden ungeklärt sind?

Die Zuflucht bei alten Lösungen lehrt uns besonders gründlich, dass es eine Renaissance des klassischen Führungsprofils nicht geben wird. Die Patriarchen der Industriekultur bewegen sich auf den Business-Treffs wie Fossilien, meinen die jungen Sprinter aus den Internet-Agenturen. – Wie lebende Monumente einer großartigen Erfolgsphase, meinen gereifte Kollegen.

Gibt es dennoch ein Set von Eigenschaften, so die Lieblingsidee einiger Forscher, das zur »unternehmerischen Persönlichkeit« gehört und wie ein Eintrittsbillett in eine

Innovation für Unternehmerprofile

Unternehmer der Industrie-Ära sind

- risikobereit und leistungsfreudig,
- extrovertiert, fleißig, genau,
- schöpferisch und neugierig,

sagt die Wissenschaft.

Wo bleiben Durchsetzungskraft und Führungsstärke?

- Visionen und strategische Kompetenz?
- Empathie und Motivationskraft?

Agreeableness, ein angenehmes Wesen, zählen Nachwuchsmanager zu den wichtigsten Tugenden.

Unter den „Klassikern" des Unternehmertums kommt Agreeableness für Führungskräfte nicht vor.

Management-Karriere führt? Gibt es den »geborenen Unternehmer«, der gegen alle äußeren Widerstände seinem Platz zustrebt? Risikobereit und leistungsfreudig sind die meisten Unternehmer, sagt Eva Schmitt-Rotermund von der Universität Jena. Sie sind offen (extravertiert), fleißig und genau, schöpferisch und neugierig.

Mit diesem schönen Katalog an Eigenschaften käme man als junger Mensch leicht in jedem Unternehmen unter – ob als Unternehmer, das darf bezweifelt werden. Was ist es, das in der Persönlichkeit eines Bewerbers mit diesen Gaben zu einer unternehmerischen Karriere führt? Sind es die Zufälligkeiten, wie das Elternhaus eines mittelständischen Unternehmers, der eine Firma zu vererben hat? Sind schon die Eigenschaften des Sohnes oder der Tochter teilweise ein Erbe aus dieser Familie? »Soziale Vererbung« wie das Klima des Elternhauses, die Tischgespräche, die Steuerung der kindlichen durch die elterlichen Interessen, die existentielle Verflechtung der Familie mit dem Unternehmenserfolg könnten sich zu einem sanften Zwang verbinden, der überhaupt keine andere Lebensidee mehr zulässt als diese. Auch die Wertvorstellungen der Eltern, ihr Wunsch, das Unternehmen bei ihren Nachkommen aufgehoben zu sehen, dürfte eine Rolle spielen.

Tatsächlich berichten viele von den großen Unternehmern der Industriekultur, dass ihre Eltern sie früh einbezogen und unterstützt haben. Andererseits seien sie durchaus an der langen Leine gelaufen, fügen viele von ihnen hinzu.

Schon in der Schule waren sie entschieden, sportlich engagiert, leistungsstark und an Führungsrollen interessiert. Das wird niemanden verwundern. Auch das optimistische Bild der eigenen Jugendgeschichte passt wie ein gut formatiertes Puzzlestück ins Bild der Erfolgreichen.

Wir werden kaum einen Spitzenstar des Business finden, der uns berichtet, er komme aus einem konfliktbeladenen Elternhaus, habe sich gegen verständnislose Eltern durchsetzen müssen und sei praktisch gegen die gesamte Programmatik seiner Kindheit und Jugend auf diesem Spitzenplatz gelandet. Objektive, geradezu historische Hindernisse wie Kriegszeiten, Aufbauwirren, kollektiver Hunger werden in die Heldenvita gern aufgenommen. Privat aber darf es nicht so umfassend danebengegangen sein; jedenfalls wäre das kein Erzählstoff. »Aus kleinsten Verhältnissen« zu kommen, das adelt. Unterdurchschnittliche, begabungsresistente Mittelschichteltern adeln nicht. Von sehr viel Top-Unternehmern erfahren wir gar nichts über ihre Kindheit und Jugend, von den meisten nur die Ausbildungsgeschichte – die sie dann als Väter eigener Kinder wieder mehr interessieren wird als deren Seelengeschichte. Wer dieses meist übergangene Detail ins Auge fasst, hat damit einen zusätzlichen Schlüssel zur Erfolgspersönlichkeit alten Stils in der Hand: Auch in der Rückschau werden für die eigene Lebensgeschichte nur Details zugelassen, die Gestaltungskraft und Einfluss ausstrahlen. Schon die eigene Kindheit soll eine Tätervita sein, nicht eine Opferstory. Nach demselben Muster werden im unternehmerischen Lebenslauf die Niederlagen umgeschrieben: verschlüsselte Erfolge, wie die staunenden Mitarbeiter erfahren. Aus dieser Technik im Umgang mit Ereignissen und Erfahrungen saugen viele Spitzenleute Energie und Selbstvertrauen; der Preis, den sie als Teamleader dafür zahlen, ist höher, als die meisten von ihnen ahnen: Die Mitarbeiter verlieren an Vertrauen, was der Chef für sich an Selbstvertrauen zu speichern glaubt. Die Energie im Team leidet im gleichen Maße Schaden wie die Autorität des Chefs. Weniger Bewunderung, weniger Vorbild, weniger Vertrauen. Während der Chef sich aufbläst, schrumpft die Energie seiner Mannschaft.

Und doch ist es nur ein schmaler Grat, der die Kunst, mit Niederlagen produktiv umzugehen, vom Egokult des ewigen Siegers trennt. Wer die eigene Autorität als die kostbare Leihgabe seiner Mitarbeiter sieht und das Vertrauen im Team durch eigenes Risiko zum Fließen gebracht hat*, der wird beides nicht beschädigen wollen. Er wird sich aber auch darauf verlassen können, dass Niederlagen in dieser

* Vertrauen als riskante Vorleistung des Stärkeren: siehe S. 199–207.

gesicherten Atmosphäre der gegenseitigen Wertschätzung gemeinsam analysiert werden können. Aus dieser Belastung wird das Team stärker herauskommen. Beide, Erfolge und Niederlagen, verbinden Leistungsgemeinschaften. Und beide machen sie klüger bei neuen Herausforderungen.

Die eigene Vita als Erfolgsgeschichte zu lesen, das scheint Menschen mit Durchsetzungswillen schon als Trainingseinheit für eine einflussreiche Position sinnvoll. Dass die so oft beschriebenen »Siegereigenschaften« in Wahrheit nur einen Ausschnitt aus dem Katalog der *»Big Five«* ausmachen, jener fünf Persönlichkeitsmerkmale, die in unterschiedlicher Verteilung bei Menschen anzutreffen sind, wird niemanden überraschen. Um welchen Ausschnitt es sich dabei handelt, oder umgekehrt: welche Eigenschaften den meisten Top-Persönlichkeiten fehlen, das wird seltener besprochen. Auch die Entwicklungspsychologen, von denen die »Big Five« definiert wurden, berichten eher in Nebensätzen von jenen »Ausfällen« auf der Skala, die bei Unternehmern besonders häufig sind. Schauen wir auch hier genauer hin, dann haben wir die Nahtstelle zwischen gestern und morgen vor Augen. Was die Klassiker des Industrie-Unternehmertums noch auszeichnete, ist für die Hüter der *Human Economy* nicht abgetan, aber unvollständig.

Die *Big Five* sind

Extroversion – nach außen gerichtetes Interesse
Conscientiousness – Gewissenhaftigkeit
Openness for Experience – Offenheit für Erfahrungen, Neugier
Agreeableness – angenehmes Wesen
Neuroticism – Ängstlichkeit, Labilität.

Top-Unternehmer decken in ihrer überwältigenden Mehrheit die ersten drei Felder ab. Dass nur sehr wenige von ihnen als ängstlich und labil erscheinen, mag beruhigend wirken. Dass aber die verbindende Eigenschaft *Agreeableness*, die Wärme schafft und Zutrauen weckt, ebenfalls Seltenheitswert unter den Spitzenmanagern hat, bestätigt all jene Klischees, die man in Zerrbildern dieser Berufsgruppe bestaunt, wie sie regelmäßig durch die Wirtschaftsmagazine geistern.

Kann man sich ein angenehmes Auftreten im Top-Business nicht leisten? Vertragen sich die Aufgaben in der Sache und die Aufgaben mit den Menschen so wenig, dass Unnahbarkeit und emotionale Schwindsucht zu unausweichlichen Führungseigenschaften werden? Ein Set der Anti-Qualifikationen, das den Topmanager zum Anti-Helden macht, wenn er es mit denen zu tun bekommt, die morgen seine Macht übernehmen, weil sie schon heute, als junge Leute, ihr eigenes unternehmerisches Konzept trainieren. »*Agreeable*« zu sein ist für sie ein sehr hoher Wert, weil sie mehr wollen als den Respekt ihrer Leute. Sie wollen Vertrauen. Ihr Anspruch an das Arbeitsklima ist ein Mixtum aus »öffentlichen« und privaten Qualitäten, weil sie das *split-life*-Konzept ihrer Vorgänger untauglich finden für ein sinnerfülltes Leben. Automatisch steigen damit die Ansprüche an das Spektrum der Eigenschaften, die Leadership begründen.

Neu in dieser Konfrontation ist die hohe Leistungsorientierung der jungen Aspiranten auf Spitzenplätze. Sie konfrontieren die Älteren nicht mehr mit *Luxury*-Ideen der alten Genussmoral, sondern sie kombinieren die Leistungsgesinnung der Großväter mit allem, was noch ihre Väter für eine erfolgreiche Leistungsvita geopfert haben: freundschaftliche Rituale, Integration der Kinder und Lebenspartner in den Berufsalltag, Bewegungskultur und gemeinsame Mahlzeiten.*

Die meisten älteren Unternehmer – und jene, die im mittleren Alter noch dasselbe Modell der gestörten Balance leben – bezweifeln den Erfolg, ja sogar die Durchführbarkeit eines besser ausbalancierten Alltags. Viele sehen ihn als Bedrohung, weil er eine größere Bandbreite auch von ihnen verlangt. Wer auf Verzicht dressiert ist, muss die Vielfalt fürchten. *Agreeableness* – ein zusätzlicher Luxus, der Ab-

* Ausführlich zu diesem neuen Entwurf für *work-life-balance*: Kapitel VIII S. 263ff.

stand kostet, so befürchten sie. Es sind tatsächlich nicht nur Nuancen, um die es geht. Es sind verschiedene Welten. Unaufhaltsam gewinnt die *Human Economy* an Boden, weil junge Männer und Frauen mehr als nur Berufserfolg wollen. Die Komplexität, von der wir so viel reden, holt uns von unerwarteter Seite ein. Die neuen Sieger wollen komplexer leben, und sie werden damit für hochkomplexe Märkte und globale Kundenbeziehungen besser präpariert sein als ihre verzichtsbereiten Väter.

3. Führen – wohin?
Value Games mit Joker

WIE man führen sollte, so lautet die weniger verfängliche Frage. Wohin man Menschen führt, das ist nie Kongressthema, nie Debattenstoff. Und doch ist es im »normalen Leben« die spontane Frage, wenn jemand uns anbietet: »Ich führe dich, folge mir.« »Wohin denn?« fragen wir. Frag nicht, müsste uns der Personalchef jetzt antworten, frag nicht wohin, dafür darfst du fragen: WIE führt man in dieser Firma? – Und du bekommst ein ganzes Füllhorn schöner Antworten:

- kooperativ statt autoritär,
- demokratisch statt totalitär,
- partizipativ statt patriarchalisch,
- inspirierend,

visionär und motivierend, ergänzt ein junger Mitarbeiter. Vielleicht, meint der Chef verbindlich, wenn wieder mal ein Visionär an Bord ist oder ein Motivator in unserem Personalwesen Platz findet.

Charismatisch soll Führung sein, meint ein junger *Newcomer*. Charismatische Führung, so der Bescheid des Personalprofis ohne Jugendflausen im Kopf, ist meistens autoritär. Wollen wir das? Nein. Darum sind auch Visionäre eher Störenfriede: realitätskritisch, anpassungsresistent und verspielt. Und Motivatoren sind die Aufgaben, die Zielvereinbarungen. Da brauchen wir keine Gurus, die uns Lust machen. Die Quartalsziele sind klar. Wer sie verfehlt, kriegt Probleme.

Führen – wohin? Unter der Lackschicht der blanken Worte siedet er hörbar, der nie ausgetragene Dissens über das, was Führung eigentlich soll. Kompromissbereit bis zum Äußersten, so sehen sich die Chefs, die Schritt für Schritt Gelände freigegeben haben – für Scheingefechte und Schattenboxen. Autoritär will keiner mehr sein, und die sublime Rache, Visionäre und Charismatiker gleich mit in den Orkus zu schicken, wollte die »nur« intelligente Mehrheit der Platzhalter im System Führung sich bei der Gelegenheit nicht nehmen lassen. Sprachlich ist das Thema kassiert; nur was im Führungshandeln abläuft, weicht davon oft dramatisch ab. Führungskräfte bestätigen das schulterzuckend: So ist sie eben, die Wirklichkeit. Und Mitarbeiter schweigen, tuscheln, fahren halbe Kraft. So ohnmächtig ist Führung, wenn sie ihre Sache schlecht macht. Sogar die Beweise fehlen ihr, dass Mitarbeiter nur 30 Prozent ihrer Energie hier ausfahren. Es fehlt das objektive Maß – und die aufgeklärte Litanei von Kooperation und Partizipation wird zur Falle.

Wie wir führen, das ist eigentlich die zweite Frage. Sie wird ständig und eilig vor die erste geschoben: Führen, WOHIN? – und lässt uns entsprechend hilflos mit untauglichen Antworten zurück. Die meisten Chefs können nicht erklären, warum die Mitarbeiter sie alleinlassen, wenn es brenzlig wird. Warum sie die informellen Netze, in denen ihre Leute kommunizieren, nicht nutzen können. Warum sie trotz fehlerfreier Deklamation des neuen Führungslateins kein Vertrauen generieren können.

Ehe die Mitarbeiter das »Wie« dieses Führungsstils interessiert, wollen sie wissen, WOHIN die Reise geht. Damit sind nicht die Firmenziele gemeint, denn das untergründige Grollen in der Firma wird nicht still, nachdem die Chefs zum Neuen Jahr oder zum Quartalsabschluss darüber berichtet haben. Es ist jenes Mixtum gemeint, das Mitarbeiter erst zu engagierten Mitspielern im Firmenalltag machen könnte: Ob ihr Einsatz für die Firmenziele außer Zweck und Nutzen für beide Seiten – auch noch – SINN macht? Mitarbeiter geben ihn nicht auf, den Wunsch, den

Chefs oft gar nicht mehr buchstabieren können: Sinn soll es machen, auch für mich persönlich, dass ich hier bin. Was ist das denn, würde ein warmherziger Chef vielleicht beim Bier in einer Sternstunde der Verständigung fragen. – Sinn, würde vielleicht der originellste von seinen Leuten stolpernd formulieren – denn jetzt betritt man gemeinsam quasi Sperrgebiet –, Sinn ist ein Zusammenhang, der größer ist als ich. Der mich hält. So wie früher die Kirche vielleicht, eine metaphysische Dimension. – Der Chef ist sprachlos. Die Kollegen schauen auf den Tisch und schieben ihre Gläser ein wenig hier- oder dorthin. »Ja aber – «, beginnt der Chef – und will eigentlich sagen: Das können Sie doch von der Firma nicht verlangen. Ein Blick in die befangene Runde lässt ihn schnell verstummen. Später am Abend werden die Mitarbeiter »unter sich« wortreicher auf das Thema zurückkommen: Ein Tabu ist gefallen. Einer hat Farbe bekannt, nun tun es alle.

Führen wohin? hätte also diese Herausforderung zur Antwort: Führen zum Sinn? Ist das esoterisches Geschwafel angesichts leerlaufender religiöser Sehnsüchte?

Wir bleiben dieser Frage auf der Spur und prüfen: Kommen wir wieder bei ihr an oder führt sie ins Abseits?

Wie weit sind wir mit unseren Erkenntnissen, was Führung heute sein muss? Und hat sie, neben vielen neuen Anforderungen, tatsächlich eine – neue oder verlorengegangene – metaphysische Dimension? Würde es den Führenden und den Geführten bessergehen, wären sie erfolgreicher, würden sie glücklicher – und würden ihre Unternehmen ertragsstärker, wenn es gelänge, das Führungsziel Sinn zurückzugewinnen oder neu zu erorbern?

Führungstheorien klingen oft wie technische Anweisungen. »Führungstechniken« kann man lernen, wie die Bedienung eines technischen Geräts, heißt die Botschaft. Sie trägt die Spuren des Industriekultur-Blicks, der häufig der Blick von Ingenieuren war, die ein ungestörtes und fast naives Verhältnis zum »Funktionieren« menschlicher Beziehungen empfehlen. Nur was sich objektivieren lässt, kann man diskutieren und gemeinsam optimieren, so meinen sie zuver-

Mitarbeiter wollen wissen, wohin die Reise geht.

Wie der Kunde, schauen sie auf die *added values.*

Wer sie gewinnen will,
muss *price games* zu *value games* machen:

Das Spiel um Werte wird zum Spiel um den SINN
der gemeinsamen Leistung.

Meine Ziele,
Deine Ziele,
Firmenziele heißt die Formel
für Motivation –
weil es um Einzelwohl,
Gruppenwohl,
Gemeinwohl geht –

überall, wo Menschen zusammen leben und arbeiten.

sichtlich. Tausende von Texten zur Führungstheorie tragen ihre Handschrift.

Wenn wir Führen neu begreifen wollen, obwohl es so viele Führungsmodelle gibt, dann hat das objektive Gründe. Nachdem wir uns auf die attraktive Balance von Sachkompetenz und sozialer Kompetenz verständigt hatten – das war im letzten Abschnitt des vorigen Jahrhunderts –, kam erstes Störfeuer von den neuen Forschungen zur Emotionalen Intelligenz, die mit Daniel Golemans Buch zu diesem Thema nach Europa fluteten. Plötzlich wirkte die softe Formel von der sozialen Kompetenz, die bei traditionell geprägten Managern immer ein flaues Kompromissgefühl ausgelöst hatte, bieder und betulich. Wer genügend Sprachbrocken aus Golemans Forschungen aufgeschnappt hatte, wer obendrein aufmerksam geworden war auf die sensationellen Fortschritte der Hirnphysiologie, der lernte es, von »emotionaler Kondition« zu sprechen, das klingt sportlicher und konkreter. Dass es in Wahrheit beim Abwägen, Urteilen und Entscheiden im Alltag immer um die Kooperation von Intelligenz und Emotion geht, das begreifen immer mehr Führungskräfte.*

Aber die magische Formel ist damit auch noch nicht gefunden. Der Rückzug auf die Sachkompetenz wird auch von Mitarbeitern immer weniger toleriert. Dass er seine Sache können soll, der Chef, das setzt man voraus – so ähnlich wie der Kunde im Markt, der Qualität voraussetzt, und sich dann anschaut, mit wem er kooperieren möchte.

Die *added values* sind es, bei den Produkten wie in den Beziehungen, die die Entscheidung bringen. *From price games to value games* heißt die lapidare Formel für diese vielversprechende Entwicklung. Vielversprechend ist sie deshalb, weil sie ein Riesenversprechen für die beteiligten Menschen bereithält: Nicht mehr die Geld- und Kostenspiele sollen dich knechten, sondern das Spiel um Werte – das Spiel um den Sinn wird dich fesseln. Weil es dein Spiel ist, nicht nur das Spiel der Firma. Meine Ziele, deine Ziele,

* Vgl. dazu G. Höhler, Herzschlag der Sieger.

Firmenziele, so wird die neue Gleichung lauten, die Führung und Mitarbeiter verbindet. Und diese Gleichung nimmt ihre Gültigkeit aus einem längst erprobten Dreischritt, den wir schon bei Aristoteles (384–322 v. Chr.) in der Lehre von den Kardinaltugenden finden: Einzelwohl, Gruppenwohl und Gemeinwohl bedingen einander. Wer für sich oder seine Leute etwas herausbrechen will aus dem Gruppen- oder Gemeinwohl, der wird am Ende alle, auch sich selbst, um die Güter bringen, die allen gehören.

Das sensible Balancespiel zwischen dem, was mir nützt, was der Gruppe Kraft gibt und was das Gemeinwesen für alle zum schützenden Dach macht, wenn sie einander nicht ausbeuten und berauben, gilt auch für das Zusammenspiel von Führung und Geführten, wenn sie um die Rangordnung der Ziele kämpfen: Kein Mitarbeiter wird der Führungskraft seine persönlichen Ziele opfern. Wenn er den Eindruck gewinnt, dass die Firma oder die Führung diese Bedingung stellt, wird er gehen, wenn er kann – oder halbe Kraft fahren.

Keine Führungskraft wird sich von der Firma ihre Ziele bestreiten oder ausradieren lassen; Führung ist aber latent gefährdet, hier Kompromisse zu machen, die beides zerstören: das Vertrauen der Mitarbeiter und die eigene Leistungskraft. Und eine Firma, die begriffen hat, dass sie die besten Leistungen von Führung und Mitarbeitern bekommt, wenn beide ihre Ziele mit den Firmenzielen verbinden können, wird ein guter Partner für ihre Kunden sein – denn auch diese haben Ziele, für die sie großzügige Partner suchen – jenseits der Ware. *Value Games.* Die Kompromissgefahr ist, wie wir wissen, bei Männern größer als bei Frauen. Die Unbeugsamkeit von Frauen wird in Zukunft dazu beitragen, dass Karrieren im aufrechten Gang absolviert werden, nicht mit gebrochenem Rückgrat.

Was die Ausgrabungen unter dem Gelände der »Führungstechniken« zutage fördern, sind also wirklich neue oder verlorengegangene Tüchtigkeiten. Der Amerikaner Richard Farson hat das, was Führungskräfte leisten müssen, kurzerhand »Management of the Absurd«, Management des Absurden, genannt.*

Value Games und die Zieltriade zu managen, das sind anspruchsvollere Aufgaben als die bisher bekannten. Es sind zugleich Herausforderungen an das übrige Management; denn wer so führen will, muss mehr von den Visionen und Strategien des Unternehmens mit den Mitarbeitern teilen. Nicht nur das Wissen, das in seinen Datenspeichern kreist.

Vision und Strategien teilen, das fordert mehr als die meisten Führungskräfte ahnen, wenn sie freudig nicken. Was sie am stärksten mit ihren Mitarbeitern verbindet, ist nämlich das Bekannte, nicht das Unbekannte; die Gegenwart der Firma ist übermächtig, während wir ihre Zukunft entwerfen sollen. Und schwieriger noch: Während in den Köpfen bereits klar ist, dass Teilhabe und Zugang – zu den Entwürfen für die Zukunft, nicht nur zu den Projekten von heute – entscheidende Erfolgsfaktoren und Motivatoren sind, arbeiten alle miteinander in Strukturen, die diese neuen Anforderungen noch nicht spiegeln. Zwischen den Mauern der Vergangenheit, im Dickicht autoritärer Systeme kämpfen sich Führung und Mitarbeiter vorwärts: in den Köpfen hat die Firma transparente Strukturen, der *Goodwill* vieler plädiert für das atmende, offene System, das Energien von außen ansaugen und von innen nach außen abgeben kann – aber die Regelwerke und Gewohnheiten liegen wie Fußangeln auf allen Gängen, in den Aktenschränken. Sogar die Computer haben sie abgespeichert, die Regelwerke. So ist die ganze Firma ein Plädoyer für Langsamkeit, während vor den Fenstern die Welt vorbeifliegt.

Die beste Gegenwehr: sie jeden Morgen wie ein Fremdling zu betreten, ist für viele Führungskräfte unerfüllbar. Es ist die Stärke der Kreativen, in der vertrauten Welt wie Fremde umherzutasten. Führungskräfte ziehen ihre Energie und ihr Stehvermögen meist aus dem Gegenteil: Bescheid

* Farsons Buch mit diesem Titel ist bei Simon & Schuster in New York erschienen.

In Zeiten wie diesen brauchen selbst Bosse Sekundanten:

Spieler,
Tagträumer,
Fremdlinge.

Damit der Firma die
Träume nicht ausgehen.

Wer das Spielen verlernt,
wird bald besseren Spielern erschrocken zusehen.

Firmen brauchen Joker:
Fremdlinge mit abweichender Wahrnehmung.

Den lockersten Mitspieler mit den heikelsten Botschaften betrauen!
Spielregeln erfolgreicher Unternehmen und Teams:
Abhängige müssen täglich von den Unabhängigen lernen.

wissen, wie alles läuft. Das geht nur ungestört, wenn es heute so weiterläuft wie gestern. Und morgen so wie heute.

Weil nur selten diese Eigenschaften in einer Persönlichkeit zusammentreffen: das Vertraute pflegen und es zugleich mit den Augen des Fremdlings anschauen, um es zu verändern. Darum brauchen alle Führungskräfte einen Kreativen als ihren Schatten. Bis gestern haben wir gesagt, es wäre gut, wenn irgendwo in der Abteilung, in der *Unit*, in der Firma einer von diesem Zuschnitt wäre, ein Joker, ein Hofnarr, ein Tagträumer; heute müssen wir sagen: Ohne einen solchen Helfer der Wahrnehmung geht es nicht, wenn wir unter den Ersten bleiben wollen, die begreifen, was kommt, die es mutig anpacken, die das Vertraute ohne die üblichen Schmerzattacken fahren lassen.

Und in den meisten Firmen gibt es trotzdem immer noch keinen Platz für ihn.

Chefs müssen lernen: In Zeiten wie diesen brauchen selbst Bosse Sekundanten. Die sind keineswegs Konkurrenten, sondern sie sprengen die kollektive Zensur, sie reißen die Sperren unserer Wahrnehmung nieder, sie öffnen den halbgeöffneten Vorhang ganz: So sieht es aus im Übermorgen, lasst euch drauf ein, tastet es ab, jetzt, ehe die andern es tun, wagt mutige Entwürfe dazu, lasst uns eintreten ins Ideenspiel, lautet ihre Aufforderung. Eine Firma, der die Träume ausgehen, ist verloren in diesen überraschungsreichen Zeiten. Eine Firma, die das Spielen verlernt, wird besseren Spielern erschrocken zusehen müssen – es sei denn, sie hätte eigene Spielführer an Bord.

Über den Joker lässt sich mancher Mitarbeiter- und Geschäftskontakt spielerisch abwickeln. Wer sich darin übt, mehr Verantwortung zu delegieren – was Führungskräfte trendgemäß heute gern von sich behaupten –, der sollte auch dies einüben: den lockersten Mitspieler mit den heikelsten Botschaften zu betrauen. Er wird sie wie Minen entschärfen.

Und das Delegieren generell hat einen viel simpleren Kern, als die meisten meinen. Es geht um nichts anderes als die vernünftige Verteilung der Arbeit auf alle nach dem Prinzip: Lass die Arbeit dort tun, wo die Leute sitzen, die sie am besten beherrschen. Nur ein absurder Irrtum von Egomanen in der Chef-Etage kann zu der Vorstellung führen, es sei komplizierter; der Chef als Alleskönner müsse großmütig seinen Leuten Bewährungschancen hinschieben, indem er delegiert. Dennoch ist diese Auffassung weit verbreitet. Die Wahrheit aber ist: Der Chef kann die meisten Aufgaben in der Firma nicht erledigen – nicht aus Zeitmangel, sondern weil er die notwendige Sachkompetenz nicht besitzt. Die Mitarbeiter wissen das sehr genau, und sie bestaunen ungläubig die Selbstüberschätzung ihrer Vorgesetzten. Damit ist eine der wesentlichen Voraussetzungen für Führungserfolg zerstört.

Das neue Führungsprofil ist nicht von soften Konturen umgeben, sondern komplexer angelegt – weil die Aufgaben vielfältiger und wandelbarer geworden sind. Selbst in der produktiven Auseinandersetzung muss der Chef seine Leute eher zusammenführen als nur leiten und lenken; er braucht Autorität als ein Geschenk* seiner Mitarbeiter, und er setzt die Flutwelle des Vertrauens in Gang: Sein Risiko, dass er Vertrauen gibt, holt das Vertrauen aller zu ihm zurück.

Gemeinsam mit seinen Leuten übt er täglich, das Vertraute und Bekannte hellhörig und hellsichtig abzuhorchen und abzutasten, um das Pochen des Neuen in den kaum sichtbaren Sollbruchstellen des Bewährten mit seinem Team vor allen andern wahrzunehmen. Zugleich soll er Zuversicht vermitteln! Er teilt sie reichlich aus, wenn er die vitale Vertrauenskultur inszenieren konnte, denn das einzige Band, das Menschen im Wandel Halt gibt, ist das lebendige Vertrauen, das sie mit anderen verbindet. Während alles entgleitet, bleiben die Gewissheiten, die wir durch Wertschätzung, Achtung und Vertrauen gewonnen haben. Wir können sie jede Stunde mit einem Blick in die Gesichter der andern abrufen. Frauen im Team helfen allen, diesen schnellen, fragend-freundlichen Blick viel häufiger zu wagen, als Männer das gewöhnlich tun. Er sagt: »Geht's dir gut? Bist du noch dabei? – Ich auch!« – Als gesprochene Sätze laufen diese und ähnliche Texte üb-

---

* Zu den Wachstumsbedingungen für Autorität siehe S. 313–318.

rigens Tag und Nacht von Handy zu Handy, wenn die Handybesitzer jung sind – und das kann heißen bis weit in die Vierzig hinein. Achten Sie einmal darauf: Junge Menschen, gerade die aktivsten, fragen einander viel öfter und viel ernsthafter als die älteren: »Geht's dir gut?«

Die neue Business-Kultur hat viele kleine Zellen, die sich rasch vermehren.

Der freundlich prüfende Blick in die Gesichter der andern liefert eine Verbindung, die sonst selten gelingt: Anteilnahme, Motivation und Kontrolle. Er stärkt das Vertrauen, das Führung und Mitarbeiter verbindet.

Wer Vertrauen und Kontrolle in gegensätzlichen Welten unterbringen möchte, wie es viele traditionelle Manager gewohnt sind, erkennt nun seinen Irrtum: Vertrauen **ist** Kontrolle*. Anteilnahme und Interesse an den Menschen im Team leisten zuverlässiger, was Kontrollsysteme nur unvollkommen erreichen – weil sie auf Misstrauen und Tarnungstechniken der Mitarbeiter stoßen. Auch an dieser Stelle wird die kantige Welt der alten Führungsideen endlich wieder rund. Wer Leistungskontrollen in einer Gegenwelt zur Vertrauenskultur ansiedelt, setzt selbst Störfeuer für Motivation und Vertrauen. Der Weg war weit vom alten, immer noch vielgehandelten Glaubenssatz »Vertrauen ist gut, Kontrolle ist besser«, über die risikofreudige Umkehrung »Kontrolle ist gut, Vertrauen ist besser« – bis hin zu der verblüffend schlüssigen Folgerung, die uns auch neueste Forschungsergebnisse bestätigen:

Vertrauen ist Kontrolle.

Damit kommt keine Führungskraft mehr an der Macht vorbei, die viele so gern umgehen möchten, weil sie so wenig von ihr wissen: dem Vertrauen. Wer die Kapitel zu den Wachstums- und Wirkungsbedingungen von Vertrauen in diesem Buch liest, wird sich nicht mehr vor den Ansprüchen dieser sicheren Welt der wechselseitigen Wertschätzung und Achtung verstecken wollen.

---

* Siehe S. 199–207.

4 Wer gewinnt die Mitarbeiter? Anpasser, Spielmacher, *Innovation Leaders*

Führen heißt Werte mehren – im ökonomischen und im ethischen Sinne. Eine anspruchsvolle, eine unbehagliche Definition?

Nur auf den ersten Blick. Denn wenn alle von dem Prozess »Führung« profitieren wollen, dann geht das nicht mit beliebigen, sondern nur mit hohen Zielen. Keiner nötigt die Führungskräfte zu einer so hohen Selbsteinschätzung und so anspruchsvollen Zielmarken. »Führen durch Vorbild« lässt alles offen und macht fast alles möglich; Schlendrian und Zynismus, Hochmut und Arroganz, Kleinmut und Feigheit zeichnen ihre Spuren, wo eine »Führungskultur« für überflüssig gehalten wird. Wer aber als Führungskraft mehr für sich selbst verlangt als ein hingepfuschtes Leben voller negativer Gefühle und schlechter Erfahrungen, der wird hohe Ziele setzen – für sich und für andere.

Die *high-quality*-Vorliebe von Führungskräften strahlt aus. Wer Erstklassigkeit liebt, wird diese Liebe zum Gelingen auch bei anderen wecken. Wer sich selbst diszipliniert und glaubwürdig auf»führt«, wie die Sprache so schön sagt, der wird auch andere in Richtung Disziplin und Glaubwürdigkeit bewegen können. Ausstrahlung entsteht nicht, wenn einer schlecht mit sich selber umgeht. Sie entsteht auch nicht, wenn jemand täglich die Lieblingstrends und Überzeugungen wechselt, wenn er Moden aufsitzt und die Gegenstände seiner Begeisterung austauscht wie die getragenen gegen frische Hemden.

Was wir relativ hilflos »Ausstrahlung« nennen, hat mit Verlässlichkeit zu tun, mit Konsistenz im Auftreten und Handeln. Beides entsteht nur, wenn jemand mit sich selbst in einem guten Einvernehmen lebt. Wer eigentlich aussteigen möchte aus seiner Haut, wird seinem Problem nicht durch Führungsrollen entkommen. »Führe dich selbst«, das Kapitel 1 der Führungskompetenz, kann gar nicht absolviert werden, wenn man im Widerspruch zu den eigenen Talenten, mit unangemessenen Wünschen an sich selbst lebt, die nicht durch eigene Fähigkeiten gedeckt sind.

Ehe man Führungsaufgaben wahrnehmen kann, muss klar sein, dass Neid und Ressentiments auf tüchtigere Kollegen überwunden sind und ein klares Bild der eigenen Leistungsmöglichkeiten entstanden ist, zu dem der Bewerber Ja sagt. Das Ja zu uns selbst strahlen wir unbewusst auch aus, wenn wir kommunizieren.

Und ob wir kommunizieren, das bestimmen nicht wir selbst, denn sogar unser Schweigen verrät uns: Mimik, Gebärdensprache und Körperhaltung, der Blick – alles miteinander lässt sich nicht auf null schalten, auch wenn wir das glauben. Die andern Menschen lesen, je weniger akustische Signale wir zur Ablenkung geben, desto aufmerksamer in unserer Körpersprache. Wer seine Beziehung zu sich selbst geordnet hat, kann auch humorvoll mit sich umgehen, und diese heitere Distanz entspannt jeden Beobachter.

Wer positiv mit seinen Stärken und Eigenheiten umgeht, weil er im ganzen begriffen hat, wer er oder sie ist, der hat alle Sinne frei für die Neugierde auf die Menschen, denen seine Einsatzfreude gelten soll: die Mitarbeiter.

- Selbstachtung weckt Achtung für andere.
- Eigenheiten anderer tolerieren wir nur aus dem geklärten Verhältnis zu uns selbst.
- Klare Absprachen können wir nur treffen, wenn wir Empathie üben – uns auf den Platz des andern setzen.
- Nur dann können wir wirkungsvoll delegieren.

Führung braucht Ausstrahlung:

Wer sich gut führt, wird glaubwürdig.
Wer gut mit sich umgeht,
wird auch mit anderen gut umgehen.

Wenige Regeln genügen, um zu verstehen:

- Selbstachtung weckt Achtung für andere.
- Eigenheiten toleriert nur, wer sich selbst verstanden hat.
- Klare Absprachen gehen nur mit Empathie.
- Wer sich überschätzt, wird andere unterschätzen.

Stellen Sie Ihre Intelligenz unter emotionale Kontrolle.
Sonst frieren Ihre Mitarbeiter.

- Wer sich selbst überschätzt, wird in der Regel die Mitarbeiter unterschätzen.
- Wer mit seiner Selbsteinschätzung noch nicht fertig ist, wird niemanden richtig einschätzen können.

Wie verträgt sich dieser Katalog mit dem Befund, dass Topmanager in großer Zahl mit einem Selbstbild unterwegs sind, das ziemlich weit von dem Profil entfernt ist, das die Mitarbeiter von ihnen vor Augen haben? Schulterzucken als Reaktion auf die Diskrepanz zeugt von der dramatischen Ahnungslosigkeit vieler Chefs über den Zusammenhang von Selbststilisierung und Erfolgsverlust in der Führung. Wir wissen, was die meisten Topmanager im vertrauten Kreis dazu sagen: Führung, das sei ja gar nicht ihre wichtigste Aufgabe. Sie seien eher konzeptionelle, auch visionäre Begabungen, schließlich solle das Unternehmen die Zukunft gewinnen – nicht der Chef tagtäglich entnervend normale Mitarbeiter.

Immer noch lebt es in den Köpfen, das Bild von der Kommandogewalt der Chefetage, der die Truppe sich fügen müsse. Ein naives Bild von den Kräfteverhältnissen im Unternehmen, dessen Attraktivität selbst bei Egomanen bröckelt. Wer immer weniger langfristige Arbeitsverhältnisse abschließt, spürt den neuen, kritischen Blick der Mitarbeiter auf Zeit, die lauernde Illoyalität wie einen latenten Angriff auf die Selbstverständlichkeiten des früheren Führungsalltags.

- Respekt von Mitarbeitern kostet etwas;
- Achtung kostet noch mehr,
- Vertrauen will verdient sein.

Wer jetzt nicht lernt, was die Bedingungen für Führung sind, wird überflüssig – schneller als seine Leute.

Wie und in welchem Lebensalter erlangt man ein tragfähiges, realistisches Bild der eigenen Fähigkeiten? Wenn es zutrifft, dass dieser Prozess in der lernenden Gesellschaft lebenslang andauert, dann wäre jede Führungskraft mit lädiertem oder unentschiedenem Selbstbild genau auf der Höhe der Zeit. Die lernende Führungskraft und der lernende Mitarbeiter – leben sie nicht beide in fließenden Prozessen, die Verlässlichkeit gerade vermissen lassen? Wenn der Wandlungsstarke belohnt wird, wo bleiben die stabilisierenden Elemente im Führungsalltag?

Nicht in den Bedingungen des Arbeitens, sondern in den Menschen selbst und in der Qualität ihrer Arbeitsbeziehungen bleibt Verlässlichkeit verfügbar.

Nicht die Dominanz der Führungskraft bringt den Erfolg, sondern ihre Anpassungsfähigkeit, so ergab eine große Studie schon in den siebziger Jahren des 20. Jahrhunderts. Anpassungsfähigkeit weckt um so mehr Vertrauen, je stürmischer das Umfeld des Handelns ist. Mit der Intelligenz zusammen, so fanden die Forscher damals, sei Anpassungsenergie der wichtigste Faktor für Führungserfolg. Übrigens bedarf es, wie wir inzwischen wissen, keiner himmelstürmenden Zahl beim IQ, um in Spitzenpositionen zu gelangen. Eine gute Intelligenz ist für den Erfolg im Umgang mit Menschen förderlicher als ein extrem hoher IQ.* Die Topintelligenzen bringen zweierlei mit sich, was den Führungserfolg schmälert: weniger soziales Interesse und eine Vorliebe für logische Schlüsse, die für Entscheidungen oft kontraproduktiv sind.

Hochintelligente Gesprächspartner wirken auf ihre Umwelt oft entmutigend – was die Opfer dann häufig so beschreiben: Es habe sie wie ein Frosthauch angeweht, eine dünne Eisschicht habe sich auf ihre Gedanken gelegt, so als hätten sie es mit einem akuten Wärmeverlust zu tun. Diese Erfahrung erinnert daran, dass Führungskräfte im besten Falle nicht ein Bündel von Idealtalenten und Tüchtigkeiten sein sollen, sondern dass ihre wichtigste Stärke ihre Unverwechselbarkeit als Menschen ist. Denn genau dies hätten ihre Mitarbeiter für sich selbst gern von ihrer Führung bestätigt. Die Originalität und Unwiederholbarkeit jedes Einzelnen, die wir als Führende den Mitar-

---

* Vgl. dazu G. Höhler, Herzschlag der Sieg, S. 29–40.

beitern zusprechen müssen, können wir bei anderen nur wahrnehmen, wenn wir selbst uns ebenfalls für unwiederholbar halten.

Mitarbeiter wollen keine verwechselbaren Führungskräfte. Sie wollen keine »Techniker der Führung«, die sichtbar von Dressur und Training entindividualisiert sind. Mitarbeiter haben hohe Ansprüche. Sie entwickeln viel Sympathie, wenn die Führungspersönlichkeit originell und unterhaltend, vom Standardmodell abweichend auftritt – und sie reagieren höchst empfindlich auf Gags und Tricks.

Mitarbeiter tolerieren eine große Bandbreite von Chefpersönlichkeiten, wenn die *essentials* – Wertschätzung und Vertrauen als Begleiter der Sachkompetenz – stimmen. Wer sich mit ihnen austauscht, trifft immer wieder auf vier Typen von Chefs, die sie wohlwollend und amüsiert beschreiben. Der Forscher Macoby hat diese vier Typen so skizziert:

- Der Fachmann – perfektionistisch, leistungsstark, mit heißem Sachinteresse unterwegs.
- Der Dschungelkämpfer – seine Maxime: »Nur der Stärkste kommt durch!« Sieht das Leben kämpferisch, will sich nicht von der Spitze verdrängen lassen.
- Der Firmenmensch – ist besorgt um die humane Qualität des Unternehmens, sehr angepasst, will nicht versagen.
- Der Spielmacher – liebt Konkurrenz und strebt nach dem Sieg. Das Leben ein Spiel – er hat die Kontrolle.

In der Realität mischen sich diese Typen und ihre Eigenschaften. Eine lebendige Firma, die innovativ bleiben will, sollte von allen diesen Qualitäten etwas haben – eine bunte Führungsmannschaft, die entsprechend vielfarbige Mitarbeiterqualitäten anzieht. Das Ideal in komplexen Zeiten ist die gut gemanagte Komplexität. Den meisten Firmen steht der einmal herrschende Geist des Hauses im Wege: Auch wenn es ein guter Geist ist, er hat nicht genug Register, nicht genug Farben, zu viele ähnliche Stimmen und zu viele gehorsame Führungskräfte. *Innovation Leaders* können Führungskräfte in der Regel nur mit Hilfe anderer werden; – die Jokerpositionen dafür habe ich beschrieben. Aber die Vielfalt der Führungspersönlichkeiten in einer Firma ist ein lohnendes Ziel, das wir ohne Aufmerksamkeit automatisch verfehlen. Firmen saugen gleichartige Leute an. Sie müssten ihre Furcht davor verlieren, verschiedene Typen unter ihrem Dach zu versammeln. Erst dann spiegeln sie die Welt, in der sie erfolgreich handeln wollen.

V
Das Menschenrecht auf Sinn

1 Sinn – ein knappes Gut

»Der Zugang entscheidet« – das war die globale Erfolgsformel der späten neunziger Jahre. »Dabeisein ist alles«, hieß das weniger professionell schon früher. Mitmachen, gesehen werden, kommunizieren, um nicht aus dem Spiel zu fallen – Befehle, die mit Widerspruch nicht rechnen. Von Sinn ist da keine Rede, man vertreibt ihn ja gerade eifrig. Viele sinnlose Party-Abende, aufgestapelt im suchenden Bewusstsein, bringen vielleicht doch am Ende so etwas wie – Sinn?

Neugierig nimmt die Gesellschaft an Bruchlandungen der Irrenden teil: Drogen, Alkohol und der Stress der Dauerpräsenz bei den *»Musts«*, die *»Events«* heißen, weil sie keine Ereignisse sind, zehren am kleinen Vorrat Lebenssinn so sehr, dass jede Atempause zur Katastrophe werden kann.

Auch als Analytiker unseres Tuns sind wir schneller geworden: Überall wird dokumentiert, was geschieht, und interpretiert, was es bedeuten könnte. Dass wir »Spaßgesellschaft« sind, entscheiden wir mitten im Spaß, aber wir meinen es kritisch. Dass der Zugang entscheidet, meinen wir auch als Kommentar zur Wissensgesellschaft: Wer nicht im Internet dabei ist, hat nichts zu melden und verliert seine Zukunft.

Was wir uns von der Simultanrolle als Mitspieler und Kritiker versprechen, ist die Entschärfung aller Zustände und Analysen gleichzeitig. Vergänglichkeit bestimmt unsere Begegnungen, Flüchtigkeit ist die beste Schmerzprophylaxe, und Vergeblichkeit ist das Pochen tief innen, das wir mit turbulenten Inszenierungen übertönen müssen.

Die SINN-Vernichter:

Flüchtigkeit
Vergänglichkeit
Vergeblichkeit

Sie treffen arme und reiche Gesellschaften.
Reiche Gesellschaften bieten Ablenkung und Zerstreuung als Narkotika:
Virtuosen des Abschieds kultivieren die Flüchtigkeit als Schmerzprophylaxe.

Wo der Schmerz keine Chance hat,
fehlt der Aufschrei gegen die SINN-Vernichter.

Wo nichts mehr versprochen wird,
stirbt auch die Hoffnung.

Nine Eleven: In der Sinnkatastrophe ist die Bewährung misslungen.

Ob es Sinn macht, überall dabeizusein? – Falsche Frage! entscheiden die Profis der Ubiquität. Nicht weil sie als Spaßvögel leben, sondern weil sie ihre Ansprüche aufs Großformat begraben haben. Das Hier und Jetzt ist kompliziert genug.

Der »Konsumtiger«, Leitfossil der sechziger Jahre, wirkt naiv gegen die *Event*-VIPs der ersten Zweitausender. Globalisierung und Hyperkapitalismus belohnen hyperaktive Menschen, so die Grundstimmung.

Dass es offenbar kontinuierlich abwärtsgeht mit der Leistungbilanz der Wirtschaft im Lande, lässt sich glücklicherweise mit globalen Einflüssen wegerklären – das ist das Positive der Globalisierung. Und die Analytiker haben die Formeln bereits fertig: »Das Einzige, was sicher ist, ist die Unsicherheit«, erläutert ein Spitzenbanker dem Publikum. »Was bisher für *fun* übrigblieb, müssen wir fortan für Sicherheit ausgeben«, fügt er im kleineren Kreis hinzu. Das ist schon kein *Event* mehr, also fühlt sich hier niemand »im falschen Film«.

Eine Gesellschaft, die so schnell analytisch wegdrückt, was sie beunruhigen müsste, handelt ein dramatisches Wahrnehmungsproblem ein. Die »Empörungsbereitschaft«, die wir beobachten, meldet sich nur bei verdaulichen Flops; sie ist auf mittlere Aufregung gepolt.

Wenn der »Zugang entscheidet«, dann müssen wir feststellen: Zu den Ereignissen des 11. September 2001 fehlte und fehlt jeder Zugang. Diese Ereignisse kamen aus einer Gegenwelt zu den *Events* der *Important People* unserer Gesellschaft. Sie waren der blanke Hohn auf *High-Tech*, weil sie das bis dahin schönste Versprechen der globalen Netze, *»technologies of freedom«* zu werden, gleichermaßen für *»information rich«* und *»information poor«* verfügbar, in eine fortwirkende Drohung verwandelt haben. Schlimmer noch: Die Anschläge bewiesen, dass der virtuelle Schutzschild aus *High-Tech* nichts ausrichtet gegen einzelne, zum Äußersten entschlossene Menschen.

Die Spaßgesellschaft hat den düsteren Gegenakkord nicht aufgenommen, weil jeder Anknüpfungspunkt fehlt. Seither gibt es keine leichten Fragen mehr, also stellen wir lieber gar keine – außer in den Zirkeln, von denen wir uns traditionell beim Nachdenken vertreten lassen.

Schon ein schlimmer Spaßverderber, dieser 11. September, hörte man bald hinter vorgehaltener Hand. Und eigentlich ja auch nicht unser Thema. Plötzlich ist die Welt, die man »globales Dorf« nannte, wieder sehr groß: »Die Amerikaner« waren ja das Ziel der Attacke, deren Dimensionen ohnehin für das kleine Europa nicht recht passen wollten. Kein Ritual half uns, das Beispiellose zu bearbeiten. Nicht einmal das Bekenntnis, mit leeren Händen dazustehen, begleitete die ebenso leeren Gesten symbolischer Politik, die dem Unheil folgten. Nur wenige von unseren Versprechen konnten wir halten. Für die großen Katastrophen fehlt uns, was eine sinnorientierte Gesellschaft stark macht: Es fehlt vor allem dieser verzweifelte Aufschrei, der das Aufbegehren gegen den Sinnverlust begleitet. Nur ganz wenige spüren dieses Aufbegehren, das vom Aufprall der Flugzeuge innen, in unseren Herzen, Zeugnis gäbe – wenn dieser Aufprall stattgefunden hätte.

Genau dieses verzweifelte Aufbegehren gegen die Vernichtung ihrer Sinngewissheit hat die Amerikaner in ökumenischen Gottesdiensten, in Heldenfeiern für ihre Feuerwehrmänner und für viele unbekannte Retter und Opfer zusammengetrieben. Es gibt nichts anderes als Rituale, wenn Menschen die Verletzung ihrer Anrechte auf Sinn nicht unbeherrschbar werden lassen wollen.

Die Deutschen waren nur Zaungäste bei diesen Ritualen der neuen Vergewisserung, dass es Sinn macht, sich einzusetzen, leidenschaftlich zu trauern und gemeinsam zu buchstabieren, warum es sich lohnt, an die gemeinsamen Werte zu glauben.

Kritischer, müder und mit dem eigenen intelligenten Auftritt beschäftigt, war das alte Europa plötzlich wieder so klein, wie es vielen Amerikanern auf der Landkarte erscheint.

Da sind uns die langsamen und überschaubaren Sinnkrisen lieber, wie wir sie von unsern Soziologen diagnostizieren lassen. Weder die Spaßjünger noch die weniger außengesteuer-

SINN: Erst das 20. Jahrhundert entdeckt die SINN-Frage

Sigmund Freud: „Im Moment, da man nach dem Sinn und Wert des Lebens fragt, ist man krank …“

Viktor Frankl: Das Erlebnis der Sinnlosigkeit sei die Wurzel psychischer Erkrankungen. Therapie: den SINN wiederfinden.

Der Hunger nach Sinn verschärft sich in der Massengesellschaft: Der Kampf gegen die Verwechselbarkeit beginnt.

Das 3. Jahrtausend beginnt mit dem neuen Wissen: Menschen haben ein Recht auf Lebens-SINN.

SINN ist ein Menschenrecht.

ten Leute halten die »Sinnkrise« für etwas Bedrohliches. Seit Jahrzehnten schauen wir dem Machtverlust der Kirchen zu, zeitgleich verflüchtigten sich die Konturen der politischen Orientierungsgrößen »Rechts« und »Links«, das Bekenntnishafte wich aus den Wählerentscheidungen. Die Grundstimmung *»anything goes«* federt vieles ab, was noch vor zehn Jahren für lebhafte Kontroversen gesorgt hätte.

Die Großthemen, bei denen es um unsere ethische Identität – oder doch nur um die Entdramatisierung neuer wissenschaftlicher Möglichkeiten? – geht, sind so komplex geworden, dass sie nur von kleinen Gruppen kompetent diskutiert werden können. Um die Übersetzung ihrer Quintessenz in Bürgerdeutsch bemüht sich fast niemand. Und natürlich sind es Themen, die mit dem »Sinn« unseres Lebens zu tun haben, den wir mehr als jede Generation vor uns plötzlich in der eigenen Verfügungsgewalt sehen – oder täuschen wir uns?

Überraschend genug, dass erst das 20. Jahrhundert den Begriff »Sinn« für das, »wessen wir im Leben letzten Endes bedürfen«, wie es der Philosoph Hermann Lübbe sagt, in Umlauf gebracht hat. Noch in den späten dreißiger Jahren bemerkte Sigmund Freud: »Im Moment, da man nach Sinn und Wert des Lebens fragt, ist man krank, denn beides gibt es ja nicht in objektiver Weise.«*

Freuds Kollege Viktor Frankl sieht das ganz anders: Das Erlebnis der Sinnlosigkeit sei die eigentliche Wurzel psychischer Erkrankungen – und die Therapie müsse den Zugang zum Sinn wieder öffnen. Freud dagegen empfiehlt, die Frage selbst zu vertreiben.

Selbst die Kirchen haben sich im 20. Jahrhundert auf das neue Vakuum eingelassen. Wer im Alten und Neuen Testament nach der Sinnfrage sucht, der sucht vergeblich. Katechismen, also die Lehrbücher für Kirchenmitglieder beider Konfessionen, erklären die Frage nach dem Sinn des Lebens erst im 20. Jahrhundert zur zentralen religiösen Frage.

---

* Zitiert bei H. Lübbe, Der Lebenssinn der Industriegesellschaft, Berlin 1990, S. 138.

Noch im 19. Jahrhundert gab es sie nicht, die Frage nach dem »Lebenssinn«.

Kaum jemand erinnert sich daran, dass es ein Buch war, Rudolf Euckens »Sinn und Wert des Lebens« (Leipzig 1920[7]) das den »Sinn« vom Handlungsziel zum Qualitätsmerkmal – von Geschichte, Leben, Welt – machte. Nicht mehr Handlungsziel, sondern allen Zielen übergeordnet, trat bei Eucken der »Sinn« mit ganz neuem Schwergewicht auf. Der Widerspruch der Fachkollegen blieb erfolglos. Die Zustimmung zu Euckens Werk war so groß, dass es in alle großen Weltsprachen übersetzt wurde. Der Autor erhielt für seine kühne Begriffs-Innovation den Nobelpreis.

Das explodierende Verlangen nach Sinn, das diesem Buch einen Welterfolg sicherte, lässt sich nur so verstehen: Immer mehr früher unverfügbare Lebenstatsachen – Gesundheit und Krankheit, soziale Stellung, Berufserfolg – werden zu Gegenständen von Markt und Wissenschaft: Produkte, die selbst die Lebensstimmung der Menschen in Moden und Stildiktaten enteignen. Alles wird messbar, ob es Konsumgewohnheiten sind oder die Zyklen großer Gefühle, alles wird Massenware, und die letzten Inseln ganz persönlicher Handlungsentscheidungen, die »Sinn« freilegen sollen, gehen unter.

Die Gewissheit, unverwechselbar zu sein und ein »eigenes Leben« zu haben, an dessen Sinn man mitwirkt, erschien mit zunehmendem Wohlstand mehr und mehr bedroht. Und das Sinnverlangen wanderte aus: Dann musste er in größeren Zusammenhängen unversehrt gefunden werden, der Sinn des Lebens, wenn er niemandem mehr privat gehörte. Da die Geschichte selbst aber im 20. Jahrhundert mit zwei Großkatastrophen jeden Glauben an ihren leicht lesbaren Sinn zunichte machte, wanderte das Sinnverlangen in überschaubare Systeme wie Familie, Freundeskreis, Freizeit, Beruf. Die Experimente der jüngsten Jahrzehnte zeigen, wie viele Fluchtorte für die Sinngewinnung ausprobiert wurden: Der Egokult ist einer von ihnen, die Ich-AG als persönlicher Sinn-Generator nähert sich dem Konkurs, weil die Menschen spüren: Ohne die andern geht es nicht. Selbst die Fitness- und Wellness-Kultur unserer Tage spiegelt den Sinn-Appetit – und öffnet verborgene Türen, ihn zu stillen.*

Was wir nun wissen: Wir sind Neulinge in den Sinnlandschaften der Zukunft. Auch wenn die nobelpreisgekrönte Fanfare zur Aufwertung der schlichten Handlungskategorie »Sinn« fast hundert Jahre zurückliegt: Verdeckt hat das gesamte 20. Jahrhundert an diesem Thema gearbeitet – *»undercover«* hat die Sehnsucht nach Sinn die Technik- und Konsumschübe des vorigen Jahrhunderts beflügelt. Die Lehrlinge in der Wohlstandswerkstatt haben alle von ihrem Handwerk etwas beigetragen: die Feministinnen auf ihre Weise, die Antiautoritären und die Genussmoralisten aus ihrer Perspektive – und die Politiker durch immer mehr allgemeine Formeln gegen Experimente, für mehr Demokratie, schließlich mit der Einladung in die Neue Mitte. Immer weniger Bekenntnisse auch von seiten der Politik – und immer mehr Hunger nach Sinn, den uns niemand streitig macht.

Die allgemeine Stimmung am Anfang des dritten Jahrtausends ist vom »Recht auf Lebenssinn« gekennzeichnet, auch wenn diese Formel noch selten auftaucht. Das heißt immerhin: Die Menschen sehen den Lebenssinn als ein hohes Gut, das nicht von überlegenen Mächten gegeben oder genommen werden kann oder darf.

Vielmehr sehen sie die Mächtigen als Sinn-Agenten, die entweder von dieser Aufgabe noch nichts wissen oder sie verfehlen.

Erfolgreiche Firmen und erfolgreiche Menschen zeigen uns aber, dass die Beobachtung zutrifft: Wer mehr erreicht als andere, hat ein entschiedeneres Sinnbewusstsein. Schon die höhere Leistung wäre nicht möglich ohne die Gewissheit, dass dabei Sinn freigesetzt wird – und keineswegs nur für den Hochleister selbst. Wer den Sinnhunger der Menschen stillen kann, erhält als Gegengabe überdurchschnittliche Leistungen.

Das Unternehmen als Sinn-Agentur: Wir sind dabei, eine neue Tür zum Erfolg in der *Human Economy* aufzustoßen.

---

* Siehe dazu S. 265–280

2 Sinn – geschaffen, gemacht, gefunden? Kostbarste Ressource

Macht die Anordnung des Vorgesetzten Sinn? Viele Male jeden Tag bleibt diese Frage unbeantwortet. Wer braucht die Antwort denn? Die Mitarbeiter, um mit Eifer an die Ausführung zu gehen. Der Führende selbst, so vermuten sie, kennt ihn bereits, den Sinn der Aufgabe. Das ist aber gar nicht sicher: Vielleicht führt er nur Anweisungen der höheren Führungsebene aus, deren Sinn er selbst nicht versteht. Schulterzuckend gibt einer die Weisung an den andern weiter: Irgendwo wird schon jemand sitzen, der den Sinn der Anweisung kennt.

So kann es in Großkonzernen zugehen, wo vieles so ferngesteuert beim einzelnen ankommt, dass er resigniert, ehe er die Frage stellt, die seiner Leistungslust Flügel wachsen ließe: Macht die Sache Sinn?

Sinn – ein Schlüsselwort für Wahrnehmung und geistiges Verstehen unserer Umwelt, aber auch für ihre Deutung und den Austausch darüber; Sinn – neben aller Alltäglichkeit, in der wir von Sinn oder Unsinn, Widersinn oder Wahnsinn reden, das geheime Zielwort für jeden Einzelnen, wenn er darüber nachdenkt, was sein Leben eigentlich bedeutet. Welchen Sinn hat es, dass ich hier bin? Für andere, für mich selbst? Und der Alltag quält uns oft mit dieser Frage: Welchen Sinn macht meine Leistung in dieser Firma, zwischen Kollegen, die ich mag oder ablehne, von denen ich mich gemocht oder abgelehnt fühle, unter der Führung eines Chefs, den ich mag oder bewundere oder kritisch

Kostbarste und knappste Ressource: SINN

Sinn – Schlüsselwort für Verstehen und Deutung der Welt, die uns umgibt.
Sinn – tägliche stumme Frage unzähliger Mitarbeiter:

Was soll ich hier?

Macht es Sinn, dass ich mich anstrenge?

Was habe ich mit den Firmenzielen zu tun?

Welche Absicht steckt hinter den Anweisungen meines Chefs?

Niemand ist imstande, über längere Zeit Einsatz zu bringen, ohne den Sinn zu erkennen.

beobachte; dessen Anweisungen ich selten oder häufig verstehe, der zum Sinn meines Lebens nichts – oder besonders viel – beiträgt. Je nachdem wie wir diese Fragen beantworten, fällt unser Einsatz aus. Menschen sind außerstande, über längere Zeit Einsatz zu bringen, ohne Sinn zu erkennen.

Um so mehr staunen wir, dass die Frage nach dem Sinn unseres gemeinsamen Tuns nicht ganz oben auf jeder Agenda steht – bei allen Chefs, bei allen Erziehern, Lehrern und Ausbildern.

Sie ist ja andererseits nicht totzukriegen, auch durch Schweigen nicht. Die Sinnfrage glimmt überall auf, und dass wir eher scheu mit ihrer objektiven Seite umgehen, die wir doch unbefangen bereden könnten, um sie gut zu managen, das hat mit ihrer subjektiven Seite zu tun: Da betreten wir Tabugebiet, auf dem jeder allein bleibt. Nur die Ausnahme-Felder – Liebe und Tod – holen sie ganz nach vorn, und nur die Enklave der Religion sichert uns zu, dass sie ständig von dieser unserer geheimsten Frage mit uns reden will – und mehr noch: dass sie uns zu der Stelle führen wird, wo wir ihn ausgraben, den Sinn unseres Lebens.

Die Spannweite des kleinen, einsilbigen Wortes ist also beachtlich. »Sinnlos, hinter dem Bus herzulaufen« oder »sinnlos, in dieser Firma meine Kraft einzusetzen« oder »sinnlos, es noch einmal mit meiner Freundin zu versuchen«: Harmloses und Existenzentscheidendes sammeln sich in diesem Wort. Es gibt keine Statistik, was im Massenwortschatz häufiger vorkommt: »sinnlos« oder »Das macht Sinn!« – Noch in der Nachkriegszeit, also um die Mitte des vorigen Jahrhunderts, hieß die positive Variante aber: »Das **hat** Sinn, also mach es!« – Dahinter stand die Annahme, Sinn sei eine übergeordnete Größe, die von dritter Seite gegeben – oder genommen – wird, nicht ein Ergebnis unseres Tuns. »Sinn-Macher« hätte man damals wohl nicht beschreiben wollen; der mitgeschaffene Sinn war noch deutlich in der Obhut der Kirchen.

Wer heute von Sinn-Management reden will, der muss diese Spur nachtasten. Wenn Menschen nach Sinn verlangen, dann meinen sie ein Ziel, das jenseits ihrer alltäglichen Kurzfristziele liegt, das auch ihre längerfristigen Planungen übertrifft – ein Ziel, das nicht von ihnen selbst entworfen wird, sondern im Gegenteil von einer andern, höheren Macht geschaffen ist. Ihre eigenen Pläne und Wünsche, deren Vorläufigkeit und Labilität die meisten Menschen bald erkennen, möchten sie einem Zusammenhang zuordnen, der über das Misslingen hinweg weitergilt: »Wer weiß, wozu es gut ist«, so heißt oft der erste Satz, mit dem wir dem Misserfolg entkommen, das Missgeschick – eben: mit Sinn erfüllen wollen. Dabei zeigen wir, dass dieser »Sinn« nicht von uns gemacht ist, denn »in unserem Sinne« ist das Misslungene gerade nicht verlaufen. Das zähe Festhalten an diesem Wunsch, dass auch das Unverständliche, Schmerzliche und Widrige einen – wenn auch einstweilen verborgenen – Sinn haben solle, zeigt, wie unbändig der Hunger nach schlüssigen Zusammenhängen ist.

Mehr noch: Wir unterstellen mit der Zuschreibung von Sinn, dass es irgendwo eine uns überlegene Absicht gegeben haben muss, die Dinge so zu steuern, wie sie – auch gegen unsere Pläne und Wünsche – abgelaufen sind. Wir vermuten einen Verursacher, der in größeren Zusammenhängen denkt als wir. Ziel und Absicht einer höheren Macht – die einen nennen sie Schicksal, die andern Gott –, so vermuten oder ersehnen die meisten Menschen, geben unserem Leben einen Sinn, der über das tägliche Einerlei hinausweist. Worauf weist er aber?

Auf alles das, was Menschen anspornt, sich nicht nur als konsumierende Faulenzer in der Gesellschaft der andern zu bewegen, sondern als kommunizierende Individuen.

Sich selbst zu erfahren, die eigenen Grenzen zu erproben, mit anderen in Beziehungen zu leben, die von Geben und Nehmen geprägt sind, die Neugier zu stillen, das Glück zu suchen, Angst und Ungewissheit abzuschütteln: Das sind Antriebe, die mit Leistungswillen, Entfaltung und Selbstverwirklichung nur unvollkommen erklärt sind. Es sind Annäherungsformen an den Sinn des Lebens, die alle eines gemeinsam haben: die stille Annahme, dass wir zu größeren Zielen als den von uns erkannten unterwegs sind und dass es einen Verursacher gibt, eine Macht mit Absichten, die uns nur schattenhaft erkennbar werden. Selbst in den heftigsten Streitgesprächen zwischen Gläubigen beliebiger Konfessionen und Agnostikern oder Atheisten schwingt diese stille Übereinkunft noch mit: Wer weiß, was das Ganze soll.

Das Zögern, die Tür zu einem verborgenen Sinn ganz zuzuschlagen, hat gute Gründe: Wer weder Absicht noch Plan, noch Ziel, noch irgendeine Ordnung – »Kosmos« heißt nicht zufällig »Ordnung« – hinter seinem Tun und Lassen erkennen kann, muss sehr viel Kraft aufbieten, um die entleerte Sinnfrage fahren zu lassen. Er kann Zufälle beschreiben oder ihnen entkommen, indem er Kausalitäten, Ereignisfolgen beschreibt. Aber selbst das macht nur so lange »Sinn«, wie dahinter nach einem Muster gesucht werden kann, das beruhigt und Motivation liefert, eher besser als schlechter weiterzumachen. Wer kein Ziel für möglich hält, hat keinen Grund, sich anzustrengen. Wer sich nicht anstrengt, erfährt nichts mehr über sich selbst. Damit erfährt er auch immer weniger über andere. Beziehungen zu pflegen gibt es nun keinen Grund mehr. Erst recht keinen, seine Sache »gut zu machen«. Gut in wessen Urteil? Die Maßstäbe schwimmen davon.

Viele Menschen leben ohne die Annahme, ihr Leben sei durch eine höhere Macht in einen größeren Zusammenhang eingebettet. Sie »setzen Sinn«, der in der Familie gilt und an die nächste Generation als »Absicht« und »Ziel« der Eltern weitergereicht wird. Die Werte des störungsfreien Zusammenlebens können sich hier entfalten; der soziale Zusammenhang ordnet das Handeln so, dass Rücksicht und Gerechtigkeit, Umsicht und Fürsorge, Leistungsbereitschaft und Verlässlichkeit den Mitspielern Halt geben. Im Windschatten solcher aufgeklärten, oft wissenschaftlich geprägten Familien und Freundeskreise wird die Frage nach dem Sinn des Ganzen eher als ein Zeichen unzulänglicher Intelligenz bewertet. Das Tabu der Sinnfrage ist hier zuverlässiger als bei emotional freizügigeren Menschen, die ihr gelegentliches Einbrechen ins dünne Eis ihrer nüchternen Verstandesvita freimütig schildern. Was bei großen Verlusten, bei Krankheiten und Enttäuschungen auch in den ausgekühltesten Herzen pocht, ist natürlich die Frage: »Was soll das?« – »Warum ich?« – »Was ist damit gemeint?« –, auch wenn das gesamte psychische Fitness-Training bisher darauf gerichtet war, ebendieser Versuchung nicht zu verfallen: den eigenen Sinn in fremder Hand zu sehen – gar metaphysisch aufgehängt.

- Wer sind wir?
- Woher kommen wir?
- Wohin gehen wir?

Es sind diese drei Fragen, die jedem Menschen begegnen. Sie sind mit unserer Siegerrolle in der Evolution eng verbunden, denn nur *homo sapiens* kann so fragen. Nur er, der Mensch, kann neben sich selbst treten und sich betrachten:

- Wer bist du?
- Woher kommst du?
- Wohin gehst du?

Er ruht nicht mehr in einem Sinnkonzept, sondern er ist frei, eines zu ergreifen. Offenbar wird er nicht frei von der Sehnsucht, Sinn für sich und sein Woher und Wohin zu entdecken oder zu schaffen.

Je dichter wir von gemachten Dingen umstellt sind, desto unruhiger meldet sich die Frage nach dem, was dahinter ist. Die materielle Welt liefert eindringliche Versprechen, die alle Sehnsüchte erfüllen sollen. Aber die Frage wird im gleichen Maße lauter, wie sich Ersatz-Antworten anbieten.

Wer diese Ruhelosigkeit abschütteln will, kann nüchtern folgern: Eine höhere Absicht ist in allem, was er erlebt und geschehen sieht, nicht erkennbar. Also greift er planend zu: Unter lauter »gemachten« Bedingungen ordnet er sein eigenes Leben, ohne zu fragen, wofür das alles ein Zeichen, wovon es ein Abbild sein könnte, das ihn an einen höherwertigen Zusammenhang erinnern will.

Abschnittsweise fasst beinahe jeder sein Leben so an. Ob es über die ganze Strecke so geht, bleibt offen.

3 Sinn: Der Blick hinter den Horizont

Wenn Teams zusammensitzen und Entscheidungswege diskutieren, fliegt sie scheinbar leichtgewichtig hin und her, die Frage, ob dieser oder jener Lösungsweg »mehr Sinn macht«; ob es Sinn hat, von andern Abteilungen Wissen abzufragen. Ob Warten oder eiliges Handeln sinnvoller ist. Der Sinn im Alltagskleid der Zwecke, Absichten und Ziele. So bewegen wir ihn unauffällig und ohne das Herzklopfen, das uns aufstört, wenn es an den ganz persönlichen Lebenssinn geht. Wer ihn von außen, gar von oben garantiert sieht, hat es leicht, solange die Wegstrecke gut ist und alles gelingt. Wer glaubt, daran mitwirken zu müssen, dass sein Leben einen Sinn findet – oder gar sich allein verantwortlich sieht für seinen Lebenssinn, der wählt den anspruchsvollsten Weg.

Ob Menschen einen Sinn erkennen, wenn sie Aufträge erfüllen, die den Zielen einer Firma dienen, das hängt auch davon ab, ob sie die Ziele als wertvoll einschätzen. Die Führung mag ein Ziel als hochwertig einstufen, weil sie mehr darüber weiß; Mitarbeiter brauchen nicht dasselbe, aber hinreichendes Wissen über diesen Wert, um zu begreifen: Es macht Sinn, dass wir uns anstrengen, das Ziel zu erreichen. Der Sinn-Horizont, mit dem Führung und Mitarbeiter leben, spielt dabei eine wichtige Rolle. Was neu verstanden werden soll, muss einem Vorverständnis zugeordnet werden, sonst findet es in den Köpfen keinen Halt. Fehlt schon das Vorverständnis, weil die Führung zu wenig mit den Mitarbeitern geteilt hat, dann wird das heiße Engagement ausbleiben.

Führung bleibt ohnmächtig auch mit den intelligentesten Motivationstechniken, wenn sie es versäumt hat, den Mitarbeitern den beflügelnden Blick über Zweck und Nutzen hinaus auf den Sinn-Horizont zu öffnen: Mitarbeiter wollen – wie alle Menschen – große Ziele. Teilziele einer grauen Bürowoche sterben den Tod der Gleichgültigkeit und werden halbherzig akzeptiert, wenn sich nicht zugleich ein größeres Szenario hinter ihnen öffnet, das sie mit Sinn versorgt. Führungskräfte leben im guten Falle mit diesem Szenario. Sie halten es für überflüssig, dies im ganzen ständig mit ihren Mitarbeitern aufzufrischen und die Begeisterung für die großen Zusammenhänge wachzuhalten. Mitarbeiter wollen aber nicht nur große Ziele; sie sind Mitarbeiter, einstweilen, und – noch – nicht Führung, weil sie an Zielen teilnehmen wollen, die größer sind als ihre augenblickliche Leistungsspitze zuzulassen scheint. Nur so können Mitarbeiter sich neu gruppieren: Führung der Zukunft und solche, die Mitarbeiter bleiben wollen.

Führen heißt Bewegung schaffen, jeden Tag. Wohin will eine Firma sich bewegen, die keinen Horizont erkennt, hinter den sie morgen schauen möchte? »Sinn« entsteht nur, wenn wir vom Realen ins Virtuelle blicken dürfen. Hohe Motivation ist nur so erreichbar. Alles andere wird irgendwie erledigt, drittklassig und verwechselbar. Wer in einer sinnorientierten Company lebt, hat also große Vorteile: Er weiß, warum es sich lohnt, sein Bestes zu geben. Es geht nämlich um nichts Geringeres als um Durchblicke auf Sinn – für ihn, für die andern, für die Company. Meine Ziele, deine Ziele, Firmenziele. Endlich stimmt die Gleichung.

Wenn die Firmenleitung verstanden hat, dass der Einsatz der Mitarbeiter für ihre Ziele nicht einfach abgerufen werden kann, dann entdeckt sie im gemeinsamen Sinn-Horizont ein Element der Selbstkontrolle: Was Mitarbeitern nicht verständlich gemacht werden kann, das dürfte auch Kunden kaum überzeugen. Nicht jedes Ziel von Spitzenmanagern ist mit objektiven Werten identisch; bei den Mitarbeitern beginnt die Kontrolle der Ziele, und die Führung kann vom kritischen Vergleich mit Werten, die auch Mitarbeiter überzeugen, profitieren.

Ganz konkret kehrt dabei die dreifache Frage wieder, die den einzelnen irgendwann in seinem Leben herausfordert: Wer sind wir, woher kommen wir, wohin gehen wir? Firmenziele haben durchaus mit dieser Frage zu tun: Welche Ressourcen das Haus hat – und dazu gehören natürlich die Mitarbeiter –, was es bis heute geleistet hat und was es sich für die Zukunft zutrauen kann. Dazu gehört die Frage: Mit welchen Verbündeten ist man unterwegs? Sind die Mitarbeiter wirklich enge Verbündete der Führung, oder ist es der Führung bisher misslungen, ihnen den Sinn-Horizont, vor dem man handelt, zu zeigen? Sind die Kunden zuverlässige Bündnispartner, nicht nur in der sichtbaren Welt der Produkte, sondern in der virtuellen Welt der Sinnbindungen?

Was die Firma kann, wird über längere Zeit nur weiterwachsen, wenn der Sinn-Appetit der Menschen, die in der und mit der Firma handeln, gestillt wird.

Tatsächlich leben wir Menschen mit Sinn-Appetit – die Psychologie würde umständlicher sagen: Eine »Prägnanztendenz« bestimmt unser Verhalten und beeinflusst unsere Wahrnehmung. Ohnehin nehmen wir nur eine Auswahl von Merkmalen in unserer Umwelt wahr. Die Sinn-Erwartung, die uns dabei beeinflusst, ist von der Kultur gespeist, in der wir leben. Als sinnvoll erscheint schon unterhalb der Bewusstseinsschwelle das, was uns zum erfolgreichen Handeln befähigt. Widersprüche zu den Normen, in denen wir uns auskennen, werden ebenso vorbewusst abgewiesen. Ein ganzes Sinn-Gefüge begleitet und lenkt unser Handeln, auch wenn wir es nur selten wahrnehmen. Weil wir es nur selten wahrnehmen, unterschätzen wir seine Bedeutung. Erst in Zeiten der Konsens-Störung – die als konsenssüchtige Etappen gut getarnt auftreten – wird uns dieses Gefüge wieder bewusst.

Das Verlangen, Erlebnisse eher dem Sinngefüge zuzuordnen als dem blinden Zufall, prägt unseren Umgang mit allem, was uns begegnet. Wenn die Zuordnung gelingt, stellt sich Beruhigung und Befriedigung ein. Die Fähigkeit, Sinn zu erkennen, prägt auch die Selbstbewertung von Menschen: Wenn es gelingt, Ereignisse zu »verstehen«, also dem Sinn-Horizont einzufügen, den man bis dahin überschaut, steigt das

- Selbstwertgefühl
- Sinn-Erfahrungen knüpfen sich natürlich auch an materielle Werte, von denen die Menschen wissen, dass sie unentbehrlich für ein gutes, zufriedenes Leben sind. Neben die materiellen treten psychische Werte wie das Wohlbefinden, soziale wie die Freundschaft und metaphysische wie die Heilsgewissheit. Was wir mit »Glück« beschreiben, lässt sich nicht trennen vom Sinngefüge, in dem wir leben; selbst die Liebe ist umhegt von Sinngewissheit; wie das Glück steht sie in einem Bestätigungsverhältnis zu dem Sinn-Horizont, in dem wir uns bereits auskennen: Er weitet sich, und die Bereitwilligkeit, Sinn im eigenen Leben zu erkennen, wird durch Glücksmomente beflügelt.
- Emotionale Stärke,
  wie sie durch Liebe, Glück und Leistungserfolge stimuliert wird, verstärkt die Sinngewissheit. Das heißt umgekehrt: Ein Team, das emotional in guter Kondition arbeitet, hat kürzere Wege zum Sinn seiner Leistungen.

Solange religiöse Offenbarung als Sinnquelle eine Kultur bestimmt, ist der Sinn-Horizont für alle Menschen klar lesbar: Die Dreifachfrage »Wer sind wir – woher kommen wir – wohin gehen wir?« wird in einem Atemzug dreifach beantwortet und beschwert die Verantwortung des Einzelnen nicht mehr. Sie in Einzelfragen zu zerlegen, die unterschiedliche Antworten erfahren, das wird erst möglich – ja unabwendbar –, nachdem die Autorität der Traditionen gebrochen ist.

Die Anthropologie des 20. Jahrhunderts forscht im »Wesen« des Menschen, weil es das einzig »wahre« Bild vom Menschen nicht mehr gibt.

Das Ziel dieser Neugierde bleibt dasselbe, altvertraute: Sinn herstellen – wenn nicht aus dem Wesen Gottes und seiner Heilsversprechen, dann eben aus dem Wesen des Menschen.

Dass er vielerlei Wesenszüge hat, auch solche, die von seiner Umwelt tabuisiert oder abgewehrt werden, erfährt jeder Mensch schon als Kind. Was sein »Wesen« sei, das definiert auch die Kultur, in die er geboren wird.

SINN-Management

Wer mehr managen will als Arbeitskräfte und Prozesse,
wer kein „Führungstechniker“ sein will,
der entdeckt das SINN-Management.

Hier sind die wichtigsten Fragen
keine Tabufragen mehr:

- Wer sind wir?
- Woher kommen wir?
- Wohin gehen wir?

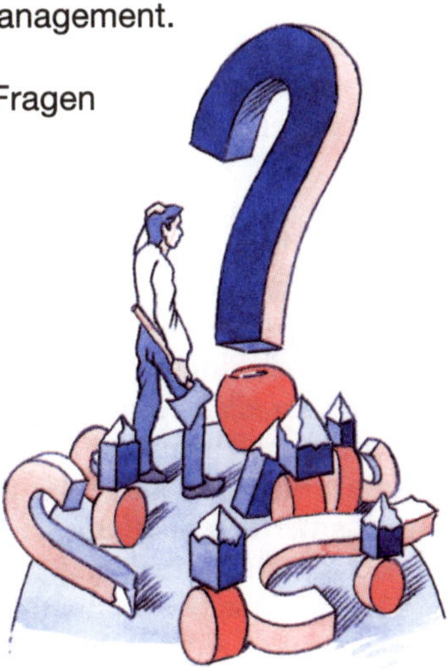

Es sind die Fragen nach dem Mehrwert der menschlichen Existenz.

Wer das Sperrgebiet dieser added values betritt,
gewinnt die Loyalität seiner Leute –
gleichviel wie kurzfristig ihre Verträge sind.

Widersprüche schütteln ihn, wenn er es ernstnimmt mit der Suche nach Sinnquellen. Wissenschaft und Technik entzaubern die Welt seiner Kindheit vor seinen Augen; Widersprüche quälen ihn, viel logische Intelligenz liegt mit ebensoviel irrationalen Strömungen ständig im Streit. An wen soll man sich halten, um zu erfahren, von welchen Ideen oder Angeboten, Forderungen oder Bemühungen Sinn für das eigene Leben ausgeht?

Die verbindlichen Sinnlieferungen sind eingestellt worden, die Stimme der Kirchen ist eine unter vielen. Philosophen versuchen nur noch kleinlaut, sich Gehör zu verschaffen. Instanzen, die Wegweiser zum Sinn liefern, gibt es nicht mehr. Im Gegenteil: Der Pluralismus lässt den Einzelnen wohlwollend und grausam allein; Sinn ist, zumindest an der Oberfläche, nicht mehr das Thema der reichen Gesellschaften.

Diese Form des aufgeklärten Sinnverlustes wird Programm unter den Spaßjüngern der reichen Gesellschaften. Wer sich darauf einmal eingelassen hat, braucht viel Ablenkung, möglichst lückenlos, um die innere Unruhe zu beschwichtigen.

Hyperkommunikativ, wie wir leben, sind wir dem eben diagnostizierten Übel auch schon als hellwache Chronisten auf der Spur. Die »Sinnkrise« wird ausgerufen, die »Sinn-Industrie« angeprangert – und auch das ist ein Geschäft, wie all jene Profite, die man als Sinnwächter anklagt.

Die Sinnfresser bedrängen uns von allen Seiten – und werben für sich: Die Erlösung vom Sinnverlangen durch viele kleine Ersatzdrogen ist ihr Versprechen.

Dass er selbst entscheiden soll, was sein Leben sinnvoll macht, ist nicht für jeden eine verlockende Einladung. Sinnvertreiber bevölkern den turbulenten Alltag von Stadtkindern und Heranwachsenden; Vorbilder werden im Nahfeld knapp, weil gemeinsamer Alltag mit Eltern Mangelware wird. Lehrer können nicht in diese Bresche springen. »Sinnverlust« ist eine der häufigsten Erfahrungen von heranwachsenden Menschen. Wem sie vertrauen, dem berichten sie darüber. Von ihnen kann man erfahren, dass Sinn ein

Die Frage nach dem SINN steht unsichtbar ganz oben auf jeder Agenda

Wer schafft Sinn?

Wer schenkt Sinn?

Ist er von Anfang an gegeben oder machen wir ihn selbst?

Gibt es ein Sinn-Management?

Sinn ist der added value im Führungsprozess. Sinn-Management verbindet alle in der Gewissheit, dass sie für höhere Ziele als den Profit arbeiten.

Sinn verbindet Menschen mit der Transzendenz:
Sinn-Management zeigt Mitarbeitern, dass sie einzigartig sind.
Sinn-Management macht Teams stärker.

kostbares Gut mit sich führt, das ihnen unersetzlich erscheint: Geborgenheit. Sie ist das, was ihre Ersatzhelden, die Idole, nicht bieten. Geborgenheit meint eben nicht nur das sorglose Anlehnen an eine stärkere Schulter oder das Unterschlüpfen bei Menschen, die Wärme ausstrahlen. Geborgenheit ist die große Schutzmacht, nach der sich Menschen aller Kulturen sehnen, um ihrer explorativen Unruhe und ihrem Dominanzstreben ein Gegengewicht zu geben.* »Sinn-Erfüllung« für unser Leben ist immer von dieser Zerrissenheit bedroht: Destruktive und schöpferische Neugier, das Ethos zur Verantwortung und die Sehnsucht nach Geborgenheit ringen miteinander.

In den befriedeten Alltags-Szenarien mag mancher das gar nicht mehr erkennen. In jedem Konflikt und in jedem Erfolg zeigen sich die Kräfte, mit denen wir es eigentlich zu tun haben, dann deutlicher. Die Konkurrenz um gute Lösungen macht eben deshalb »Sinn«, weil sie uns hilft zu erkennen, wer wir sind und wohin wir wollen. Zwangsläufig werden wir dabei immer wieder daran erinnert, woher wir kommen – im vordergründigen wie im übertragenen Sinne.

Jeder Chef sollte seinen Leuten möglichst oft mit diesem Wissen zuschauen: dass sie bei aller Munterkeit oder Langsamkeit, bei aller Renitenz oder Sanftmut sinnhungrige Leute sind – genau wie er selbst.

Wir dürfen uns wundern, dass diese Quelle der Gemeinsamkeit überhaupt nicht genutzt wird: Wir laufen Tag für Tag aneinander vorbei – vielleicht sogar in dieselbe Richtung –, um – so träumen wir – *ein* Mal mit vollen Taschen heimzukommen: Sinn satt, ein Tag, der nicht vergeblich war, ein Tag, der uns satt gemacht hat mit Sinn. Das klingt abwegig? Nein, es trifft unsere Sehnsüchte, und wichtiger: Es trifft mitten in unsere vornehmsten Rechte. Ein Leben ohne Sinn ist niemandem zuzumuten, auch im Wohlstand nicht.

---

* Vgl. G. Höhler, Wölfin unter Wölfen, S. 13–28.

4 Das Unternehmen als Sinn-Fabrik

Was wir von den Analytikern des Managements hören, klingt düster. Da galoppiert die neue Konfrontation. Darwin wird bemüht, um den erbarmungslosen Machtkampf zwischen Führung und Mitarbeitern als Megaphänomen der Jahrtausendwende auszurufen. Und das sind die düsteren Fanfaren:

Schwindende Loyalität bei kürzerer Verweildauer im einzelnen Unternehmen; Unwirksamkeit aller Kulturmerkmale der Firma, weil kaum einer sie noch kennenlernen kann und will; Ichbezogenheit der jungen Karrieristen wie ihrer Vorgesetzten: Jeder ist bedroht, und jeder kümmert sich folglich nur um sich selbst. Opportunismus regiert, und niemand findet das verwerflich. Man ordnet die eigenen Strategien unter scharfer Beobachtung des Umfeldes von Konkurrenten, Marktlage und Börsenausschlägen. Sprungbereit leben so Tausende begabter junger Leute in den Unternehmen dieser Jahre. Niemand teilt mit ihnen die Verantwortung für ihre Karriere, und sie revanchieren sich mit der Verweigerung von Verantwortung für die Einheit, in der sie arbeiten.

Ob das einen Sinn ergibt? Zorn flackert in den jugendlichen Gesichtern auf: Wenn irgend jemand, dem sie im Business begegnen, nach dem Sinn des Ganzen fragen würde, täten sie es auch. Die Demut der Männer in gegebenen Verhältnissen, die doch nur so lange »gegeben« erscheinen, wie keiner sie entzaubert.

Gäbe es in der Firma ein Echo auf ihre geheimsten Wünsche – dass das Leben weit über Konsumchancen hinaus *added values* freigeben möge, Mehrwerte, die dem Leben nicht nur Tempo, Drive und den Charme des Erfolgs geben, sondern – Sinn: Die jungen Leute würden nach der Verweildauer in dieser Firma nicht mehr fragen, sondern hier volle Kraft vorausfahren – weil sie spüren: Hier hole ich mir eine Ressource, die nicht aufgezehrt werden kann wie alle Konsumgüter, sondern die beim Teilen mehr wird. Sinn ist kein Konsumgut; Sinn ist ein virtuelles Gut, das Potentiale freisetzt, die im Ansturm der Sinnvernichter und Sinnvertreiber verstummt waren.

Unter dem Stichwort Darwinismus werden heute Debatten kurzgeschlossen zu dämonisierenden Slogans: Der Starke frisst den Schwachen, jeder kämpft für sich, wer Vorteile will, muss sie andern rauben – so als herrsche ein gnadenloser Selbstverteidigungskampf aller gegen alle, wie ihn die als Kronzeuge zitierte Natur (»Darwin«) nicht kennt. Nur *homo sapiens* hat die Freiheit, sich von den Gesetzen des Überlebens zumindest verbal abzukoppeln – überall wo er mit der Tat belegt, dass er nichts verstanden hat, scheitert er kläglich. Es geht nicht ohne die andern – und das scheinen die meisten Menschen sehr gut zu wissen. Wo jeder nur für sich kämpft, findet keiner mehr Bundesgenossen, aber auch das Echo fehlt, die Bestätigung, also der Treibstoff für die nächste Anstrengung.

Immer mehr junge Mitarbeiter ändern die Rangskala ihrer Werte und sagen: Sicherheit ist nicht mehr das Ziel auf Rang 1, weil sie nicht mehr wie früher zu haben ist. Und es gibt wichtigere Merkmale von Arbeitsplätzen als Sicherheit: zum Beispiel die Qualität der Führung. Leadership von Managern verstehen sie als Quelle für Begeisterung und Visionen; verwalten könne nicht mehr die Hauptaufgabe von Spitzenkräften sein. »Er soll tun, was er sagt«, lautet die entschiedene Forderung.

Die monströsen Züge des jugendlichen Ausbeuters sind hier nicht zu erkennen. Vielleicht sind sie eine Angstprojek-

SINN ist ein *added value* besonderer Art:

– der beim Teilen
mehr wird.

SINN
ist kein Konsumgut.
Er hat metaphysische
Qualität –
die vom plumpen
Sachwert befreit.

Der Manager als SINN-Stifter erreicht mit seinem Team die höchste Attraktivität.
Ihre Formel lautet:
Reputation. Ansehen.

Entschlüsselt heißt sie: • Jemand sein
und • etwas beitragen.

Beide sind Schlüssel zum SINN.

Für Unternehmen heißt das:
Wertschöpfung muss durch SINN-Schöpfung ergänzt werden.

tion von Führungskräften, die sich den neuen Verhältnissen nicht gewachsen fühlen?

Der Manager als Sinnstifter, plötzlich schleicht sich die kühne Vokabel in die Kongressdialoge. Das höhnische Gelächter, mit dem erfahrene Debattenredner rechnen, bleibt aus.

Menschen wollen mehr als nur Profite – das wussten wir zumindest von den Kunden schon eine Weile. – Mitarbeiter auch! Der Mehrwert-Manager lässt sich schwerlich mit Glanz ausstatten, wenn wir ihn nur als Service-Genie entwerfen. Obwohl wir schwach geblieben sind bei Dienstleistungen, motiviert uns die fast technische Aufforderung nach mehr Service überhaupt nicht mehr. Warum nur?

Wir sind schon vorbei an dieser Etage der *added values*, wir sind, endlich, angekommen. Der alles übertreffende Mehrwert heißt »Sinn«. Er ruht auf den Vorleistungen, die wir gern übergehen möchten, aber nun erkennen wir, warum es sich wirklich lohnt, das Unternehmen als Sinn-Fabrik fit zu machen. Wer nichts Zweitklassiges mehr will, wird andern nichts Zweitklassiges mehr liefern wollen. Eine Firma mit Sinnkonzept erreicht das, was in neuen Analysen der Angelpunkt ihrer Attraktivität ist: Reputation. Einen guten Ruf, hätte man früher etwas schlichter gesagt. Ihr guter Ruf wird ihr gute Kunden und gute Mitarbeiter zuführen – und ihren Kurs an der Börse, falls sie dort notiert ist, nach oben treiben.*

Schon die Psychoanalytiker am Beginn des 20. Jahrhunderts erfuhren bei ihren Forschungen zur Rangfolge der Ziele, dass nicht Konsum und Profit an der Spitze der persönlichen Erfolgswerte stehen, sondern die beiden Ziele

- jemand sein – und
- etwas beitragen.

Immer wieder hören wir von Führungskräften, dass ihr stärkstes Motiv »Einfluss« und »Wirkung« seien. »Jemand

* Vgl. dazu Leadership 2, 2001, Knight Gianella u. Partner, Zürich, S. 13–19.

Es gibt keinen Zugang zum SINN ohne offene Optionen.

Optionen: Generalschlüssel zum SINN.
Optionen: Die noch uneingelösten Versprechen, die den Teams ihre Dynamik geben.
Optionen: Das Spielmaterial für Wünsche und Hoffnungen, die unser Selbstvertrauen stärken.
Optionen: Der Herzschlag der Zukunft, der uns vergewissert:

Es macht SINN, dass du da bist.
Es macht SINN, dass du dich anstrengst.

SINN ist die Gegenmacht zur Vergeblichkeit.

sein« meint natürlich das Ansehen, diesen geheimnisvollen Zusammenhang von Reputation und freiwilliger Unterordnung anderer, also Autorität.* Der Psychoanalytiker Alfred Adler berichtet aus seinen Forschungen, dass diese beiden Bedürfnisse stärker seien als der Sexualtrieb.

Wenn es stimmt, dass die Wertschöpfung von Unternehmen durch Sinnschöpfung flankiert werden muss, dann müsste ein Management-Habitus skizziert werden können, der aus der Sinnblockade eine offene Passage macht, die Führung und Mitarbeiter nutzen könnten, um ihr Unternehmen zum Sinn-Generator zu machen – und um morgen dem Kunden dieses neue Gesicht des Unternehmens zu zeigen.

- Die Garantiemacht für offene Türen zum Sinn ist das Vertrauen. (Vielleicht möchten Sie das jetzt noch einmal im Teil III nachlesen – S. 123 f.)
- Jemand sein, etwas bewirken; Führung muss Mitarbeitern diese Erfahrung zugänglich machen.
- Begeisterung und Visionen müssen zum Unternehmensalltag gehören, weil sie die Zukunft für unseren Erfolg entwerfen.
- Sagen, wer wir sind – tun, was wir sagen – sein, was wir tun. Nur so kann das Unternehmen an die Frage jedes Einzelnen anknüpfen: Wer sind wir? Woher kommen wir? Wohin gehen wir?

Und schließlich das Wichtigste: Es gibt keinen Sinn ohne offene Optionen. Es gibt übrigens auch keinen Firmenerfolg ohne offene Optionen.

Der Generalschlüssel zum Sinn, für den einzelnen wie für Organisationen, sind die Potentiale, von denen wir wissen: Sie werden uns Wachstum bringen, wenn wir wachsen wollen. Sie werden neue Perspektiven eröffnen, wenn wir es brauchen.

Optionen sind die noch uneingelösten Versprechen, die jeder Mensch und jedes Team braucht, um seine Dynamik

---

* Zum Kern des »Ansehens« siehe S. 125 ff.

zu speisen. Optionen sind das Spielmaterial für Wünsche und Hoffnungen, mit denen wir unser Können für übermorgen vorwegnehmen, um daraus schon heute Motivation zu holen.

Optionen sind es, die hochmotivierte Menschen beflügeln. Nur wer heute Sinn in seinen Leistungen erkennt, hält morgen Steigerungen für möglich.

Prüfen Sie sich selbst: Sie glauben an Ihre Optionen für die Zukunft. Das Potentielle ist der Herzschlag der Zukunft, der uns vergewissert: Es macht Sinn, dass du da bist. Es macht Sinn, dass du mitspielst. Es lohnt sich, Kraft zu investieren.

Sinn ist die Gegenmacht zur Vergeblichkeit. Wer in der Wirtschaft glaubt, er habe damit nichts zu schaffen, verliert seine wichtigsten Verbündeten, die Mitarbeiter und Kunden.

Gegenwelten zur Vergeblichkeit, die überall lauert, das ist es, wonach die meisten Menschen mehr oder weniger offen suchen. Wenn der Zugriff auf Sinn Gegenwelten zur Vergeblichkeit öffnet, dann wäre die Sinn-Fabrik das riesengroße Versprechen, dass man durch ihre Türen diese Gegenwelt betreten kann.

Der Arbeitsplatz als eine Welt der eingelösten Versprechen – das klingt schon deshalb fremd, weil die meisten Unternehmen ihren Mitarbeitern keine Versprechungen machen – höchstens ihren Kunden, ohne zu begreifen, dass das Zweite nicht geht, wenn das Erste nicht stimmt.

Zugleich müssen wir erkennen: Die Versprechen der Mächtigen müssen sich ändern. Neben ordentlichen Alltagstugenden, wie sie in traditionellen Firmenleitbildern stehen, geht es in der unübersichtlichen Welt der virtuellen Vielfachkontakte darum, auch im Felde der Verhaltenswerte die nächste Dimension hinzuzugewinnen.

Das Verlangen der Menschen nach mehr als nur Fairness und Achtung, Gerechtigkeit und sozialer Kompetenz weist uns den Weg: Die nächste Dimension führt in die virtuelle Welt, genau wie die Arbeitstechniken, die ihren Alltag bestimmen. Lauter virtuelle Kommunikationspartner, massenhaft abstrakte Produkte, das schärft die Sensibilität für die metaphysische Komponente des Business. »Sinn« ist die entsprechende Zielgröße auf dieser neuen, höheren Ebene des Verstehens und Handelns. Wer im Reich der *Information Super-Highways* sehr abgeleitet lebt, der möchte eine Kompensation, die hochwertig – und quasi metaphysisch ausfällt: Sinn ist von dieser Qualität.

So zeigt sich überraschend, dass es auch die Formen unserer Arbeit im ICE-Zeitalter, in der *Information-*, *Communication-* und *Entertainment-*Welt sind, die den Hunger nach adäquaten Belohnungen verstärken. Das Unternehmen als Sinn-Fabrik zu deklarieren, hieße damit, unter den Ersten zu sein, die verstanden haben, dass zu neuen Formen der Leistung auch neue Formen des virtuellen *added value* gehören. Sinn ist der konsumüberwindende Mehrwert: die Ressource, die sich durch Verteilen anreichert.

VI
Retter aus Sinnverlusten

Führung ist Vertrauensmanagement

Vertrauen ist Risiko:

Wer vertraut, wird verwundbar.

Vertrauen stellt Bindung her.

Vertrauen setzt Leistungslust frei.

Vertrauen stoppt Stress.

Vertrauen reduziert Komplexität.

Vertrauen schenkt Sicherheit.

Vertrauen liefert Berechenbarkeit.

Vertrauen IST Kontrolle.

Vertrauen liefert Sinn-Gewissheit.

1 Vertrauen ist nicht alles – aber ohne Vertrauen ist alles nichts

Wer führt, muss vertrauen. – Wer führt, **braucht** Vertrauen, würden viele Führungskräfte lieber sagen. Oder: Wer führt, muss Vertrauen schaffen. Die Reihenfolge aber bleibt. Wer führt, muss vertrauen.

Dass Vertrauen im Zentrum der Führung steht, ist nur für wenige selbstverständlich. *High Trust* als Grundmelodie für die Firmenkultur, das klingt schon allgemeiner und findet herablassende Zustimmung bei vielen, die sich zugleich sagen: Amerika ist weit. Die Amerikaner sind eben auch Träumer. In Europa weht ein rauherer Wind. Dass Business als Mannschaftssport vor allem Vertrauen braucht, will den nüchternen Europäern nicht in den Kopf.

Und die Vertrauensscheu der Führungskräfte wird verständlicher, wenn wir erfahren: Vertrauen ist Risiko. Das ahnen alle. Vertrauen, als Vorleistung des Stärkeren, ist nicht nur Begleitmelodie für Leistung, sondern Leistungsquelle.

Das hieße dann: Führung muss ins Risiko gehen, um Leistungslust bei den Mitarbeitern zu wecken. Dass es sich lohnt, etwas zu leisten, kann nur in einem Klima des Vertrauens erfahren werden.

Vertrauen stellt Bindung her; auch das lockt Führungskräfte nicht unbedingt in dieses Kraftfeld. Wer Richtung zeigen, Menschen im Wandel bewegen soll, fühlt die eigene Sonderstellung oft so stark, dass er an Schutzwällen für sich selbst eher interessiert ist als an weit offenen Toren, durch die das Vertrauen hin- und herfließen kann.

Ohne Vertrauen bleiben auch die Fenster zum Sinn fest verschlossen; jeder kämpft für sich allein. Während die Mitarbeiter immer mehr Aufmerksamkeit für das eigene Wohl abzweigen, so sagen viele Management-Theoretiker heute, werden die Firmen immer rücksichtsloser im Umgang mit diesen ichbezogenen, sprungbereiten Ausbeutern im Mitarbeiterkostüm. Der Wettbewerb um Chancen scheint sich einzufressen in die Beziehungen der Menschen, die gemeinsam Erfolg suchen sollen: Führungskräfte und Mitarbeiter. Jeder belauert den andern, Misstrauen regiert. Wer dieser Entwicklung Zukunftsmacht zutraut, der hat es schwer mit dem Leistungsgenerator Vertrauen.

Und doch leben in jedem getrimmten Kämpfer auch noch diese Erinnerungen: Vertrauen heißt Geborgenheit und Ansporn zugleich. Vertrauen ist eine Lebensmacht, die wir in der Kindheit wie die Fische im Wasser als Lebenselement genossen haben – wenn nicht damals, am Anfang, schon Vertrauensquellen verschüttet wurden. Anstrengung und Erfolg, aber auch Zuflucht und Geborgenheit, Mut und Handlungsmacht, wie sie starke Teams auszeichnen, gehören plötzlich ganz selbstverständlich zusammen, wenn wir sie als Merkmale von Vertrauenskulturen begreifen. Vertrauen ist ein knappes Gut, sagen die einen. Ohne Vertrauen geht nichts, meinen andere. Nur wer sich selbst vertraut, kann anderen vertrauen, berichten die Psychologen.

Mitarbeiter und Führungskräfte berichten »vertraulich«, dass sie privat sehr wohl von der Macht des Vertrauens in ihren Beziehungen etwas wissen. Im Berufsalltag sei das aber schwieriger; man ist auf der Hut. Und von einem starken Vertrauensvorschuss durch Führung wissen nur die wenigsten zu berichten. Vertrauen, meinen sie daher auch für sich selbst, ist Risiko. Es gibt genug äußere Bedrohungen für meinen Arbeitsplatz, setzt ein Facharbeiter hinzu, warum soll ich mein Vertrauen irgendwo einsetzen, wo es nicht belohnt wird?

Vertrauen muss sich lohnen, sagt er damit. Das sagen Führungskräfte auch, um ihre abwartende Haltung gegenüber Mitarbeitern zu begründen: Vertrauen will ich nur, wenn es sich lohnt. Wie das aussehen könnte, bleibt unbestimmt. Während keiner von uns unerfahren ist in der Welt des Vertrauens, wollen wir alle nichts davon abgeben. Das Grundgefühl beschreibt ein Angestellter: Wenn ich es einmal weggebe, mein Vertrauen, wie hole ich es dann zurück, wenn es jemand missbraucht? Vor allem: Wie hole ich es rechtzeitig zurück, da ich doch der Stärkere bleiben will? Wer zuerst vertraut, macht sich schwach, folgern daraus andere. Ob sich das Risiko Vertrauen lohnt, erfährt man meist zu spät.

Die allgemeine Sparsamkeit mit Vertrauensleistungen wird immer verständlicher, wenn man solchen Debatten zuhört. Meist kommt es so weit, dass alle einander in beinahe vertrauensvoller Atmosphäre zustimmen, mit der Verschwendung von Vertrauen müsse man in einer Welt voller Krisen und Risiken wirklich sehr vorsichtig sein.

Zugleich sind alle sich einig – und zunehmend bestimmt jetzt Vertrauen das Gespräch –, dass ohne Vertrauen eigentlich nichts Wichtiges im Leben bewegt werden kann. – Im Leben eben, aber die Arbeit ist nicht das Leben.

Noch nicht. Die work-life-balance* wird ins Reich der Fabel verwiesen, wenn nicht irgendeiner in diesem einigen Gesprächsteam trotzig aufsteht und sagt, er praktiziere sie aber, und sie sei das Modell der Zukunft für alle. Gibt es diesen mutigen Querkopf in der Runde, so werden spontan einige von den bis dahin ganz ruhigen Mitspielern im Anti-Trust-Spiel sich auf seine Seite schlagen: Ja, so sehen sie ihre Zukunft auch. Ihr Vertrauen in das, was dieses Buch die *Human Economy* nennt, eine Businesswelt, die für den Menschen da ist, statt ihn zu unterwerfen, ist nicht nur ungebrochen, es erscheint unbesiegbar. Also glauben sie daran, dass Vertrauen Berge versetzen kann.

Fangen wir also an und versetzen sie. Alle Debattenpalaver, in denen um die Wette geschildert wird, wie wenig sich Vertrauen lohne – mit diesen, eben den nicht idealen Mitarbeitern; mit diesen eben höchst defizitären Führungskräften –,

---

* Siehe dazu Teil VIII, S. 281–289.

beweisen, wie stark das Thema Vertrauen die Menschen bewegt. Lange bevor sie verstehen, dass auch auf den Märkten, gleichviel wie rauh der Wind weht, Vertrauen zur unentbehrlichen Großmacht zwischen allen Mitspielern geworden ist, bewegt es sie im eigenen Alltag – mehr als die meisten zugeben. Und wer am lautesten ruft: »Kontrolle ist besser«, baut einen Gegensatz auf, den es so gar nicht gibt. Vertrauen garantiert Kontrolle, weil es Beziehungen und Handeln ordnet. Vertrauen **ist** Kontrolle.

Vertrauen fördert Leistung. Vertrauen steigert die Qualität der Prozesse und Produkte. Vertrauen ist nicht ein Zustand, ein Produkt oder eine Lieferung, zu der die Führung verpflichtet oder der Mitarbeiter angehalten wird, sondern Vertrauen ist ein Prozess. Vertrauen ist, wenn diese Behauptungen stimmen, Energie, also wirkende Kraft zwischen Führung, Kunden und Mitarbeitern. Erst wer sich selbst etwas zutraut, kann anderen vertrauen. Wer vertraut, wird belohnt, sagen vertrauensstarke Menschen. Wer misstraut, behält recht, sagen die Misstrauischen. Beide bewegen sich in einem *selffulfilling*-Zirkel: Sie vergrößern ihren Vorrat an Erfahrungen mit einem »Vorurteil«, das alles einfärbt, was sie erleben. Misstrauen »lohnt« sich nicht, so werde ich zeigen. Suchen wir aber zunächst die Beweise für die hier aufgestellten Behauptungen.

Wenn wir über Vertrauen reden, fragt niemand plötzlich: Was ist das eigentlich? Verlassen wir diesen »vertrauten« Begriff und fragen nach »sozialer Kompetenz« oder »emotionaler Kondition«, melden sich viele Fragen. Wir suchen zunächst eine Übereinkunft, um einander besser zu verstehen. Nicht so beim Vertrauen. Das Wort ist älter als die beiden andern Wortpaare, die Sache scheint jedem aus eigener Erfahrung »vertraut«. Sozial kompetent, emotional stark können wir aber nur werden, wenn der Vertrauensstrom uns trägt.

Fragen wir, was Vertrauen eigentlich ist, so wissen schon Kinder Antworten. Ein Vierjähriger sagt: »Wenn ich meinem besten Freund mein Spielzeug gebe, dann macht er das nicht kaputt.«

Vertrauen

Vertrauen bewegt uns dazu, in riskanten Situationen, deren Folgen wir nicht übersehen, den Auskünften eines anderen Menschen zu glauben.

Zuverlässigkeit und Berechenbarkeit sind die Grundpfeiler des Vertrauens.
Vertrauen stärkt das Selbstvertrauen.

Vertrauen entwickelt sich in 3 Stufen:
- Vorhersagbarkeit
- Zuverlässigkeit
- Zuversicht

Vertrauen

steigert das Leistungsvermögen der Teams.

Die ersten Erfahrungen von Kindern, ob sie es wagen können zu vertrauen, werden aber viel früher gemacht. »Vertrauen hängt von frühkindlichen Erfahrungen, vor allem von der Qualität der Mutter-Kind-Beziehung ab. Unnötige Versagungen, Drohungen und persönliche Unzuverlässigkeit verhindern Vertrauen.«* Zuverlässigkeit und Berechenbarkeit sind Grundpfeiler für Vertrauen.

Vertrauen, so finden andere Forscher, bewegt uns dazu, in riskanten Situationen, deren Fakten und Folgen wir nicht übersehen, den Auskünften eines anderen Menschen zu glauben.**

Niklas Luhmann hat schon 1973 den lapidaren Satz geliefert: Vertrauen reduziert die Komplexität menschlichen Handelns. Es erweitert zugleich die Möglichkeit des Erlebens und Handelns und verleiht Sicherheit.

Komplexität reduzieren: Das ist ein fester Imponierspruch in unseren Alltagsgesprächen über die Anforderungen in der Wissensgesellschaft. Gewusst wie: Komplexität reduzieren. – Aber wie? – Durch Vertrauen. Das ist dann doch eine überraschende Antwort.

Und weiter: Wer vertraut, macht sich verwundbar. Vor allem im Führungsprozess erkennen beide, Führende und Geführte, ihre Verwundbarkeit. Vertraue ich jemandem, auf dessen Verhalten ich keinen Einfluss habe, denkt der Mitarbeiter, dann kann es für mich selbst schlecht ausgehen.

Wo bleibt der Nutzen, so fragt er sich, wenn ich der Macht des Stärkeren im System ausgeliefert bin? – Und die Führungskraft könnte ähnliche Überlegungen anstellen: Wenn ich meinem Mitarbeiter blind vertraue, mache ich mich verwundbar. Was, wenn er mein Vertrauen missbraucht? Werde ich das rechtzeitig erkennen? Wie groß könnte der Autoritätsschaden sein, den ich daraufhin bei allen Mitarbeitern erleide? Beide Seiten beginnen zu kalkulieren – und beide kommen, wenn sie so sicherheitsorien-

---

* E. H. Erikson, 1963, zitiert nach Franz Petermann, Psychologie des Vertrauens, Göttingen 1996[3].

** H. W. Bierhoff u. E. Buck, Vertrauen u. soziale Interaktion, 1984.

tiert den eigenen Vorteil planen wollen, in ein Vertrauensdilemma.

Wir werden daran zurückdenken, wenn wir feststellen: Vertrauen baut sich über Sicherheit auf, und es spendet Sicherheit. Sicherheit und Risikobereitschaft gehören hier enger zusammen, als die meisten Menschen vermuten. Was anders ist es als vorweggenommene Sicherheit, wenn der Vierjährige sagt: Meinem Freund gebe ich mein Spielzeug. Er wird es nicht kaputtmachen. Er geht ein Risiko ein, weil er sicher ist, dass es nicht ausgenutzt wird. Wie entsteht diese Sicherheit? Können wir sie planen, gehört sie zu den Führungstechniken für die *Human Economy*?

Die Fragen kommen wieder, wenn wir ganz verstanden haben, was Vertrauen eigentlich ist.

Die Bemerkung des kleinen Jungen zeigt, wie Vertrauenserfahrung die Zukunft einer Beziehung sichert: Er zögert nicht, Abläufe vorauszudenken, von denen er sicher ist: So werden sie verlaufen.

Vertrauen stärkt unsere Prognosefähigkeit: Selbst wenn wir nicht kontrollieren können, was der Teamgefährte tun wird, gewinnen nicht Ungewissheit und Risikoangst die Oberhand, wenn wir jemandem vertrauen. Wir verlassen uns auf unsere Vertrauensgeschichte mit anderen – auch das steckt hinter dem anspruchsvollen Satz: »Vertrauen hilft, Komplexität zu reduzieren.«

Ein kostbares Gut in unübersichtlichen Zeiten, das Vertrauen. Ein knappes Gut obendrein? Auch hier ist Reden und Tun zweierlei. Viele reden von Vertrauenskulturen, wenige handeln, damit sie entstehen und blühen können. Wir werden die Spielregeln des Vertrauens finden.

Zunächst sind wir mit den Antworten immer noch nicht fertig: Was Vertrauen eigentlich sei, woran man es erkennt, wie es das Handeln verändert.

Vertrauen entwickelt sich in drei Stufen:

- Vorhersagbarkeit
- Zuverlässigkeit und
- Zuversicht

verbinden sich Schritt für Schritt zu der Gewissheit, der Vertrauenspartner werde »treu« sein; also kann man »Treue« auch selbst wagen.

Vertrauen, in diesen drei Stufen als Prozess erlebt, führt uns in die Gegenwelt zum Stress. Vertrauen bannt Stress, denn Stress ist Kontrollverlust, und die Vorhersagbarkeit gehört zu den wichtigsten Instrumenten des Stress-Managements.

Stress entsteht, wenn Menschen den Einfluss auf ihre Handlungsfelder verlieren; wenn nichts ihnen mehr berechenbar, nichts und niemand mehr zuverlässig erscheint. Ihre Zuversicht zerbricht; Angst macht sich breit, Hektik bestimmt ihre Reaktionen, ihr Schlaf-Wach-Rhythmus entgleist, und sie werden auch für andere, was jene anderen für sie sind: unberechenbar.

Vertrauen bannt Stress. Da weder die Stressforschung noch jene zum Vertrauen, soweit ich sehe, diesen wichtigen Befund verfolgt, widme ich dem Zusammenhang ein eigenes Kapitel (S. 208 ff.).

Das Kraftfeld »Vertrauen«, soweit wir es bis jetzt abgeschritten haben, lebt von Bedingungen, Leistungen und Wirkungen, die unmittelbar in den Führungsprozess hineinführen. Je gründlicher wir uns mit Vertrauen als Kommunikationsmacht beschäftigen, desto verwunderlicher erscheint es, dass große, grundsätzliche Führungsdiskurse den Vitalfaktor Vertrauen nur am Rande streifen – oft auch ganz auslassen.

Die Scheu, einen Erfolgsfaktor virtueller Qualität mit den handfesten Führungsinstrumenten zu verbinden, ist schnell erklärt.

Kein Ausbildungsweg liefert Einblicke ins Führungshandeln, die über technische Anleitungen hinausgehen. Informieren, Kooperieren, Ziele beschreiben, Karrierewege entwerfen; in einigem Abstand folgen Motivieren und, bei kühneren Debattanten, Begeistern. »Führen durch Vorbild« heißt der lapidare Spruch, der jede Debatte kurzschließt. »Vertrauen geben, um Vertrauen zu schaffen«: Da macht sich Unsicherheit breit. Die Führungskräfte ziehen den Kopf ein. Vertrauen, so fürchten sie, das bleibt nicht frei handelbar, das geht unter die Haut.

Sie alle ahnen: Vertrauen ist Risiko. Aber keiner sagt es. Man schleicht aus dem Gefahrenfeld mit Bemerkungen wie: Vertrauen sei nicht steuerbar – entweder man hat's oder man hat es nicht. Vertrauen sei ein *soft factor*, kein gefügiges Werkzeug.

Und die Mitarbeiter, so merkt schließlich einer an, haben ohnehin keine Wahl: Sie müssen der Führung vertrauen. Sie müssen folgen. Abhängige müssen vertrauen.

Alle diese Sätze sind falsch. Dass sie schlechten Stil verraten und oft von Zynikern gesprochen werden, ist das eine. Das wichtigere andere aber ist: Sie offenbaren dramatische Ahnungslosigkeit über die Bedingungen, unter denen Vertrauen entsteht – und sie beweisen, dass die Ressource Vertrauen wie eine unerforschte Insel im Meer aktionistischer Führungstechniken treibt. Während weltweit Vertrauen zum wichtigsten Kapital der Verbündeten wird, dürfte es immer schädlicher werden, wenn Unternehmen und ihre Teams weiter so nachlässig mit dieser knappen Ressource umgehen. Die Scheu vor der Macht des Vertrauens: Sie belegt auch, wie trotzig immer noch die längst fortschreitende Verschmelzung von Leben und Arbeit, von Freizeit und Business abgewehrt wird. Privat bin ich ein Virtuose der Vertrauenspflege, sagt ein munterer Hardliner. Aber im Business? Wozu? Glauben Sie, dass Mitarbeiter das wirklich wollen? Dass unsere Ergebnisse dann besser werden? Unser Kunde seine Sympathie steigert? Die Presse uns freundlicher kommentiert und besser versteht?« Atempause. »Ja, das glaube ich«, ist meine Antwort. Genauer: Ich weiß es. Und ich beweise es euch.

2 Vertrauen – Sieger über den Stress

Vertrauen ist eine Ordnungsmacht, die auch dort Übersichtlichkeit schafft, wo Risiko und Ungewissheit herrschen. Es ist die Übersichtlichkeit der Beziehungen, die durch Vertrauen geordnet und verlässlich sind. Nur so sind Ungewissheit, Unübersichtlichkeit und Risiko zu ertragen.

Vertrauen erweist sich als mächtiger Gegner für den Hauptfeind unserer Leistungsfähigkeit und unserer Ich-Stärke: den Stress.* Stress führt in die Gegenwelt des Vertrauens. Sie ist markiert mit den Signalen des Vertrauensverlustes:

- Alles wird unberechenbar, auch die Menschen und das eigene Ich.
- Isolation statt Verbundenheit wird zur Grunderfahrung.
- Die komplexe Umwelt wird erdrückend statt durchsichtig.
- Die Wahlfreiheit scheint verloren.
- Alles ist Risiko, niemand hält seine Versprechen.
- Der Täter wird zum Opfer.
- Stress ist Kontrollverlust. Und, gefährlicher noch, er tarnt sich. Stress ist ein chronischer Prozess. Er befällt die Stars, und er tarnt sich mit den begehrtesten Eigenschaften, die diese Gesellschaft hoch belohnt: Omnipräsenz, geringer Schlafbedarf, Hyperaktivität, hohes Aggressionsniveau, überdurchschnittlicher Informationsbesitz, Fitness auf allen Feldern, Tempo.

---

* Vgl. dazu: G. Höhler, Wettspiele der Macht, Düsseldorf 1994, S. 262–290

Wer in den Stress-Strudel gerät, ist aus dem Vertrauensnetz herausgefallen. Wie und wann das geschieht, das muss Führungskräfte interessieren – zumal sie selbst oft die Opfer sind, seltener ihre Mitarbeiter.

Wer exponiert lebt, ist stressgefährdet – wenn er sich die Spielregeln für Ansehen und Geltung zu eigen macht, die von den Spaßmachern der Gesellschaft geliefert werden: überall gesehen werden, nur Durchschnittliches sagen, die Multiplikation der eigenen Auftritte wichtiger nehmen als ihre Substanz. So wird aus einem Freien schnell ein Knecht. Der Takt seines Herzens bestimmt nicht mehr über die Ruhezeiten für seinen unterbeschäftigten Geist, die eigenen Ansprüche verkommen zu trickreichen Manövern auf den Märkten der Eitelkeiten. Schnell ist er überzeugt, dass niemandem zu trauen die beste Strategie sei – und schon traut er sich selbst nicht mehr. Das muss überspielt werden. Der Kraftaufwand nimmt zu, die Leere auch.

Die drei tragenden Säulen aus der Welt des Vertrauens sind längst zerborsten im Weltbild des Stresskranken:

- Vorhersagbarkeit,
- Zuverlässigkeit und
- Zuversicht gelten für ihn nicht mehr.

Wo sie gelten, werden Menschen stressimmun. Stellen wir die Merkmale des Stressprozesses denen des Vertrauensprozesses gegenüber, um den Beweis zu finden:

- Stress ist Raubbau an den eigenen Ressourcen – zwangsläufig auch an den Ressourcen anderer.
- Vertrauen ist Ressourcenmanagement – weil Vorschüsse zurückfließen und gegebene Versprechen gehalten werden müssen; sonst stirbt das Vertrauen.
- Stress ist Kontrollverlust.
- Vertrauen ist der Zugewinn an Kontrolle, weil es Verbündete schafft, mit denen Probleme kontrollierbar werden.
- Stress erzeugt Risikoscheu.
- Vertrauen ist Risiko – im Bewusstsein, dass hoher Einsatz für andere lohnendes Risiko ist.

Vertrauens-Management ist Anti-Stress-Management

Die Welt des Vertrauens:

- Vorhersagbarkeit
- Zuverlässigkeit
- Zuversicht

machen immun
gegen Stress.

Stress-Faktoren werden durch Vertrauens-Faktoren außer Kraft gesetzt.

Vertrauen

- stellt Leistungslust frei.
- reduziert Komplexität.
- schenkt Sicherheit.
- liefert Berechenbarkeit.

Vertrauens-Management ist SINN-Management.

- Stress zerstört den natürlichen Zusammenhang von Anspannung und Entspannung: zu müde, um zu arbeiten, zu angespannt, um auszuruhen.
- Vertrauen baut auf dem natürlichen Zusammenhang von Kraftverbrauch und Regeneration auf: Vertrauen beruht auf Respekt vor unseren Grenzen.

Stellen wir die beiden Mächte einander noch einmal gegenüber, um genauer zu verstehen, ob uns tatsächlich die Macht des Vertrauens vor dem getarnten Killer Stress schützen kann: Vertrauensmanagement, so die These, ist Anti-Stress-Management.

Sind Stressfaktoren durch Vertrauensfaktoren außer Kraft zu setzen?

Stressfaktoren	**Vertrauensfaktoren**
Viele Chancen, hohe Dichte von Möglichkeiten – aber keine Chance, sie wahrzunehmen.	Vertrauen hilft, realistische Chancen zu erkennen und wahrzunehmen. Vertrauen lehrt die eigenen Grenzen zu respektieren.
Enge, Gedränge – hoher Energieverzehr ohne Regeneration.	Vertrauenspartner und Selbstvertrauen helfen, das richtige Maß zu finden.
Soziale Dissonanz – Beziehungskrisen.	Vertrauen schafft soziale Harmonie. Vertrauen schützt vor Beziehungskrisen.
Niederlagen und Verluste, die ohne Ausgleich bleiben.	Vertrauen schafft Zuversicht – beste Therapie bei Verlusten.
Zwang und Unfreiheit – Raub der Identität.	Vertrauen schafft Freiheit und Achtung vor dem persönlichen Bezirk, der jedem allein gehört.

Entfaltungs-Stop.	Vertrauen fördert Entfaltung.
Überforderung – äußere und innere.	Vertrauen immunisiert gegen falsche Forderungen – äußere wie innere.
Balanceverlust – was kann ich, was soll ich, was will ich?	Vertrauen bringt Menschen ins Gleichgewicht.
Sinnverlust.	Vertrauen ist Sinnquelle.

Vertrauensmanagement, so das Fazit aus dieser Gegenüberstellung, ist Sinn-Management. Dafür finden wir auch andere, stärkere Beweise: Kinder vertrauen, lange bevor dieses Wort in ihrem Gehirn formuliert werden kann. Also ist das kein Vertrauen, mag man einwenden. Sie haben einfach keine Chance ohne uns, sie sind machtlos. Sie sind uns ausgeliefert.

Man kann es auch anders sagen: Sie sind uns »anvertraut«. Das hat einen ganz andern Klang. – Und wenn das überall gilt, auch für Führungsbeziehungen? Die Mitarbeiter sind uns anvertraut?

Wer Macht hat, braucht Vertrauen. Sonst gelingt nichts. Wer Menschen bewegen will, muss ihre Herzen bewegen. Wer Stress schafft, schreibt eine kurze, hektische Geschichte mit plötzlichem Ausgang. Wer Vertrauen schafft, bewegt sich dagegen in den Spielregeln der Menschheitsgeschichte, wo sie von Gelingen und Erfolg begleitet wird. Stress widerspricht allen Vertrauensbedürfnissen der Menschen, aber Stress ist eine Droge, die durch maßlose Versprechungen lockt, es außerhalb der Spielregeln zu versuchen. Wo Vertrauen herrscht, hat die Droge Stress keine Chance. Vertrauensmanagement ist tatsächlich: Anti-Stress-Management.

3 Eltern und Kinder – Vertrauensbündnis im Sinn-Konflikt

Alt und Jung: Das sind Gegensätze, sagen die meisten Menschen in den reichen Gesellschaften. Alt stört Jung, und Klein belastet Groß. Die Generationengemeinschaft wird als Konfliktgemeinschaft erlebt.

Die Lebensrechte der einen werden gegen die der andern ausgespielt – und wer sich nicht wehren kann, muss dem Stärkeren Lebensraum und Lebensglück abgeben. So ergeht es Kindern, so trifft es Alte.

Wenn Mütter den Sinn ihres Lebens gefährdet sehen durch Kinder, dann stimmt ihnen der Staat zu: dem Sinnkonzept der Mutter wird Raum verschafft. Und man hat leichtes Spiel, weil das Kind offenbar ohne eigene Sinn-Ansprüche unterwegs ist. Seine Lebensqualität wird eingeschränkt, damit die der Mutter wachsen kann.

Wieder das Entweder-Oder, das Du-oder-Ich. Alt oder Jung sind in diesem Konzept Interessengegensätze. So flüssig sich das begründen ließe, es verrät eine Verschiebung der Maßstäbe, und es führt an die Quelle unserer Sinnprobleme. Das Leben selbst mit seinen Ansprüchen und Erfahrungsangeboten rangiert hinter den Systemen für Erfolg und Genuss, die wir entwickelt haben. Prestige, also öffentliche Geltung, wird von diesen Systemen geliefert. »Karriere«, der Erfolgsweg im Beruf, ist der sicherste Lieferant von Prestige. Darum gilt Berufserfolg als höchstes Ziel. »Karriere« kann man als sorgsamer Vater, als liebende Mutter nicht machen. »Sinn« wird folgerichtig dort gesucht, wo die Prestigegeneratoren stehen: im Beruf. Dass Berufserfolg allein nur einige Puzzlestücke zum ersehnten Sinn liefert, wissen alle, die ihn suchen oder haben.

Dass wir nicht mehr bereit sind, Arbeit gegen Leben, Prestige gegen Sinn auszuspielen, wird in vielen Zeichen überdeutlich: Die Wellness- und Fitness-Welle zeigt nicht nur in Richtung Genussmoral, sondern sie spiegelt Suchbewegungen jenseits der oberflächlichen Spaßkonzepte. Noch deutlicher spricht die *work-life-balance*-Bewegung vom neuen Versöhnungswillen zwischen Arbeit und Leben. In welcher von beiden Sphären mehr »Sinn« steckt, das ist die Frage, die auf die richtige Spur führt: Keins ohne das andere, sagen die Menschen mit umständlichen Worten. Leben, zumal das Leben mit Kindern, wollen sie ja nicht als wertlos, sinn-los hinstellen. Wer abhängig arbeitet, hat mit der Abwertung der Berufswelt oft weniger Schwierigkeiten. Dennoch: Dabeisein möchte man, die Alternative Beruf oder Privatleben ist nicht akzeptabel, das fühlen die meisten.

Sie wollen die Balance. Auch für ihr Gewissen, so fügen Frauen hinzu. Aber wie weit ist diese Balance aus dem Zugriff des einzelnen gerückt! Die technischen Details drängen sich nach vorn – nicht nur das: Sie werden offiziell diskutiert, als seien sie das Ganze. Arbeitszeiten in Behörden oder Unternehmen werden zur Messgröße für Kinderleben – so als wären diese künstlichen Rhythmen das Lebensgesetz und das lebendige Leben von niedrigerem Rang, eben eine manipulierbare Größe. Erwachsenen-Karrieren gegen Kinder-Karrieren, das ist eine einfache Rechnung, weil das Kind in ihr als Manövriermasse erscheint.

Kinder hätten keine Karriere? Richtig, eine selbstgesteuerte haben sie nicht, aber eine verordnete. Kinder-Karrieren sind Lern-Karrieren, denn Lernen ist die Hauptbeschäftigung des Kindes. In diesem Lernpensum spielen die Übungen in sozialer Kompetenz eine besonders große Rolle. Das Kind sammelt Erfahrungen in Feldern, die Vertrauen, Liebe, Verlässlichkeit und Zuwendung heißen. Nebenbei spielt es sich ein in die Gesetze der Physik, es trainiert seinen Sinn für Ästhetik, für Klänge und Farben, für Symbole und

Zeichen. Es fühlt sich in Ritualen aufgehoben, lernt mit Angst umzugehen, erfährt Schutz – oder eben nicht. Das Kind lernt, dem Leben zu trauen – oder eben nicht. Die Forschung zu diesen grundlegenden Erfahrungen, die zum Teil in die vorbewusste Zeit des kindlichen Lebens fallen, ist so reichhaltig, dass kaum noch Fragen offenbleiben.

Die Rhythmen des erwachsenen Arbeitslebens aber bleiben von diesem Wissen unberührt. Das hat gute Gründe. Wer zur Kenntnis nimmt, was wir über die frühe Kindheit wissen könnten, wenn wir wollten, der weiß: Die staatlichen und die privaten Konzepte zur Ausschaltung kindlicher Bedürfnisse im geweihten Raum erwachsener Karriereprozesse sind nicht vertretbar. Die laufenden Programme – in denen sich ein Kompromiss an den andern reiht, die Zauberformel »Kindergartenplatz« nicht recht greifen will, der Stress aller Beteiligten zwar geleugnet, nicht aber beherrscht werden kann – kosten nicht nur Lebensqualität, sie kosten viel mehr: Sie kosten Sinn-Erlebnisse, und zwar für alle Beteiligten.

Da muss die Kompromissbereitschaft aufhören, und sie endet tatsächlich. Aber wo sind die Lösungen für Eltern, die leben, arbeiten, ihre Kinder lieben und wärmen und stark machen wollen? Die sich der Fiktion nicht mehr beugen wollen, dass Arbeitstakte einer künstlichen Welt das Maß abgeben dürften für die Lebensmelodie in den sensibelsten Phasen der Kinderzeit. Was Kinder uns nicht sagen können: Die Unberechenbarkeit ihrer liebsten Menschen kostet Sinngewissheit, weil sie das Urvertrauen beschädigt. »Unberechenbarkeit«? Bei einem wunderbar gnadenlos funktionierenden Tagesplan, der um sieben Uhr morgens zur Krippe führt und um fünf Uhr von dort nach Hause zurück? Unberechenbares Verschwinden und Wiederauftauchen von Müttern und Vätern für jedes Kind, das noch nicht drei Jahre alt ist, auch wenn die Eltern diesen Takt höchst verlässlich finden und dem Kind jeden Morgen sagen: »Bis heute nachmittag«. Unberechenbar sind sie für das Kind deshalb, weil sein Zeitgefühl solche vielstündigen Strecken noch nicht überbrücken kann. Es weiß nicht, was drei, vier oder fünf Stunden sind. Jenseits kleiner Zeitabschnitte beginnt die Unendlichkeit. Der Verlust ist jeden Morgen total, das Kind erlebt sich als machtlos, es kann durch keine Gegenwehr Einfluss nehmen. Seine Wünsche gelten nicht. Es wird sich ablenken lassen, aber das Grundgefühl von Ohnmacht und Ungewissheit bleibt. Da plötzlich taucht das bekannte Gesicht wieder auf. Wer beobachtet, wie die Kinder mit ihren Eltern die Kinderkrippe verlassen, der wird verschiedene Verhaltensmuster immer wieder sehen:

- Das gleichgültig wirkende Kind, das fast willenlos mittrottet.
- Das ärgerlich wirkende Kind, das den Abholer ohne Freude empfängt.
- Und das lachende Kind, das zärtlich Körperkontakt zu Vater oder Mutter aufnimmt.

Die Forscher schildern uns genau diese Verhaltensvarianten als »Lesehilfen« für Kindervorgeschichten. Im ersten Lebensjahr bereits werden Resignation – das gleichgültige Kind –, Groll – das immer wieder enttäuschte Kind – und stabiles Vertrauen – das lachende Kind – tief in der kindlichen Psyche verankert. Im ersten Jahr, wohlgemerkt, von dem viele Erwachsene glauben, da sei das Kind nun wirklich noch frei verplanbar, weil sein Widerstand gegen schmerzliche Erlebnisse so schwer lesbar ist. Noch ehe es denken kann, sammelt es Grunderfahrungen und richtet sich schmerzvermeidend mit diesen ein. Verdrängtes Wissen einer Gesellschaft, die sich stolz die Wissensgesellschaft nennt.*

Was in den alltäglichen Enttäuschungen geschieht, die ein Kinderleben heute bei anspruchsvoll beschäftigten Eltern begleiten, führt uns an die Initialzündungen für Sinnverluste. Wenn dann erwachsene Menschen anfangen, den Sinn für ihr Leben wieder einzufordern, können wir von hier aus die Tragweite ihrer Verlustgeschichte begreifen. Unter den jungen Erwachsenen sind heute schon mehrheitlich Kinder von *split-life*-Eltern, die den frühkindlichen Stress von ihren

* Vgl. dazu M. Dornes, Die emotionale Welt des Kindes, S. 50–74.

Eltern sozusagen geerbt haben. Sie haben gespürt, dass die Mutter zerrissen war, wenn sie abgeliefert wurden in Krippen und Horten. Sie haben die Flüchtigkeit der angestrengten Väter erfahren und sich bald für das pochende Gewissen ihrer Mütter mitverantwortlich gefühlt. Kinder aus dieser Krippenwelt entscheiden heute wie jene jungen Internet-Highflyer, die ich schildere*, und wie Tausende von ihren Altersgenossen gegen das *split life*, für die *work-life-balance*, in der die Generationen nahe beieinander sind und einander zuschauen können: So also lebt ein Kind seinen Tag, sieht der junge Vater; so also lebt der Papi, so die Mami, und sie haben mich gern dabei, spürt das Kind. Letzter Vorhang für den Industriekultur-Horror der gespaltenen Leben, wo nicht nur Leben und Arbeit, sondern auch Jung und Alt, Babys und Eltern, Kinder und Mütter und Väter an die absurde Botschaft glauben sollten, jeder käme allein am weitesten – nein, Erwachsene kämen ohne die Kleinen, die noch keine Karriere haben, am weitesten. Das klappte: Nicht einmal als Kinder, liebeshungrig und sicherheitsdurstig, durften diese Kinder Karriere machen. Wir können uns glücklich schätzen, dass ein Teil dieser Kinder sich so gründlich selbst aufgefangen hat mit dem Entschluss: So nicht weiter. So macht das Leben keinen Sinn, und die Arbeit allein kann den Durst auf Sinn nicht stillen.

Die Balancestörung hat längst auch das theoretische Interesse an unseren Lebensstilen erfasst: Ganze Bibliotheken und Berge von Seminarkonzepten liefern Anleitungen zum Team-Klima und zur Führungs-Atmosphäre – in der künstlichen Welt der Berufe, wohlgemerkt, nicht dort, wo die natürlichen »Teams« aus Menschen leben, die elementar aufeinander angewiesen sind: Eltern und Kinder zum Beispiel. Und der Balanceverlust hat die Organisation des Zusammenlebens generell infiziert: Alt und Jung werden getrennt kaserniert, und in der Mitte ist der Bär los, da wird gezockt und gedealt und gesiegt und gescheitert nach allen

---

* Siehe Teil II, S. 53

Regeln einer aus der Verankerung des Miteinander gerissenen Gesellschaft der einsamen Egos. Das einsame Ego des Kindes, das einsame Ego des alten Menschen, der auch einmal Kind war, und das einsam dominierende Ego des Karrieristen, der vergessen will, dass er einmal Kind war; der seine Kinder und seine Alten glaubte verlassen zu müssen, um diesen Egotrip störungsfrei zu halten – sie alle sind eigentlich aufeinander angewiesen, eine Sinn-Gemeinschaft, in der niemand allein zur Transzendenz des täglichen Chaos der Botschaften durchdringen kann.

Wenn wir die Sinn-Gemeinschaft der Generationen nur noch ahnen, statt ihren sicheren Boden unter den Füßen zu spüren, dann verwundert es nicht mehr, dass wir in allen abgeleiteten Beziehungen, wo Führung und Vorbild, Leistung und Lohn, Hoffnung und Erfüllung, Frage und Antwort, Vertrauen und Schutz ihre Rollen spielen, so sehr darum kämpfen müssen, dahin zurückzufinden, woher wir eigentlich kommen: zur Selbstverständlichkeit von Lebens-Sinn.

Hätten wir mehr Zeit, unseren Kindern zuzusehen, dann wüssten wir, wo und wie die ersten Kapitel Lebenssinn geschrieben werden. Der »mitgeborene Sinn« begleitet und schützt das neugeborene Baby auf eine ehrfurchtgebietende Weise. Es ist aufgehoben in den scheinbar trivialen Bedürfnis-Erfüllungs-Kreisläufen, die es symbiotisch mit der Mutter erlebt: Noch weiß es nicht, dass es ein eigenes Ich ist; die Mutter ist ein Teil seiner selbst. Wüsste das jede Mutter, so würde jede zögern, ihr Kind ohne Not zu verlassen. Wo sie es dennoch muss, ist die reiche Gesellschaft anzuklagen, die ihre Schutzlosesten allein lässt. Nicht wegen Ignoranz, die wohlweislich aufrechterhalten wird, muss sie angeklagt werden, sondern wegen ihrer Kälte und Grausamkeit gegenüber ihren Mitgliedern. Wer diese Anklage zu dramatisch findet, hilft den Missstand zu verlängern.

Der mitgeborene Sinn lehrt uns, was wir auch als Erwachsene brauchen und, wenn die Sinn-Macher sich nicht schnell vermehren, entbehren werden: Neben Nahrung und Unterkunft sind es Zuwendung und Anerkennung, Ermunterung zur Neugierde und Rückmeldung für Leistungen, die

Die SINN-Verlierer

Lauter einsame EGOs:
- das Kind
- der alte Mensch
- die Karrieremacher

Die Erfolgssysteme der SINN-entwöhnten Gesellschaft zerstören den mitgeborenen SINN.

Was wir den Kindern von ihrem mitgeborenen SINN-Konto wegbuchen,
häuft sich auf unserem Schuldkonto an.
Auch Schuld ist SINN-Verlust.

SINN-Räuber werden selbst zu Ausgeraubten.
In Wahrheit sind Kinder die Kontrollpartner für unsere faulen Kompromisse.

Jedes Kind ist ein Appell an die SINN-Verschwender:
Du musst dein Leben ändern.

wir ebenso dringend brauchen wie das neugeborene Baby, um unser Vertrauen immer wieder »nachzuladen« und die Türen zum Sinn wenigstens halb geöffnet zu halten: Optionen, von denen das Babyleben strotzt, sind auch für den erwachsenen Menschen unentbehrlich zum Fortschreiten.

Die kleinen, neuen Menschen zeigen den großen, älteren, wie einfach der Sinn-Appetit gestillt werden kann, ehe man anfängt, die eigenen Grenzen zu überschreiten. Sie zeigen aber auch, wie unentbehrlich die Hingabe des erwachsenen Menschen an den unerfahrenen kleinen ist, wie kostbar sein Schutz, wie stärkend seine verlässliche Nähe. Das Kind lehrt den Vater, die Mutter, dass sie große, starke Schutzmächte sind – was ihnen im Arbeitsleben nicht unbedingt täglich bewusst wird. Ihr Kind lässt sie spüren, was kein Freund und kein Kollege ihnen klarmachen könnte: Du bist einzigartig, und dein Platz kann bei deinem Kind durch niemanden in gleicher Qualität besetzt werden. Du bist nicht austauschbar.

Es macht einen riesengroßen Unterschied, ob du dir Mühe gibst, dieses Kind ohne Hast zu begleiten, oder ob du verhuscht und abwesend an sein Bettchen trittst, ohne deinen Blick in seine Augen eintauchen zu lassen – weil du der eigenen Zerrissenheit nicht begegnen möchtest. Das Kind nimmt alles auf, auch wenn es noch keine Urteile fällt. Was wir ihm täglich von seinem dicken Sinn-Konto wegbuchen, mit dem es geboren wurde, das häuft sich auf unserem Schuldkonto an: Sinnräuber sind bald selbst Ausgeraubte, und ihr Zorn richtet sich gegen die Spielregeln, denen sie sich willig angepasst haben.

Kinder sind die Kontrollpartner für unsere faulen Kompromisse. Sie glauben an uns, so felsenfest, dass es entweder erschreckt oder endlich aufweckt: Du musst dein Leben ändern. Jedes Kind ist dieser Appell, und unzählige Mütter und Väter fliehen jeden Tag vor diesem Zuruf: Du musst dein Leben ändern. Nicht für mich, das Kind, sondern für dich selbst. Du verlierst dich, wenn du so weitermachst. Es ist der Appell des Lebens selbst, den das Kind – nur eine kleine Weile, dann greifen die Störungen seines Urvertrauens, die wir setzen – wie ein Bote aus einer noch intakten Sinn-Welt zu seinen Erwachsenen bringt. Tragen wir sie auch deshalb jeden Morgen weg in die Krippen, weil uns dieser Anspruch zu ernst ist? Miterzieher federn ab, was wir verdrängen wollen, Ablenkungen lassen das ohnmächtige Weinen der Zweijährigen in unserm Kopf verstummen, aber in unserem Herzen nistet es weiter und schmerzt.

Tausenden Müttern geht es so, sagt sich die junge Bankerin, du musst durchhalten. Und dein Kind, muss es auch durchhalten? Aber es hat von der Natur noch gar kein psychisches oder mentales Rüstzeug, um einfach durchzuhalten. Während die Mutter die zuverlässigen Warnsignale in ihrem Gefühlshaushalt niederkämpft, fallen aus dem fragilen kindlichen Vertrauensbau hier und dort, immer mal wieder, Steine heraus. Nie wieder wird das kleine Lebewesen so lernstark sein wie jetzt; es lernt sich ein in eine Welt, die wenig Vertrauen verdient. Es geht mit dürftigem Proviant auf seine Lebensreise. Bald ist es nicht mehr enttäuschbar, und die Eltern sehen sich am Ziel: Sie haben ein »sozial sehr reifes«, psychisch hochmobiles Kind, so berichten sie Freunden. Ein Freispruch für die Karrieremacher, aber ein verhängnisvoller Irrtum, was die innere Welt des Kindes angeht.

Die Eltern haben sich selbst um Sinn-Erfahrungen gebracht, aber die Verluste des Kindes sind deutlicher größer als ihre eigenen. Das kleine weiche Gehirn hat Prägungen empfangen, die zu Defiziten in der sozialen Kompetenz des späteren Erwachsenen führen werden. Auch die Vertrauensgeschichte dieses Kinderlebens ist mit Störungen beladen*. Wir begreifen Schritt für Schritt, warum die Bemühungen um das, was wir eigentlich ins Erwachsenenleben mitbringen aus einer guten Kindergeschichte, unter erwachsenen Leuten neu – oder zum ersten Mal – beginnen. Diese Versäumnisse sind immer noch tabuisiert, weil sie eine Revolution in unserem Lebensstil provozieren würden, nicht Reformen oder Korrekturen.

---

* Siehe dazu Teil VI, S. 204.

Kinder schaufeln SINN ins Leben der Erwachsenen – mit Riesenschaufeln

- Weil sie mit uns rechnen – felsenfest.
- Weil sie sich selbst ohne uns nicht denken und fühlen können.
- Weil sie uns brauchen.
- Weil sie uns bessern.

Kinder geben SINN, weil sie ihren Lebens-SINN über lange Zeit von uns beziehen.

Was wir verweigern an Zuwendung, das zeichnet Narben in Kindergehirne:
Die Wissensgesellschaft verweigert sich ihrer Wissenschaft.

Eltern im Karriere-Rausch – Kinder im Kälteschock. Wärmeverluste werden Vertrauensverluste, werden SINN-Verluste.

SINN-Verweigerer machen **SINN-Verlierer.**

Die Sinn-Gemeinschaft von Eltern und Kindern ist im guten Falle für alle Mitspieler höchst profitabel: Kinder festigen ihr Lebensvertrauen, weil sie erfahren, dass es sich lohnt, Vertrauen nicht zu enttäuschen und selbst zu vertrauen. Sie spüren jeden Tag, dass sie geliebt werden, weil sie Personen mit unverwechselbaren Eigenschaften sind, nicht Überflieger mit guten Schulnoten.

Eltern leben in der täglichen wunderbaren Erfahrung, dass ihre Kinder ihnen mehr zutrauen als jeder von ihren Freunden – ja als sie sich selbst zutrauen. Sie erleben den Rückblick in die eigene Kindheitsgeschichte, erzählen und tasten sich zurück. Das bleibt nicht ohne Wirkung auf ihr Urteil über die eigene Berufsgeschichte: Sind die Gewichte richtig verteilt? Leben sie längst ohne Balance? Wer sich auf Kinder einlässt, kommt in ein Land der erwünschten und unerwünschten Wahrheiten. Er lernt aber auch, sich nicht mehr überflüssig zu fühlen, wie zuweilen in der Firma. Dass es »mich einfach geben muss«, wie ein erstaunter Vater sagt, »das habe ich erst von meinen Kindern gelernt. Sie verlassen sich auf mich, sie glauben jedem meiner Versprechen. Sie machen mich doch tatsächlich zu einem besseren Menschen. Selbst in der Firma prüfe ich jetzt manchen großspurigen Satz von mir am Urteil meiner Kinder – und sage mir: Lass das.«

Kinder schaufeln Sinn ins Leben der Erwachsenen, und zwar mit Riesenschaufeln. Das sind virtuelle Reichtümer, die sich da auftürmen, säckeweise erfülltes Leben wird da angeliefert – und wir lernen dabei eine Menge über das, was eigentlich Sinn macht. Kinder sind mächtige Sinn-Macher, weil sie – uns brauchen. Weil sie uns bessern. Weil sie mit uns rechnen, felsenfest. Weil sie sich selbst ohne uns nicht denken und fühlen können. Kinder geben Sinn, weil sie ihren Lebenssinn, und zwar eine ziemlich lange Lebensstrecke hindurch, von uns beziehen. Es ist ein Geben und Nehmen, das nur ganz am Rande materielle Aspekte hat – im Kern geht es um Metaphysik. Wenn diese Gesellschaft aber weiter trotzig darüber diskutiert, dass »Kinder kosten«, dann ist sie auf der Flucht vor den wahrlich tief ins Herz treffenden Entdeckungen, die wir, Kinder und Eltern, einander schenken. Erwachsene können sich aus diesem Programm, das die Natur uns auftischt, frühzeitig zurückziehen: Der Preis ist hoch. Was Eltern verweigern an Verlässlichkeit und Schutz, das zeichnet Narben in Kindergehirne. Die Wissensgesellschaft muss immer mehr Wissen ausschalten, um sich nicht ständig selbst zu überführen. Also Finger weg von der Hirnphysiologie, wo die Forscher sitzen, die uns die Narben im Hippocampus, jener hochsensiblen Hirnregion, zeigen, wo Traumata, also seelische Wunden, buchstäblich Narben zeichnen, die jede soziale Wärmeerfahrung des Heranwachsenden stören werden, weil er gelernt hat, vor seinem Enttäuschungsschmerz zu fliehen.

Eltern kennen ihre Macht nicht, weil sie sie nicht kennen wollen. Sie zu kennen, hieße Konsequenzen für das eigene Leben ziehen, solange Kinder ihren Babykopf mit ersten Erfahrungen von Vertrauen und Wärme und Stetigkeit füllen – und den mitgeborenen Sinn nicht selbst zusammenhalten können. Im Kälteschock der täglichen Verlustangst – »einmal ist immer«, heißt die tägliche Angsterfahrung eines Ein- bis Dreijährigen – wird die Sinngewissheit des kleinen Menschen gnadenlos dezimiert. Wenn uns dann die Vertrauensforschung zeigt, dass die Fähigkeit von Mitarbeitern und Führungskräften, Vertrauen zu fassen, in der Kindheit zerstört oder eben gestärkt wird, dann können die Zusammenhänge klarer nicht sein. Aber niemand will sie kennen. Die Gesellschaft umschleicht den Spiegel, in dem ihr Bild mit Tiefenschärfe sonnenklar steht, mit verständlicher, aber unvernünftiger Scheu. Selbstheilung ist der einzige Weg. Und am leichtesten ist sie über Verantwortung für die, die noch nicht zu den Sinn-Verlierern zählen: die Kinder. Sie teilen ihre Sinngewinne mit uns, denn sie glauben noch nicht an die Irrlehre vom mächtigen Ich, das alles für sich behält – um schließlich alles zu verlieren, was das Leben mit Sinn erfüllt: Vertrauen und Achtung, Wärme und Nähe, am Ende sich selbst.

VII
Die Sinn-Macher: Spielmacher in der neuen Leistungskultur

1 Die Heimkehr des *homo ludens*. Nur wer spielt, kann gewinnen

Das Unternehmen als »sichere, vertraute Spielwelt«? Kein Manager, kein Mitarbeiter redet so. Gespielt wird draußen, gezockt, gedealt, geblufft – bei den andern. Es ist eine höchst geheime Verabredung, die alle Kopfarbeiter im seriösen Business schwören lässt: Ein Spiel ist das nun wirklich nicht. Aus dem Spielalter sind wir raus. Nur die Kreativen, falls an Bord, lächeln hintergründig.

Selbst im neuen Genre des Bekenntnis-Interviews, wo der Schein als Sympathiefaktor eingesetzt wird und der Manager sein soziales Kompetenzvokabular gekonnt ausbreitet, ist von Spielen nicht die Rede. Dass das globale Business eine gigantische Spielveranstaltung sei, mit sichtbaren und verdeckten Spielfeldern, realen und virtuellen, mit Spielpartnern, die man nur zum Teil kennt, und mit Regeln, die in jedem Kontinent etwas anders klingen – mit Tricks vor allem, die den Herzschlag beschleunigen, auch wenn sie ganz legal sind – niemand gesteht es ein. Unser großes Handicap ist das Missverständnis, Spiel sei unernst und ernst sei nur das Leben – noch ernster aber die Arbeit.

Oder ist es das Unbehagen an der verspielten medialen Show-Kultur, das uns den ganz entschiedenen Abstand von der Spaßkultur diktiert, zu der wir dennoch gehören?

Nein, es ist ernster mit unserem gestörten Verhältnis zum Spiel. Schon im 20. Jahrhundert lief das große Täuschungsmanöver: Immer mehr Spiele für Erwachsene, immer mehr

Freizeitparks und immer mehr – schließlich elektronisches – »Spielzeug« für Kinder, das mit der Selbstbestimmung auch im kindlichen Spiel ziemlich gründlich aufräumte. Die Spieltheorie blühte, und das Spiel, Ursprung der Kultur, geriet in die Planwirtschaft der Pädagogen. Lernspiele überlagern seither das souveräne Spiel der Kinder. »Spielgut« lautet der Markenbefehl an Eltern, welches Spielzeug zu kaufen sei. Und *high-tech* triumphiert über »Spielgut«, zumindest bei den Eltern. »Spieltod« müsste auf diesen Spielzerstörern aufgedruckt stehen.

Die »sichere, vertraute Spielwelt«, von der die Philosophen reden*, ist Voraussetzung für die Entfaltung von Spielvergnügen. Es gibt keinen schöpferischen Prozess ohne spielerische Züge; das heißt immerhin: Innovation wird dauerhaft verhindert, wenn das spielerische Element blockiert wird.

Als Johan Huizinga, der Niederländer, sein Buch über den »Ursprung der Kultur im Spiel« schrieb, nannte er es »Homo ludens«, der spielende Mensch.

Spielen heißt Leben üben, Lösungen ausprobieren mit der Chance des neuen Versuchs. Die Spieler können gewinnen oder verlieren, aber morgen ist ein neues Spiel, das anders ausgehen kann. Das Spiel gehört zu allen Lebewesen, und es entfaltet sich in allen Lebensphasen: Als Balgen und Raufen bei Jungtieren, die ihre Geschicklichkeit und Jagdlust testen, als Eroberung der nahen Umgebung bei kleinen Kindern, die Zusammenhänge spielend begreifen und einüben.

Unter erwachsenen Tieren und Menschen sind die spielerischen Aktivitäten oft verschlüsselter. Unsere Sprache hilft uns, einige zu erkennen: Das Liebesspiel und die liturgischen Regelwerke der religiösen Praxis, die Rituale, mit denen wir die Wiederholung liebgewordener und vertrauter Abläufe sichern, sie alle bedeuten »sichere, vertraute Spielwelt« und vertreiben Angst und Unsicherheit.

Das alles habe nichts mit dem trivialen Alltag einer Abteilung in der Firma A oder B zu tun? Spiele gehören in den

---

* Vgl. dazu G. Hagedorn, Spiel. In: Sportwiss. Lexikon, 1992, S. 406.

privaten Bereich des Lebens, vielleicht zum Sport, aber am wenigsten doch wohl in die Welt der realen Anforderungen, wo Ausprobieren meist unmöglich ist und das »Spielen, um zu gewinnen« eher den Ausnahmefall darstellt, so meinen die meisten Mitarbeiter. Ist der eine oder andere Risikoliebhaber unter ihnen, so könnte die Abwehrfront aufgeweicht werden: Lösungen durchgespielt habe er schon manches Mal, einfach weil es Spaß mache, sagt da der Munterste aus dem Team. Er ist es auch, der oft Anweisungen »gegen den Strich« liest; verspielt nennen ihn die andern, und rechnen mit zunehmender Ermüdung des Kollegen durch den Arbeitsernst der andern. Sie alle wissen nicht, dass spielerische Energie das Team mit mehr Motivation versorgen könnte und den Weg zu innovativen Lösungen dramatisch verkürzen würde.

Wenn Firmen aufhören zu spielen, steht es bald schlecht um sie. Und wichtiger: Es ist Aufgabe der Führung, eine Atmosphäre zu schaffen, in der gespielt werden kann. Was heißt das aber? Und wie macht man das? – Zuerst aber: Soll man das wirklich? Bringt es Vorsprünge?

Nehmen wir den optimalen Fall an: Alle Mitglieder eines Teams hätten eine intakte, vitale Spielvergangenheit als Kinder. Was der Regelfall sein sollte, wird immer häufiger die Ausnahme. Die Scheu, mit der erwachsene Führungskräfte den Spielbegriff und das Phänomen Spiel offiziell meiden, während sie unzählige Merkmale spielerischen Verhaltens in ihrem Management-Alltag praktizieren, inkognito, mag mit Defiziten in ihrer Kindheit zusammenhängen. Dass auch die lebenslange Rivalität mit ihren Spielregeln und symbolischen Abläufen, die die Spieler intern zusammenhält und ihrem Handeln Spannung gibt – Spielausgang offen und nach dem Spiel ein neues Spiel –, offiziell nicht als Spiel erkannt wird, belegt die Befangenheit gegenüber einer Sphäre, die sich in jedem Lebensbereich Raum verschafft: Nur Krankheit und große Trauer bringen das Spiel zum Stillstand.

Die kindliche Spielvergangenheit ist für die Erfolgsgeschichte eines Menschen viel bedeutsamer, als die meisten Menschen wissen. Kindliche Spiele schulen das Denken, sie erleichtern die emotionale Verarbeitung von ermutigenden und beängstigenden Erfahrungen, und sie fördern das soziale Lernen. Die Auseinandersetzung des Kindes mit Verboten und Widerständen kann zunächst nur spielerisch ablaufen: Es kommuniziert dabei offensiv mit den mächtigen Erwachsenen, die ihm Wünsche abschlagen oder Erlaubnisse erteilen. In einer guten Bindungs-Atmosphäre, die von Vertrauen und Berechenbarkeit geprägt ist, gelingt so die Bearbeitung von Enttäuschungen und Frustrationen leicht – eben »spielerisch«, im Nachspielen, Weiterspielen und Vorspielen von simulierten Abläufen, die oft demonstrativ die Aufmerksamkeit des Erwachsenen suchen. Wer Kindern beim Spielen zusieht, erlebt eindrucksvoll die entlastende und stressabbauende Funktion von Wiederholungen. Im Spiel das Leben üben – das gelingt schon Kindern nur in einer von Vertrauen und Sicherheit bestimmten Atmosphäre. Fehlt diese Grundlage, so bleibt das Kind ablenkbar und unstet in seiner Hingabe an das Spiel. Es tarnt seine Unruhe oft durch Gleichgültigkeit und beachtet den Erwachsenen, der eigentlich sein fiktiver Spielpartner ist, scheinbar nicht mehr.

Wie folgenreich Eingriffe in die Spielwelt des Kindes sind, mag man an diesen Einzelheiten erkennen. Das spielende Kind wählt seinen Lernrhythmus in aller Regel passender als der bemühte Erwachsene, der diese Welt ja längst und nur mit partiellen Erinnerungen verlassen hat. Selbstbestimmtes Spiel ist für die Entwicklung eines sicheren sozialen Grundverhaltens wichtiger als die meisten Eltern wissen. Dass sie selbst in diesem Entwicklungs-Spiel eine bedeutende Rolle spielen, möchten viele nicht wirklich wissen.

Die vielzitierte Bemerkung von Friedrich von Schiller: »Der Mensch ist nur da ganz Mensch, wo er spielt«, klingt in diesem Zusammenhang fast warnend: Keine ganzen Menschen in den Konzern-Etagen? Kein vollständiger Mensch an der Konzernspitze? Oder rettet es sie alle, dass sie heimlich spielen?

Das spielende Unternehmen

Homo ludens – der spielende Mensch – schafft Innovation.

Wenn Firmen nicht mehr spielen, lässt die Leistungsfreude nach.

Spielen heißt, lösungsoffen arbeiten,
Leben üben,
ohne Strafandrohung neu beginnen.

Prüfen Sie die „Spielvergangenheit" Ihrer Bewerber.

Spielstarke Kinder werden faire Erwachsene:

- Spiel lehrt Achtung vor Regeln,
- Spiel lehrt Konkurrenzlust,
- Spiel belohnt Phantasie.

„Der Mensch ist nur da ganz Mensch, wo er spielt."
(Friedrich von Schiller)

Heimliche Spiele, auch das gehört in die Entwicklungsgeschichte von Kindern, sind verbotene Spiele. Das Wissen, dass sie verboten sind, macht ihren Reiz. Das gilt für Spiele auf der Schwelle zwischen Kindheit und Erwachsensein; das Spiel-Tabu in den Business-Büros muss andere Gründe haben.

Schiller meint, das Spiel sei auf die Idee der Schönheit gerichtet, also eine Brücke zwischen sinnlichen Bedürfnissen, Formwillen und »Gesetzen des Sollens«. Das Spiel, so folgert er, habe deshalb ästhetische und moralische Qualität.

Also wirklich nichts für Führungskräfte? Fest und Kultus, Wettkampf, Recht und Wissenschaft, Kunst und Dichtung mögen sich als Spielsphären anbieten, aber beliebige Abteilungen einer Firma? Bescheidene Mitarbeiter, pflichtbewusste Führungskräfte als Teilnehmer einer »Spielkultur«? »Lustig wär's ja« grinst der Originellste in der Truppe, aber die Arbeit muss auch noch getan werden, fügt ein anderer an. Alle sind überzeugt, dass Spiel und Arbeit sich ausschließen. »Erst die Arbeit, dann das Spiel«, hat man ihnen beigebracht. Das zitieren sie auch daheim ihren Kindern oft.

Verlockender wird es, wenn wir aufzählen, was die spielerische Auffassung der Alltagsaufgaben mitliefert:

Sie bannt die Angst, zu versagen, weil man nun weiß: Es gibt noch einen Versuch. (Meist gibt es ihn auch dort, wo keiner von Spielen redet. Das heißt dann »Fehlerfreundlichkeit« und klingt bedrohlich.) Huizinga nennt drei Hauptmerkmale des Spiels, die eigentlich niemand von uns in seinem Alltag missen möchte:

- Spiel ist freies Handeln.
- Spiel gehört in den Bereich des Als-ob – des Ausprobierens also.
- Spiel hat seine eigene innere Ordnung, die sich in einem klar erkennbaren, räumlich und zeitlich begrenzten Rahmen entfaltet.

Der Spielforscher Hans Scheuerl erweitert diese Liste noch und zeigt damit, dass viele von den heute entdeckten und diskutierten Befreiungsversuchen aus der Einseitigkeit der ratiogesteuerten Karrieremuster die spielerischen Elemente des Lebens und Arbeitens meinen. Scheuerls Liste der Merkmale von Spielprozessen:

- Das Spiel ist frei von Zielen und Zwecken, die von außen gesetzt werden.
- Das Spiel hat sein Ziel in sich selbst. Es besitzt »innere Unendlichkeit« und drängt deshalb auf ständige Wiederholung.
- Spiel schafft einen fiktiven Raum, in dem das Als-ob gilt.
- Spiel sorgt für Spannung: ohne Ambivalenz kein Spiel.
- Spiel ist klar nach außen abgegrenzt, um seine innere Offenheit zu schützen – es braucht »Geschlossenheit«.
- Spielprozesse laufen in der Zeit. Sie stellen eine starke Gegenwärtigkeit her.
- Die Spieler sind aus der Alltagswelt entrückt – um gestärkt in sie zurückzukehren. Sie selbst erhalten die Spannung aufrecht, die das Spiel fesselnd macht: Spiel bannt Stress.

Gelingt es im Unternehmen, spielerische Kräfte, die in den Mitarbeitern schlummern, mit hohem Prestige auszustatten: Wer spielen kann, ist für das Team noch wertvoller, dann wächst die Innovationskraft der Gruppe. Nur wer »verrückte« Lösungen durchspielen darf, kann sich durchschlagen zur innovativen Idee. Die großangelegte Rehabilitation des Spielvergnügens schafft eine entspannte Atmosphäre. »Jetzt darf ich in der Firma zeigen, wer ich wirklich bin: Meine verrückten Ideen sind erwünscht«, sagt ein Mitarbeiter mit leuchtenden Augen.

Der Chef sollte jede Woche ein kleines Meeting veranstalten, in dem »gespielt« wird. Jeder bringt die kühnste Idee der vergangenen Tage mit, und alle reagieren darauf.

Bei den sachbezogenen Treffen wird die Stimmung entsprechend gelöst sein: Alle kennen ihre Repertoire an visionären Höhenflügen; das schafft eine starke Verbundenheit.

So holt eine gute Führung Energien zurück, die im Alltag ihrer Mitarbeiter von Kindheit an zurückgedrängt wurden, weil sie Kinder der Industriekultur waren. Spontanes Spielen ist in dichtbesiedelten Wohnquartieren kaum noch möglich. Draußen fehlen die Bewegungs-Spielräume, und drinnen warten »Angebote« für die Phantasie, die eigentlich frei »spielen« möchte. Alle Großstadtkinder leben mit kanalisierter, in großen Teilen gleichgeschalteter Spielphantasie. Raumgreifende Spielwünsche können nur durch Planung und Zubringerdienste, draußen vor der Stadt – oder wieder im vorgeordneten Spielraum der Freizeitparks erfüllt werden.

Diese Vorgeschichte hat natürlich Einfluss auf die Innovationskraft der Erwachsenen – und damit auch ihrer Institutionen und Unternehmungen. Wo Originalität kein Vorteil ist, weil alle Köpfe mit den gleichen Bildern gefüllt sind, da ist wenig »Spiel«-Raum für Innovation. Teams, in denen lauter Pokémon- und Barbie-Köpfe sitzen, werden einen hochkreativen Chef brauchen, um quer zu den Bilderghettos zu denken, in denen sie stecken.

Die Wissensgesellschaft mit ihrem hohen Bedarf an organisierten »Verlustprozessen«* bereitet ihre Jugend schlecht auf die »lernenden Organisationen« vor, von denen sie so klug daherredet.

Spielen, ohne vorgenormte Anleitungen, ist die ideale Trainingsform für lösungsoffenes Arbeiten. Nur unter dem Motto des Spielerischen gelingt es uns, die Angst zu beherrschen, die lösungsoffene Prozesse den meisten Menschen einflößen. Lieber stürmen alle in die Sackgasse, als endlos offene Horizonte zu stürmen: Sicherheit und Gewissheit werden jeder Gestaltungsfreiheit vorgezogen – es sei denn, man hätte schon als Kind die eigenen Gestaltungskräfte kennengelernt und die Lust erlebt, die sich damit verbindet.

---

* Siehe dazu Teil II, S. 23–41.

Das Spiel ist auch Training im Umgang mit Macht. Der Triumph eines spielenden Kindes, das nach zehn Versuchen endlich den schwankenden Turm aus Bausteinen nicht mehr einstürzen, sondern stehen sieht, ist ein Augenblick des Machtgenusses. Das Lernpensum, das da abläuft, ist schwerlich zu simulieren.

Macht über ein Projekt erreicht man dann, so lernt das Kind, wenn alles zusammentrifft:

- Einsatz des gesamten verfügbaren Könnens
- Ausdauer
- Disziplin
- Geduld
- Konzentration auf das Ziel.

Spielstarke Kinder werden »spielstarke« Erwachsene. Mit ebendiesen Erfahrungen ausgerüstet, die sie gar nicht in Worte fassen könnten, sind sie für jedes Team ideale Motivatoren. Wer genug spielen durfte, wird lockerer in Belastungen; wenn die ganze Mannschaft sich in ein Problem verkrallt, fallen dem spielstarken Kollegen Beispiele aus der »unernsten« Spielwelt ein, und schon flammt die Wettbewerbsenergie aller Mitspieler wieder auf: »Wir schaffen das!«

Eine gute Spielkultur im Team schützt vor der kriegerischen Grundstimmung, die sich oft gegenüber dem Wettbewerber aufbaut. Vielleicht ist er morgen ein Partner: Der gemeinsame Erfolg könnte dann durch die Schlachtenbilder in den Köpfen zerstört werden.

Ein gut »eingespieltes« Team stellt sich lieber ein Match vor, bei dem

- gutes Training,
- Kenntnis der Spielregeln und
- Beachtung der Spielfeldränder sowie
- Ächtung der Spielverderber

den Sieg bringen. Jeder »Spielzug« bekommt nun jenen Geschmack von Wettbewerb, der die Moral des Teams prüft und belohnt: Keine Tricks! Wir wollen faire Partner sein.

Wo die scheinbar »leichtere« Welt des Spiels nicht mehr fühlbar ist, da verhärten sich die Fronten. Im Klima der unversöhnlichen Härte leidet das Ethos des Teams Schaden. Wer sich schlecht fühlt, nimmt sich eher die Lizenz zu Regelbrüchen. Aggressionen wuchern, wo Fairplay kein Selbst-Appell mehr ist.

Wenn die führenden Manager erst begriffen haben, wie wichtig die Spielenergie für den Erfolg ihrer Leute ist, dann werden die Firmen auch beginnen, »Spielstärke« bei ihrer Personalauswahl zu messen. Sie ist zwar ähnlich schwer zu messen wie Kreativität, aber für beide, die Spielkompetenz und die Ideenpower eines Mitarbeiters – die eng miteinander verknüpft sind –, gibt es Schlüsselfragen, die ich all jenen Führungskräften vorschlagen möchte, die heute schon anfangen wollen, spielstarke Teams zu rekrutieren.

- Was haben Sie als Kind am liebsten gespielt?
- Womit haben Sie am liebsten gespielt?
- Was schätzen Sie: Wie alt waren Sie, als Sie diese Spiele am liebsten mochten?
- Mochten Sie Wettspiele?
- Spiele, bei denen man gewinnen kann? (Achtung: interessante Antwort-Differenzen bei Frauen und Männern!)
- Haben Sie gern in einer »Mannschaft« gespielt?
- Wie war das in der Schulzeit? Haben Sie noch »gespielt« in Ihrer freien Zeit?
- Als die Schule zu Ende war: Gab es da noch »Spiele« in Ihrem Leben?
- Bei der Ausbildung: Haben Sie sich öfter an Kinderspiele erinnert?
- Wären Sie manchmal gern wieder in Ihrem Kinderzimmer?
- Können Sie noch genau beschreiben, wie es aussah?
- Kennen Sie noch die Gesichter, die Namen Ihrer Spielkameraden?

Da diese Skala neu ist, fragen Führungskräfte sofort nach den »richtigen« Antworten. Wie muss der Kandidat reagie-

Spielstarke Unternehmen sind erfolgreicher.

Spielstarke Mitarbeiter
sind gute Motivatoren.

Gute Spieler
sind lockerer
in Belastungen.

Geübte Spieler zeigen Ausdauer
Disziplin
Geduld
Konzentration auf das Ziel

Gut eingespielte Teams setzen auf
gutes Training
Kenntnis der Spielregeln
Beachtung der Spielfeldränder
Ächtung von Spielverderbern

Sie haben ein leidenschaftliches Verhältnis zum Sieg.

ren, um als »spielstark« eingeschätzt zu werden? Das Problem könnte aber schon früher anfangen, nämlich im Kopf des Fragers, der sich an diese Kategorie von Fragen nicht ohne Befangenheit heranwagt. Mein Vorschlag: Wenn er, als Personaler, eine Frau unter seinen engsten Mitarbeitern hat, sollte er sie die Fragen übernehmen lassen. Sie hat mit Sicherheit kein Problem damit. Wie aber sollen Antworten aussehen, die den Bewerber als »Spielpartner« qualifizieren?

Es ist ziemlich leicht, das zusammenfassend zu sagen. Der wichtigste Pluspunkt wird sein:

- Er/Sie hat überhaupt eine Antwort, und die ohne langes Nachdenken. Das zweite Erfolgssignal:
- Er/Sie hat lebhafte Spielerinnerungen an die Schulzeit. Und das dritte:
- Er/Sie hat nicht alle Türen zur Kinderzeit vernagelt, um Karriere zu machen. – Was immerhin heißt: In diesem Menschen leben Erinnerungen und Träume, die der Arbeit zugute kommen.

Für beide Gesprächspartner erleichtert es den Einstieg, wenn der Fragesteller anfangs sagt: »Übrigens, wir sind eine spielende Firma.« Der Bewerber lacht vielleicht jetzt unsicher. »Wir haben verspielte Teams. – Nein, ganz im Ernst: Wir halten sehr viel vom spielerischen Vermögen unserer Mitarbeiter. Wir haben die Erfahrung gemacht, dass spielstarke Leute die Firma voranbringen. Darum gibt es jetzt bei uns einen neuen Fragen-Katalog, den Sie vielleicht nicht erwarten. Ich hoffe, er macht Ihnen Spaß.«

Dass es nicht um »Spaßkultur« geht, muss ich nicht bekräftigten. Spielstarke Teams haben ein breiteres Handlungsspektrum als jene, die »nur« in der Realität festgehalten werden.

Spiel ist soziales Handeln, es erprobt und festigt die Bindungen zwischen den Spielern. Auch der Wettbewerber, der Kunde sind Spielpartner, die von dem entspannten Klima profitieren, das von den Teamplayern ausgeht.

Wer die spielerischen Aspekte in der Kommunikation aufgreift, gewinnt das Vertrauen der Geschäftspartner viel schneller als ein übermäßig exakter, eigentlich untadeliger, aber humorloser Mitarbeiter, der den Besucher durch seine Akkuratesse nur an versäumte Pflichten und verpasste Anrufe vom Tage erinnert.

Mit der Sensibilität für spielerische Züge im Business-Alltag kommt ein Hauch von Freiheit in alle Arbeitsprozesse. Plötzlich schmecken sie genauso wie das Spiel: Die Freude am Gelingen beflügelt die Crew schon weit vor dem Ziel. Vergnügen an Abläufen, die man beherrscht, das ist Spielertalent, und wir beobachten es bei allen spielstarken Menschen. Es ist ein ansteckendes Talent.

Wer nun meint, in seiner Firma gebe es nicht einmal ein paar Gramm Spielvergnügen, der wird sein Urteil sogleich revidieren, wenn ich ihn frage: Imitiert bei euch niemals jemand den Chef? Habt ihr nicht verdeckte Revier-Rituale in euren Büros, über die niemand spricht, die aber allen Spaß machen, weil alle dabei mitspielen? Wettet ihr nie, wer zuerst den Fehler im Laptop findet? Habt ihr keine Anekdoten, die zu erzählen man nur zwei oder drei Worte sagen muss, und schon lachen alle? – Ihr spielt! Bisher vielleicht nur inoffiziell; jetzt müsst ihr nur noch eurem Chef helfen, aus seiner todernsten Rolle herauszukommen. Ihr müsst dazu nicht gleich einen Spieltherapeuten zum Vortrag einladen. Aber ein kleines Meeting könntet ihr vorschlagen, in dem jeder erzählt, was er oder sie mit dem Thema »Spiel« für das eigene Leben spontan verbindet. Das sollte in entspannter Atmosphäre, abends, geschehen. Die Firma will das Spielen ja erst lernen; noch schämt sie sich.

Dem Spiel seinen ernsten Platz im Leben der Kinder und Erwachsenen wiederzugeben ist nicht ein Vorschlag für die Spaßkultur, sondern ein Schritt in die Sinnkultur.

- Spielen heißt Spannungen und Emotionen abarbeiten; es reinigt die Seele.

- Das Spiel hilft uns in der dressierten Intellekt-Kultur, überschüssige Energien loszuwerden.
- Spiel hilft Verhalten einzuüben und erlebte Konflikte zu verarbeiten.
- Wer spielt, erlebt eine höhere Stufe der Souveränität, die das Leben als Spiel zu begreifen hilft, in dem jeder Mitspieler und Gestalter ist.
- Spiel hilft die eigenen Grenzen immer wieder zu überschreiten. Es stärkt das Selbstvertrauen.
- Spiel ist Wettbewerb, auch wenn allein gespielt wird. Entweder man misst sich an anderen oder an der eigenen Leistung von gestern.
- Spiel lehrt, dass es immer einen neuen Anfang gibt: Kein Spiel ist das letzte, solange der Mensch lebt.
- Das Spiel erlaubt Lösungsversuche, die das Leben – noch – nicht zulässt: ohne spielerische Erprobung keine Innovation!

Wer spielt, der weiß, dass die Wirklichkeit nur ein Zeichen von Zusammenhängen ist, die wir nur unvollkommen verstehen. Nicht einmal das Spielfeld verstehen wir; die Regeln, nach denen wir uns organisieren, werden im Takt unserer Wissensgewinne und -verluste geändert. Das Spiel, das für den Kultus aller Religionen eine so große Bedeutung hat, macht die Unruhe über das Woher und Wohin für die geweihte Zeitlosigkeit, in der die Spielregel gilt, überflüssig. Spiel entlastet uns von allem, was wir nicht verstehen. Und es sichert uns immer zu: Du kannst neu beginnen.

2 Sinn-Management ist Leistungs-Management

Diesmal ist es mehr als das Ausschlagen des Pendels nach der andern Seite: Der Wind dreht. Die Hängematten bleiben leer, Leistung steht plötzlich hoch im Kurs. Es sind dieselben Leute, die Chancen zur Leistung wünschen und auf der neuen Balance von Leben und Arbeit bestehen. Auch darum kommt Unternehmertum als Ziel ganz oben auf die Agenda der aktiven jungen Leute: Sie wissen, dass hier zuerst neue Arbeits- und Lebensstile verbunden werden können, anders als in den Großorganisationen, wo zehn Jahre zu kurz sind für einen einzigen kleinen Reformschritt. Ihr eigenes Leben, das sagen die jugendlichen Leistungsanwärter, soll in zehn Jahren viel erfolgreicher sein, als es in den knirschenden Hierarchien der Konzerne möglich wäre.

Marktwirtschaft ist gut, sagt die Mehrheit der Deutschen in Umfragen des Jahres 2001.

Selbständigkeit und Unternehmertum sind lohnende Ziele. Sozialmissbrauch ist verwerflich, sagen die meisten.

Hören wir zugleich die Guru-Formeln vom *»war for talents«* dem Krieg um die Talente, vom zunehmenden Opportunismus der Mitarbeiter und dem kurzerhand und unzutreffend als »Darwinismus« beschriebenen Verdrängungskampf mit *»survival of the fittest«*, dem Überleben des Stärksten, dann klafft hier ein beachtlicher Widerspruch. Es wäre nicht das erste Mal, dass die Menschen ihren Stichwortgebern kein einziges schickes Bonmot zu ihrer Lage abnehmen – weil sie ihre Stimmung und ihre Absichten ganz anders erleben – und von den Gurus zu selten gefragt werden.

Zwei Szenarien stehen einander gegenüber – das eine wurde in den Labors der Hochschulwissenschaft geboren, das andere stammt aus der Alltags-Kompetenz der Menschen im Markt.

Der Guru illustriert per Power-Point, wie sie einander jagen, die illoyalen Mitarbeiter mit der gesuchten Qualifikation und die treulosen Arbeitgeber: Dschungel voller Raubtiere; von den stolzen Prinzipien der Marktwirtschaft – Solidarität, Gerechtigkeit und Subsidiarität – keine Spur.

Die martialischen Szenarien haben Konjunktur – unter frustrierten Managern aus dem ohnmächtigen Mittelfeld der Firmen zumindest.

Der Dreiklang

- opportunistische Mitarbeiter
- darwinistische Unternehmenswettläufe und
- Business ist Krieg, nur der Brutalste überlebt

findet in Seminaren mit trostbedürftigen Führungskräften, denen jeder Spielraum entzogen wurde, lebhaften Anklang.

Wer zugleich die Stimmen der verfügbaren und handlungsdurstigen Menschen im deutschen Markt hört, der glaubt, in eine andere Gesellschaft zu schauen. 51 Prozent der Deutschen sagen: Marktwirtschaft ist ein gutes System. Die Zustimmung ist rasant gewachsen: 1996 fanden 37 Prozent der Bürger die soziale Marktwirtschaft akzeptabel. Als Allensbach 2001 obendrein nach »spontaner Zustimmung« zur sozialen Marktwirtschaft fragte, sagten erstaunliche 75 Prozent der Bundesbürger unumwunden Ja. 79 von 100 Menschen in diesem Land entscheiden heute für dieses System – und fünf votieren für Planwirtschaft.

Im letzten Jahrzehnt des 20. Jahrhunderts ging eine Woge der Empörung über den »Terror des Kapitalismus« durch die Texte der Gurus und Trend-Analytiker. In der Wirklichkeit bereitete sich ganz anderes vor: Die Vorliebe für ein selbstgesteuertes Leben, die Freude an Risiko und Abenteuer trieb die Pioniere des Internet-Zeitalters zu Höchstleistungen. Sie kommen ohne Führungskräfte aus, weil sie die Führung selbst übernehmen, sie machen keine Firmenleitung für ihre Flops verantwortlich, weil sie selbst an der Spitze stehen – mutige, leistungsbereite Vorläufer eines neuen Stils für Leben und Arbeit. Gut zu wissen, dass ihre Selbstversuche von einer Welle der Zustimmung zu Einsatz und Leistung getragen werden; das lässt immerhin erwarten, dass der Trend sich verstärken wird:

- Leistung als lustvoller Einsatz aller Kräfte
- Überwindung der lebensfeindlichen Isolation von Arbeit einerseits und Leben andererseits
- Integration von »privaten« Elementen in den Arbeitsalltag
- Enge Verbindung von Arbeit und Konsumgenüssen
- Physisches Training als Ergänzung der mentalen Fitness
- Risikobereitschaft statt Sicherheitsdenken
- Nahziele und Fernziele gestaffelt; vor allem: in eigener Regie gesetzt.

Oder ist das doch wieder das Riesen-Ego, das sich da zwischen Fitness-Studio und Kinderecke im Büro eigensinnig entfaltet, Feinschmecker und Fighter, *high-risk*-Surfer und vergnügter Milchkaffeetrinker, Träumer und erbarmungslos exakter Planer, dessen Sachkompetenz die Partner aus der alten Welt – zu seinem Vorteil – regelmäßig unterschätzen?

So vielseitig darf man gar nicht sein, wenn man Erfolg haben will, sagt ein demütig-gedrillter Direktor einer Großbank, dem gerade dies widerfahren ist: Er hat den Newcomer unterschätzt, mit dessen Agentur sein Haus zusammenarbeiten wird. Hin- und hergerissen zwischen Eifersucht und Minderwertigkeitsgefühl, versucht er das schillernde Bild des neuen Leistungsträgers einzutrüben. Tröstlich für ihn: Dort, wo er beruflich zu Hause ist, gibt es viele von seiner Sorte, noch ist die Zeit der Schmalspur-Talente nicht zuende.

Ist es nun das neu getarnte Riesen-Ego, das in den jungen Firmen dem kompletten Mischkonzept von Arbeit und

Leben folgt? – Es ist, auch wenn das den vielen, die im Tross der Langsamen unterwegs sind, nicht passt, genau der Zieltypus aus mehreren Jahrzehnten Vorbereitungszeit. So schlüssig und so pünktlich ist sein Auftritt, dass wir mit Genugtuung und Freude wahrnehmen: Ziel erreicht. Immerhin hat es wieder einmal eine volle Generation gedauert, bis die Evolution der Arbeits- und Lebensprofile an dieses erste Teilziel gelangte. Ein befriedigter Blick zurück: In den siebziger Jahren preschten die ersten Verfechter der »Leistungslust« nach vorn. Die achtziger Jahre brachten endlose und vom Wohlstand begünstigte Debatten über »soft factors«, Unternehmenskultur und die neue Weltmacht Kommunikation. »Weicher« wurde der Management-Stil dadurch nicht, aber die Begegnung mit vernachlässigten Ressourcen war damit vorbereitet. Die neunziger Jahre brachten dann den globalen Siegeszug der »Emotionalen Intelligenz«. Die offizielle Vorherrschaft der logisch schlussfolgernden Ratio als Karriere-Motor war von nun an gebrochen. Dass die »Wissensgesellschaft« mit gemischten Energien erfolgreicher sein wird als mit den »nur« intelligenten Leistungen ihrer *High-Tech*-Werkzeuge, wird immer deutlicher.

Seit wir dieses Kapitel der neuen Balance – Intelligenz braucht den Beistand der Emotionen und Emotionen müssen intelligent bearbeitet werden* – zu verstehen beginnen, drängen sich Fragen einer neuen Qualität auf: Die Wissensgesellschaft sucht nach Gewissheiten. Einzelne Gruppen tasten sich heran an die Konsequenzen der jüngsten Lern-Jahrzehnte. Wenn wir von gemischter Energie leben, dann sollten wir unser Leben nicht mehr aufspalten zwischen den Leistungen, die einander ergänzen sollen. Dann gleich in der richtigen Mischung leben.

Das ist es, was die jungen Leistungspioniere begonnen haben. Sie sind ihren Vorgängern voraus, denn sie wissen:

* Vgl. G: Höhler, Herzschlag der Sieger.

- Nur Aktivität schenkt Ich-Stärke.
- Nur Selbermachen bringt die zugehörigen Spielräume.
- Ohne Risiko wachsen keine neuen Kräfte.
- Körper und Geist arbeiten einander zu.
- Ein Tölpel, wer seine Gefühle missachtet.
- Ein Dummkopf, wer seine Freunde vernachlässigt.
- Ein Irrläufer, wer glaubt, Höchstleistung ließe sich abkoppeln von der Sehnsucht nach Sinn.

Die Pioniere der virtuellen Welt haben eine gute Mischung von materiellen und immateriellen Leistungszielen in ihren kreativen Planskizzen. »Klar muss es mir gutgehen, wenn ich vorn dabei sein will«, das sagt jeder von ihnen mit seinen eigenen Worten. »Die Kraft, die in die Firma geht, ist meine, unsere Kraft. Also müssen wir sie immer wieder regenerieren. Uns muss es gutgehen, damit es der Firma gutgeht.« Einfache Gleichungen, bestürzend einfach. »Wenn ich während der Arbeit meine Freunde nicht um mich hätte, ginge es mir schlechter. Schädlich für die Firma. Könnte ich mein Kind nicht sehen, meine Freundin oder Frau, dann müsste ich dauernd auf die Uhr schauen: *split life*. Ein Abgrund zwischen Zuhause und Büro: Das ist nichts für mich.«

Sie werden getragen von einer steigenden Leistungsbejahung, die kühnen *Risktaker* auf den exponierten Plätzen. Sie spüren, dass sie gut im Wind liegen, und sie dramatisieren Niederlagen nicht: »Wer unter den Ersten sein will, muss Geröll wegräumen und Wege freischaufeln«, das wissen sie.

Auch die Mehrheit der weniger mutigen Deutschen hält Schlagworte wie Ellbogengesellschaft, Egoismus und soziale Kälte nicht mehr für passend, wenn das Klima der Bundesrepublik beschrieben werden soll. Eine neue Dreiergruppe von Begriffen hält nun die Spitzenpositionen, wenn die Demoskopen nach den Vorzügen und Nachteilen der Marktwirtschaft fragen.

Die Gegenüberstellung der Auskünfte aus den neunziger Jahren und aus dem ersten Jahr des neuen Jahrhunderts

Die Pioniere der Human Economy

verbinden Leistung und Genuss.

Sie wissen:
- Ich-Stärke wächst durch Aktivität.
- Spielräume wachsen durch Selbertun.
- Sicherheit wächst durch Risikobereitschaft.
- Körper und Geist arbeiten einander zu.
- Ein Narr, wer seine Freunde vernachlässigt.
- Höchstleistung öffnet die Türen zum SINN.

Das Leistungsklima hellt sich auf.
Wer mehr leistet, soll mehr verdienen,
sagen die meisten Deutschen.
Die Bürger sind weiter als ihre Politiker.

markiert nicht nur Veränderungen, sondern einen Umsturz in den Urteilen der Bürger über ihre Lebenswelt in der Marktwirtschaft. In weniger als einem Jahrzehnt haben sich die Bürger dieser Republik von Nörglern, denen man Spaß-Versessenheit nachsagte, zu Schrittmachern der Leistungskultur gewandelt – zumindest in ihren Worten, demnächst vielleicht auch in ihren Taten. Marktwirtschaft, stellen sie zufrieden bei der Allensbach-Befragung fest, heißt zunächst

- Warenvielfalt,
- Leistung und
- Wohlstand.

Der Wandel in der Wahrnehmung – und in der Realität? – ist verblüffend, wenn man die beiden Antwortgruppen aus den neunziger Jahren und von 2001 nebeneinanderstellt:

Neunziger Jahre	**2001**
• soziale Kälte	• soziale Sicherheit (62 %)
• Ellbogengesellschaft	• Gerechtigkeit (46 %)
• Egoismus	• Menschlichkeit (44 %)

Nicht das Gesamtklima hat sich so rasch verändert, sondern der Blickwinkel der Menschen, ihre Gesamtstimmung hat sich gewandelt.

Mit ihrer neuen Hochschätzung der Marktwirtschaft sind die Bürger weiter als ihr Staat. Und tatsächlich gilt ihm ihr größtes Misstrauen. Statt seine Bewegungsspielräume auszuschöpfen und das Misstrauen der Menschen gegen Bürokratie, Sozialmissbrauch und Überregulierung in Taten umzusetzen, duckt sich das *Big Government* vor den Forderungen der Verspäteten – statt von den Pionieren zu lernen.

Mit der Leistungsbejahung verbinden sich nüchterne Vorstellungen von Leistungsgerechtigkeit: Wer mehr leistet, soll mehr verdienen, sagt eine deutliche Mehrheit von 77 Prozent. Ungleiche Leistung soll also keineswegs gleichmacherisch entgolten werden. Diese Mehrheit war jahrzehntelang nicht zu haben in Deutschland.

Die lange Wirkungsgeschichte der linken Theorie scheint damit zumindest auf diesem Feld an ein Ende gekommen. Während der Ruf »Leistung muss sich wieder lohnen« noch in den neunziger Jahren ins Leere ging, sagen heute die meisten Deutschen, eben 77 Prozent: Natürlich muss Leistung sich lohnen.

Ein neuer Realismus hätte damit eine Chance. Das Ende der Dämonisierung ist damit aber nicht gekommen. Sie sucht sich bereits neue Gegenstände: das Großkapital, die Globalisierung. Unter den Bürgern aber scheinen die unversöhnlichen Konfrontationen im Schwinden begriffen. Die Politiker streiten weiter, weil sie das Profil ihrer Parteien nur im Streit zu modellieren gelernt haben. Das Interesse der Bürger hält sich in Grenzen.

Wo ist der Manager dieser Veränderungen? Sie vollziehen sich ja nur scheinbar spontan, und ihre komplexen Voraussetzungen gäben den Stoff für ganze Forschungsprojekte. Einzelne Gruppen liefern, wie ich beschrieben habe, die neue Einstellung zur Leistung in Reinkultur. Die große Mehrheit der Menschen lebt zwar nicht wie diese Pioniere einer neuen Leistungskultur, sie stimmt ihnen aber zu; sie steht, sozusagen, auf ihrer Seite. Sie applaudiert. Als schicke die Gesellschaft Kundschafter ins neue Gelände, so erscheint dieses Bild, das die Leidenschaft der ersten Akteure neben der Zustimmungsbereitschaft des breiten Publikums zeigt. Natürlich gibt es da keinen allmächtigen Manager, der Leistung rehabilitiert und die Mutigen in ein neues Rennen schickt, während die andern zuschauen dürfen – um morgen dabei zu sein.

Sättigung und Überdruss spielen ihre Rolle, wenn Menschen relativ plötzlich das Koordinatensystem wechseln. Haben sie selbst jemals das Etikett »Spaßkultur« erworben und auf ihre Stirn geklebt? Wer eigentlich hat es ihnen verpasst? Das soll dieselbe Zeit gewesen sein, in der sie mehrheitlich von »sozialer Kälte« gesprochen haben? Der Amüsierbetrieb läuft schleppend, wenn es sozial kalt ist. Egoismus, das war immer eine Beschuldigung der andern; und mit »Ellbogen« hat sich niemand selber Raum verschafft; nur die andern waren es.

Vielleicht war der Überdruss an solchen misslaunigen Spielen, bei denen es nur Verlierer gab, der Manager des Stimmungsumbruchs. »Spaß« ist bei solchen Spielen nicht zu holen.

Die neue, relativ entspannt vorgetragene Leistungsfreundlichkeit der Deutschen gehört in das eben aufgeschlagene Kapitel von den wiedergefundenen Balancen. Wer nicht nur die eigene, sondern auch fremde Leistungen nicht einfach konsumiert, sondern gerecht entlohnt sehen will, nimmt ungewollt auch ethisch Stellung.

Wer Leistungsgerechtigkeit will, für sich und für andere, plädiert für Gleichgewicht. Bei Aristoteles (384–322 v. Chr.) steht unter den Merkmalen der Kardinaltugend Gerechtigkeit das schöne Wort, Gerechtigkeit bedeute, »jedem das Seine« zu geben, *»suum cuique«*. Zocker und Raffer haben für solche Lebensprinzipien keinen Sinn. Bürger, die für Ergebnisgerechtigkeit plädieren, sind weit entfernt von dem Bild, das die Politiker von ihnen haben.

Der Bürger als Sieger über traditionelle Kurzschlüsse der Sozialpolitik? Zumindest hat er mehr vom Ziel der gemeinsamen Reise verstanden als ein verwöhntes Kind. Während niemand mehr vom »mündigen Bürger« redet, tritt er ganz ruhig aus der Kulisse und zeigt ein bereinigtes Wertespektrum vor, mit dem sich gut regieren ließe – wenn seine Regenten schon angekommen wären, wo der Bürger lebt.

Wer Leistungsgerechtigkeit will, der wird auch *work-life-balance* als ein Thema der Gerechtigkeit erkennen. Er wird seine privaten Chancen für ein vielseitiges und heiles Leben zäh verfolgen. Er wird seinen Kindern dieselben, nicht geringere Chancen einräumen wollen, ein Leben zu führen, das zu ihrer mentalen und psychischen Reife passt. Er/Sie wird nie mehr in Gegensätzen denken, wenn es um Kinder und Karriere geht. Er/Sie wird überall neben technische Merkmale der Lebenssysteme sein/ihr Sinnkonzept halten und die Leistung dieser kaltblütigen Bürokratien als »ungerecht« in diesem anspruchsvollen Sinne beurteilen.

Nur wenn wir lernen, so grundsätzlich hinzuschauen, und zwar im Detail und im Alltag, wird sich die grundsätzliche Sicht der Dinge und Umstände, vor allem aber der großen und kleinen Menschen, vor die Imponierpose der künstlichen Systeme schieben. Wir werden die Leistungsfeinde in unserem Gemeinwesen identifizieren, die fiktiven und willkürlichen Zwänge entlarven. Und wir werden, was wir da sehen, unter dem Motto »Leistungsblockaden« zum Thema der Systemverwalter machen. Wir werden es nicht nur tun, wir tun es jetzt. Wenn die Lobby der leistungsfreudigen Menschen immer größer wird, hat das Auswirkungen auf die Systeme, die ihnen die Freude an Leistung nehmen – zum Beispiel indem die Leistungsfreude des einen – der ein Vater oder eine Mutter ist – durch die Leistungsblockade des andern – der ein Kind ist – erkauft wird. Wer einmal entschieden hat, wie die Mehrheit der Deutschen: Gerechtigkeit ist gut, Leistung ist gut, gerechter Lohn für Leistung ist wichtig, der muss sich auch verpflichten lassen, für diesen Sieg der kollektiven Vernunft nach Jahrzehnten der illusionären Konzepte einzustehen. Und dies im eigenen Interesse, das hier das Interesse aller ist: Weil Ideologien Sinnvernichter sind, müssen wir den Ausbruch aus der Ideologie der Leistungsverschleierung feiern. Die Türen zum Sinn sind aufgestoßen. Ideologien sind Gegner des menschengerechten Lebens. Sinn können wir nur finden und festhalten, wenn wir leistungsgerecht und menschengerecht leben dürfen.

3 Leistungskulturen sportlich managen

Der sportliche Manager – eigentlich kein Idealtypus in deutschen Unternehmen. Immer mehr Manager treiben Sport, hört man andererseits. Aber die meisten reden nur »geschützt« darüber, unter Gleichgestellten. Sie fürchten das Ressentiment, die Missverständnisse: »Schau an, der Topmann hat Zeit für Sport, also arbeitet er gar nicht genug, um sein hohes Einkommen zu rechtfertigen.«

Der vernünftige Kommentar würde ganz anders lauten: Wie gut, dass wir immer mehr Spitzenmanager haben, die Sport treiben; denn die Trainings- und Leistungskultur, die dort gilt, überträgt sich auf den Führungsstil und begeistert Mitarbeiter. *Brainpower*, so glauben die meisten Deutschen immer noch, sei die Gegenwelt zum »vordergründigen« Leistungshandeln im Sport. Kopfarbeiter, so meinen die meisten Menschen bei uns – nicht in Großbritannien, nicht in den USA –, sind mental aktiv und körperlich ruhiggestellt; das eine gilt als Voraussetzung für das andere. Abwägen, urteilen, entscheiden, das geht nur, wenn die Muskeln dem Gehirn den Vortritt lassen.

Entweder – oder, da ist sie wieder, die vertraute Welt des Ja oder Nein, Schwarz oder Weiß, Falsch oder Richtig, die wir eigentlich seit einem Jahrzehnt endgültig verlassen haben. Kopf oder Hand, heißt es in dieser alten Welt, wenn über die Arbeit gesprochen wird. Handwerk oder Kopfwerk, Büro oder Aschenbahn, das sind Gegensätze, mit deren Zusammenspiel man sich nur auf eigene Faust befassen kann; offiziell ist es nicht vorgesehen. Das sind zwei Welten, sagen die Kollegen seufzend; wenn du wirklich nach oben willst, bringst du das nicht zusammen. Allenfalls Golf ist zulässig, weil es das *Networking* des Firmenalltags zu vertiefen hilft.

Noch gibt es die Stellenanzeigen nicht, in denen steht: sportlich aktiver Manager für Siemens, für Deutsche Bank, DaimlerChrysler gesucht – nicht als Trainer für die sportlich aktiven Mitarbeiter, sondern für jede beliebige Abteilung: Wir hätten gern sportliche Manager. Längst haben einige Unternehmen Kontakt zu Hochleistungssportlern, Extremkletterern oder Marathonläufern, die sie gelegentlich anstaunen und ausfragen: Was ist es, das sie treibt? Wie entstehen Spitzenleistungen? Was geschieht im Kopf, wenn diese Entschlossenheit sich aufbaut, das nie Gewagte zu probieren – und dabei sich selbst in eine Zerreißprobe zu zwingen?

Kopfschüttelnd und fasziniert lauschen die Manager als Gäste von Ausnahmebiographien. Extremsportler kann man dann auch gelassen wieder ziehenlassen, weil sie für den Alltag eben doch kein Rezept liefern. Deshalb werden so oft die *Highflyer* eingeladen, denen man ohnehin nicht nacheifern kann: So bleibt das Spaltungsdenken intakt – entweder Everest oder Vorstandsvorsitz –, und tätiger Lernerfolg aus diesen Begegnungen ist nicht zu fordern.

Sportlich managen – niemand in Deutschland empfiehlt sich mit dieser Fähigkeit. Das Echo wäre wohl auch eher verhalten. »Sportlich« möchten wir die Verlierer sehen, auch im Business, wenn sie schwer getroffen taumeln und das Gewissen der Jäger schlägt. Niederlagen, deren Vorgeschichte eben nicht von sportlicher Fairness geprägt ist, können auch für den Verlierer nicht »sportlich« fair aussehen. Der Sport wäre ein sehr guter Lehrmeister für Führungskräfte, und die Engländer praktizieren mit ihrer Standardfrage nach sportlichen Schülerkarrieren bei jungen Bewerbern nicht nur ein Traditionsschema, sondern sie nehmen den Einfluss ernst, den sportliche Erziehung auf das Leistungsverhalten hat.

Sportliche Nationen sind erfolgreicher, weil sie ihre Leistungsanreize näher an den Erfahrungen entwickeln, die der Sport bietet. Dass mentale Fitness keine Errungenschaft der *brainpower*-Welt ist, sondern für jede Art von Leistung entscheidend, das lässt sich am besten erfahren im sportlichen Wettkampf. Die ersten Plätze gehen an die Sportler, die

- intellektuell (Sachkompetenz)
- emotional (Motivation)
- physisch (Training, Konsumverhalten/Lebensstil) und
- psychisch (seelische Kondition)

optimal präpariert sind. – So wünsche ich mir meine Leute auch, denkt der Abteilungsleiter – und mich selbst, ergänzt er betroffen.

Die Gesetze sportlicher Fitness lassen sich beweisen und erfahren. In den Büro-Etagen mühen sich Führungskräfte um glaubwürdige Erklärungen, wenn sie den Zusammenhang von Leistung und Hochgefühl klarmachen wollen. Fehlt ihnen die Autorität, das Vertrauen der Mitarbeiter und die persönliche Glaubwürdigkeit, dann können sie viel und lange reden – die Beispiele fehlen. Hat der Abteilungschef aber eigene sportliche Erfahrungen, dann wird ihm selbst in dieser abgeleiteten Welt zwischen Stein und Stahl und Glas die verlockende Vision einer lustvollen Verabredung zur Höchstleistung gelingen – weil er versprechen und zeigen kann, dass jeder dabei profitiert.

Auch wenn der nächste Sportplatz weit ist, wird der sportlich geprägte Manager sich zutrauen, zunächst einmal seinen Leuten nur diese Geschichte zu erzählen, die von der Magie des Sports handelt – und von dessen Schlüsselrolle für Leistungslust, um die viele Führungskräfte in den Firmen bis heute vergeblich kämpfen – für sich und für ihre Mitarbeiter.

Die Geschichte, die der sportliche Manager erzählen soll: Sport nimmt die Freiwilligkeit des kindlichen Spiels mit in die erwachsene Welt. Sport ist die Freude an der Selbststeigerung, die niemand uns aufzwingt. Die Lust an der Selbsterprobung wurde wichtiger, als Kopf und Herz in jene historische Etappe der Entfremdung gingen, die wir Informationszeitalter nennen. Der Hochofen der virtuellen Welt ist der Computer: Hier wird virtuelles Material hinein- und herausgeschaufelt, hier wird eingeschmolzen, umgeschmolzen und geformt, was aus den weltweit vernetzten Informationsströmen in die Firma fließt. Hier wird, wenn wir erfolgreich sind, Information in Wissen umgeschmolzen.

In dieser hochabstrakten Welt wird auch Leistung etwas sehr Abgeleitetes. Überall ruhende Menschen, so würde der Hochofenarbeiter aus der Industriekultur beim Durchstreifen einer Firmenzentrale sagen, ruhende Menschen, die scheinbar nichts tun. Sie sitzen an Geräten, deren Gestalt kastenförmig und nichtssagend ist, bis auf ein flimmerndes Carrée, das sie mit kaum wahrnehmbarem Hin und Herschieben ihrer Hand auf dem Tisch in Bewegung halten. Eine stille Welt, nur Surren und Ticken erfüllt sie. Die Welt der Kopfarbeiter. Die hochqualifizierte *brainpower*-Mannschaft des Direktors A oder B sitzt hier. Wenig äußere Bewegung scheint das Erfolgsgesetz zu sein; wenn hier Begeisterung herrscht, wie sie eine Handballmannschaft beflügelt, dann muss sie ganz tief innen gefangen sitzen, denkt der Hochofenarbeiter; jedenfalls sieht man nichts davon.

Seit unsere Leistung in die Werkzeuge gewandert ist, sind wir alle Führungskräfte: Wir geben Befehle an unsere *high-tech*-Zuarbeiter, und sie liefern. Die körperliche Höchstleistung wandert gleichzeitig in den freiwilligen Raum – was für viele an der Spitze der Kopfarbeiter-Truppe heißt: Sie verschwindet ganz. Mit ihr verschwindet der Zugang zu unmittelbaren Belohnungen, zu starken Hochgefühlen, zu Grenzerfahrungen und Leistungsglück.

Körperliche Höchstleistung heißt heute Sport. Ein beispielloser Boom des Sports begleitet die Geburt der virtuellen Welt. Nicht eigentlich, weil die Bewegungslust an den Computer-Arbeitsplätzen leerläuft, sondern weil die konkrete Körper-Erfahrung fehlt: Die Bodybuilding-Studios mit ihren Maschinenparks ahmen die Leistungswelt der Schwerarbeiter aus der Industriekultur nach. Jetzt sind es Schwerarbeiter in eigener Sache, die hier ein Produkt herstellen, das nur ihnen selbst gehört: Muskelmasse. Ein Produkt, das ihr Vorgesetzter im Kopfarbeiterpool ihnen nicht streitig machen wird. Aber sie holen hier auch anderes, was die Firma, wenn sie es verstanden hätte, dankbar für ihre Arbeitsprozesse verwerten würde:

- Arbeitsdisziplin
- Selbstkontrolle
- Training der Herz-Kreislauf-Funktionen
- Selbstbewusstsein

Der sportlich geprägte Mitarbeiter wäre im Team eine hochattraktive Figur, wenn der führende Manager diese Schulung von Willen und physischer Kondition als Qualifikationsmerkmal statt als Privatvergnügen des Mitarbeiters begriffe.

Bodybuilding ist nicht die Königsdisziplin des Sports, aber jeder Manager mit Führungsverantwortung, der Bodybuilder in seinem Team hat, sollte darüber nachdenken, ob er die Bereitschaft zur Höchstleistung, zur Disziplin und Selbstkontrolle bei seinen Leuten so wenig belohnt hat, dass diese sie schließlich ganz für sich behalten und wie einen Egotrip kultivieren. Sport lehrt uns, was uns fehlt. Nicht nur als Defizitausgleich, sondern als Anleitung zur Aufladung der Kopfarbeit mit Energien, die nur mobil zu haben sind: über Muskelarbeit, gesteigerten Herztakt. Das Füllhorn der Akut-Gratifikationen: Endorphine, Opiate, Adrenalin werden nur dann ausgeschüttet, wenn wir unsern Kopf nicht einsam machen, sondern ihm den Beistand der Physis für sein Leistungsglück gönnen.

Sport ist immer Mannschaftsspiel – auch wenn wir fremden Läufern im Wald begegnen, die ihren Rhythmus traben wie wir selbst: Virtuell sind sie alle miteinander verbunden, und ein flüchtiges Lächeln wird getauscht, wenn man einander sekundenlang mit diesem Gefühl der stillen Solidarität mit Blicken streift.

Es ist eine Verbundenheit in gleichen Erfahrungen, die die *Community* der sportlich aktiven Menschen zusammenhält: Sport stimuliert die Genussfähigkeit auf einem kurzen Umweg – der Leistung heißt. Ein sportlicher Manager würde seinen Mitarbeitern sagen: So weit haben wir es gebracht, dass die Leistung als Umweg zum Genuss erscheint, während noch unsere Väter wussten, dass sie der einzige verlässliche Weg zu Genüssen ist – die wir dann weder begründen noch entschuldigen müssen. Der Genuss ist nichts anderes als Erfolgsglück, und dieses hochverdiente Glück stärkt unser Ichgefühl und steigert unser Selbstvertrauen; es versorgt uns unmittelbar mit der Motivation, morgen wieder unser Bestes zu geben, um das Beste – Leistungsgenuss – dafür zurückzubekommen.

Bei Kopfarbeit verwischen sich die Konturen dieser Regelkreise: die Zyklen zwischen Einsatz und Rückmeldung können lang sein, den Mitarbeitern geht der Atem aus, sie spüren nicht unmittelbar, warum sich das Durchhalten lohnt. Ein sportlich erfahrener Manager wird für Zwischenstops mit motivierenden Zurufen sorgen. Er, der belastbarer sein sollte als seine Leute – darum steht er an der Spitze –, muss Anstrengung und Ziel visionär in den Köpfen zusammenbinden: Die Vision ist der Proviant für den Langstrekkenlauf. Leichter hat es der sportliche Manager, wenn es ihm gelungen ist, sportliche Erfahrungen mit seinen Mitarbeitern zu teilen. Er muss sie nur erinnern – an den Schneesturm im Gebirge oder an den scheinbar endlosen Aufstieg in der Sommerhitze zu der endlich doch erreichten Hütte. Wissen sie noch, wie dort das Wasser schmeckte? – Alle wissen es noch. Er muss nicht erklären, nicht mit Worten motivieren, er teilt mit seinen Leuten das Kostbarste für die Motivation: die inneren Bilder. Er weiß, dass dies das Ziel ist: möglichst viele gemeinsame innere Bilder zu haben, die man nur anklicken muss, um von derselben inneren Melodie getragen zu werden – über Durststrecken hinweg.

Diesen Anstoß für die Durchhaltebereitschaft schenken uns die Erinnerungen an endlose Meetings, ermüdende Nachtsitzungen nicht. Die ganz konkreten Erlebnisse, bei denen Kopf und Körper belastet wurden bis an die Grenze, sind viel stärkere Motivatoren – weil die Belohnung so ein-

Sportliche Nationen sind erfolgreicher

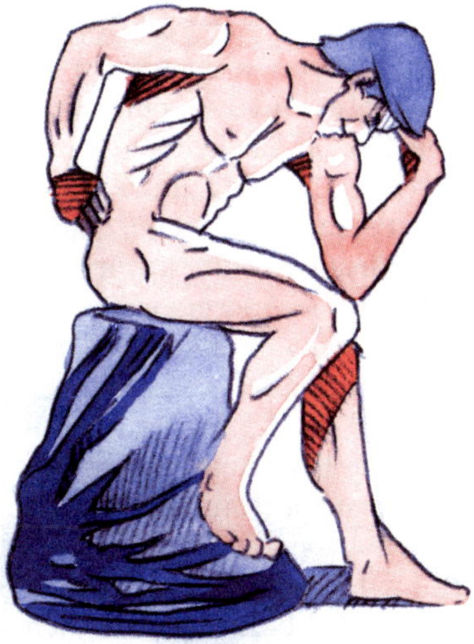

Sportliche Firmen auch.

Brainpower braucht physische Fitness – und umgekehrt.

Sport liefert Akut-Gratifikationen, die den Kopf ermutigen. Sport ist ein Stressblocker.

Sport stimuliert die Genussfähigkeit auf einem kurzen Umweg – über Leistung.

Sportliche Manager begeistern ihr Team, dieses Gesetz von Leistung und Genuss in die Welt der Kopfarbeit zu holen.

Gehirnjogging macht Teams leistungsstark.

deutig ausfällt, dass am Ende die Balance wiederhergestellt ist: großer Einsatz, großer Lohn. Das Lob des Vorgesetzten für eine gute Leistung mag wohltun; der Cocktail aus körpereigenen Opiaten, die alles durchfluten mit Stolz und Glück, ist überwältigend. Da kommst du atemlos ans Ziel, ausgepumpt und ohne einen Funken zusätzliche Kraft – und schon hebt es dich hoch, du bist federleicht, übermütig, wunschlos, gelassen und vollkommen sicher, dass du richtig gut bist – und du begreifst endlich: Das ist der Sieg, über die eigene Bequemlichkeit, über alle Zweifel und über die dir bis dahin bekannten eigenen Grenzen. Du hast deinen Handlungsspielraum ausgedehnt. Und du wirst das wieder erfahren wollen.

Sportliche Belastung hat, in diesem Sinne, Drogencharakter. Einmal Sport, immer Sport, das gilt für unzählige Menschen, die von der Droge gekostet haben.

Sport ist eine Insel, auf der wir noch erfahren, wie das Feedback für Leistung eigentlich sein müsste.

Wer diese Insel regelmäßig aufsucht, kann sich von diesem Feedback etwas mitnehmen in seine Kopfwelt: Der sportliche Manager zieht viel häufiger Vergleiche, die von jedem Mitarbeiter sofort verstanden werden. Er schafft vor allem eine andere Fitness-Kultur, weil er seinen Leuten erzählt, was der Sport liefert – ohne Chemie und ohne Nebenwirkungen – sozusagen **als** Nebenwirkung von ungewohnter Qualität:

- Sport senkt den Blutdruck und verdünnt das Blut.
- Sport macht unseren Energieverbrauch effizienter.
- Sport durchlüftet die Lunge.
- Sport senkt den Insulinverbrauch.
- Sport vermehrt das »gute« HDL-Cholesterin.
- Sport stärkt das Immunsystem.
- Sport fördert die Fettverbrennung.
- Sport steigert – durch höhere Sauerstoffzufuhr– das Konzentrations- und Leistungsvermögen.
- Sport verjüngt das Gehirn – das heißt im einzelnen:

- Sport baut Fett im Gehirn ab (wer weiß schon, dass Fett sich auch dort ablagert?)
- Sport verdichtet das neuronale Netzwerk im Gehirn.

Für Männer eine zusätzliche Versuchung, zur Droge Sport zu greifen: Sport steigert die Testosteron-Produktion. Vereinfacht und verlockend gesagt: Sport macht Männer männlicher. Er stärkt mit dem Testosteron auch die Wettbewerbslust.

Mit allem, was da steht, ist Sport klar definiert als ein Stressblocker. Mit der Schulung der Selbstkontrolle, die belohnt wird, durchbricht er den tödlichen Zirkel, in dem so viele Menschen leben: Stress ist Kontrollverlust, und mit diesem Verlust verschwinden auch alle ermutigenden Belohnungen. Wer ins Trudeln gerät, wird von niemandem mehr ermutigt. Wir verstärken das Dilemma der Stressopfer, ohne es zu bemerken.

Der sportliche Manager lebt mit seinen Mitarbeitern in Regelwerken, die der Wettbewerb, die Demokratie, die Firmenkultur und die bürgerlichen Arbeitstraditionen liefern. Sport, als Mannschaftsspiel, bestätigt die besten von diesen Regeln und belohnt ihre Einhaltung unmittelbar. Nirgends kann so konfliktarm gelernt werden wie in der sportlichen Wettkampfsituation. – Auch deshalb ist es dramatisch, dass der Sportunterricht in den Schulen immer weiter zurücktritt – zugunsten einer missverstandenen Wissensfixierung, die abstrakte Lernwege überbewertet und der vitalen Lernfreude, die aus der Gemeinsamkeit und der gleichmäßigen Belastung aller Kräfte kommt, immer weniger Raum gibt.

Sportliche Erfahrungen im Management erleichtern die Entwicklung einer Leistungskultur und ersparen der Führung manchen modischen Irrweg. Eine taugliche Leistungsphilosophie für Unternehmen kann aus der Sportphilosophie abgeleitet werden. Denn:

- Sport lehrt die Achtung vor Regelwerken.
- Sport legt Barrieren zwischen Gruppen und Völkern nieder.

- Sport lehrt, dass Fairness sich lohnt.
- Sport beeinflusst die Lebensführung, weil er schädliche Konsumgewohnheiten unmittelbar mit Glücksentzug bestraft.
- Sport ächtet Spielverderber.
- Sport lehrt, mit Niederlagen umzugehen.
- Sport macht erlebbar, dass zwischen Leistung und Lohn eine Durststrecke liegen kann.
- Sport fördert angemessene Selbsteinschätzung.
- Sport führt an unsere Grenzen und macht uns belastbarer.

Die Spaltung von Kopf- und Körperwelten erscheint immer untauglicher für eine erfolgreiche Kultur, wenn man diesen Zusammenhängen von Körper, Geist und Psyche nachgeht. In unserer Gesellschaft werden die Kopfberufe höher geschätzt als andere; so weit, so gut. Sagte man nun den Kopfarbeitern, dass sie diese Führungsrolle in der allgemeinen Wertschätzung nur dann behalten dürfen, wenn sie ihren Energiehaushalt wieder ausgeglichen auf Geist und Physis stützen, so wäre nicht gerade stürmischer Beifall zu erwarten. Dass man aber mit der komplexeren Qualifikation – Sport und Geist – größere Führungserfolge holt, steht außer Zweifel.

Mehr Sport verändert auch die Grundstimmung der Gesellschaft. Ist der deutsche Missmut vielleicht mit dem Mangel an sportlichen Glückserlebnissen zu erklären? Hätte der Sport in Deutschland ein höheres Prestige, dann könnte er ausstrahlen auf die bürgerlichen Tugenden. Fairness, Fitness und Leistungslust wären nicht mehr knappe Güter. Das Gesundheitssystem wird so lange nicht sanierbar sein, wie die persönliche Lebensführung und Bewegungskultur nicht als ein Feld der Verpflichtungen verstanden wird – uns selbst gegenüber und gegenüber dem Gemeinwesen. Sport ist eine Schule bürgerlicher Tugenden.

Wer Leistung managen will, der spürt bald, dass der soziale Organismus Unternehmen wie der größere, in dem wir alle leben, der Staat, von der Störung der Balance zwischen

Sportliche Leistungskultur für das Management

Sport lehrt die Achtung vor Regelwerken.
Sport legt Barrieren zwischen Völkern nieder.
Sport lehrt Fairness.
Sport bestraft schädliche Konsumgewohnheiten
mit Glücksentzug.
Sport ächtet Spielverderber.
Sport lehrt, mit Niederlagen umzugehen.
Sport übt Durststrecken zwischen Leistung und Erfolg.
Sport fördert Selbsterkenntnis.
Sport zeigt uns Grenzen und macht uns belastbarer.

Sport verbindet Kopf- und Körperwelten.
Sport öffnet Türen zum SINN.

Körper und Geist so wenig profitiert wie von dem Balanceverlust zwischen Arbeit und Leben. Wir gehen, nach den Abenteuerspielen der ersten Jahre des neuen Jahrhunderts, in eine Zeit, die der Wiedergewinnung von Balancen dienen wird.

Mehr mit uns selbst konfrontiert als unsere Vorgänger, immer virtueller vernetzt und immer weniger zu großen Fluchtbewegungen in den Konsumrausch geneigt, werden wir eingeholt von elementaren Ängsten, die der Heftigkeit unserer elementaren Wünsche entsprechen. Der Sport bringt uns sehr nahe an die Kraftquellen, aus denen wir Motivation schöpfen: Euphorie nach Anstrengung, das ist eine klare Botschaft, die wir in allen Feldern unseres Lebens wiederfinden möchten. Sporterprobte Manager haben das begriffen und sind deshalb die besten Motivatoren. Manche von ihnen wissen auch, dass hinter dieser einfachen Gleichung von Leistung und Lohn, von Disziplin und Überschwang das größere Erlebnis greifbar wird: dass die Sache Sinn macht. Weil Potentiale freiwerden, die man bisher nur träumen, nicht aber beschaffen konnte. Weil der Sprung in die Transzendenz gelingt – in Erfolgsglück, das die Menschen schwerelos und stark zugleich macht.

Wer die Droge Sport kennt, weiß, welche geistigen Räume sie öffnet. Das Plädoyer für den sportlichen Manager hat hier sein stärkstes Argument: Er erweitert nicht nur den Erlebnis- und Leistungsraum seiner Leute – was schon beachtlich wäre –, sondern er stößt Türen zum Sinn auf, zur knappsten Ressource, die Mitarbeiter und Führung wie Verschworene immer im Blick haben – auch wenn niemand darüber redet.

VIII
Sinn-Gewinne für die *Human Economy*: Friedensschluss zwischen Arbeit und Leben

1 Fitness-Kultur: Verschlüsselte Botschaften der Sinnsucher an die Führung

Die Wellnesswoge und der Fitness-Kult sind keine kurzlebigen Moden, sie sind auch keine Trends, die sich wieder verlieren. Sie gehören viel enger zur Leistungskultur, als viele fleißige Verächter meinen; und sie sind viel weniger Mitspieler der sogenannten Spaßkultur, als die Kritiker meinen oder möchten.

Wellness- und Fitness-Programme haben Symptomcharakter. Sie verraten einiges, worüber ihre Adepten nicht sprechen, oft nicht einmal nachdenken. Sie verraten zum Beispiel die Defizitkultur, die viele Firmen ihren Mitarbeitern aufzwingen – und dies in zweifacher Hinsicht.

Erstens die Bewegungsverbote für Kopfarbeiter; zweitens die praktische Unerreichbarkeit von endorphingesättigten Glückserlebnissen bei der Arbeit. Also sucht man sich zum Ausgleich eine andere Arbeit, die Glücksgefühle freisetzt, das Selbstgefühl stimuliert und die Menschen quasi zu sich selbst zurückbringt. Sich diese Wiederherstellung der physisch-seelischen Balance nach Feierabend holen zu müssen, weil sie in der Firma einfach nicht greifbar wird, erfordert den Einsatz von privater Zeit, die oft den Lebenspartnern, Erwachsenen wie Kindern, entzogen werden muss. Im Sinnkonzept der Mitarbeiter, die so ihr Tagesbudget an Anerkennung auffüllen, kommt die Firma kaum noch vor.

Man darf sich wundern, dass die *Community* der Kopfarbeiter nicht solidarisch und auf dem Firmengelände, während der Arbeitszeit, ihre gemeinsam erlittenen Bewegungsdefizite lustvoll ausgleicht: Das wäre ein sehr einfaches Mittel, den Zusammenhalt zu stärken. Weil die meisten Vorgesetzten die Physiologie dem »kopflosen« motorischen Teil des Lebens zurechnen, erkennen sie weder für sich noch für ihre Mitarbeiter einen elementaren Mangel. Bewegungszonen in der Firma zu verlangen, wäre nach allem, was wir über die schwerwiegenden Folgen der geistig-physischen Balancestörung wissen, die zur Kopfarbeit gehört, ein Grundrecht. Aber solange niemand fordert, bewegt sich nichts und niemand.

Der Wellness-Fitness-Wahn, so urteilen andere Kritiker, sei eine besonders raffinierte Variante der Ego-Kultur. Das Riesen-Ich spielt mit sich selbst und seinen Kräften, während die objektiven Aufgaben vernachlässigt werden. Lauter ichverliebte einsame Kämpfer an den Geräten in den Fitness-Studios, eitel mit selbstgesetzten Zielen beschäftigt, die für niemanden Nutzen bringen außer für die Kämpfer selbst.

Wer so argumentiert, hat vergessen zu fragen, wie es zu den Idealen kam, die hier gelten: Muskelkraft, die nur spazierengetragen wird, um potentielle Stärke zu zeigen, nicht um zuzuschlagen. Disziplin, die ein gleichmäßig trainierter Körper beweist – viel schlagender belegt als geistige Fitness, die der Chef so selten belohnt, weil er nicht aufmerksam genug hinhört. Hin**schauen** muss er, und da zeigt ihm ein Blick: fitter Bursche, der da in meinem Team sitzt. Hat sich selbst in der Hand, erreicht, was er sich vornimmt. Unter Männern werden die Signalsprachen mühelos gelesen.

Das Ich wird nicht satt im Normalalltag, so lautet die Botschaft. Es ist dramatisch unterfordert und vermisst die Chance, sich selbst zu erfahren. Also schafft es sie selbst.

Die Massengesellschaft lässt meist keinen Raum für umständlichere Auftritte, in denen wir vermitteln können, wer wir sind. Geht einer mit federndem Schritt durch die Hauptstraße seiner kleinen Stadt, dann ist in Sekundenschnelle für jeden Beobachter klar, dass er nicht einer ist wie alle andern.

Wer in die Welt des gesteigerten Lebensgefühls eintritt,

lernt eine ganze Menge über diese vordergründigen Motive hinaus. Es sind ja die Mediziner und die Biologen, die den *Fun*-Charakter des Fitness-Trainings mit einer wissenschaftlichen Basis unterfüttert haben, die dem »Vergnügen« an der körperlichen Belastung und dem »Hochgefühl«, das der Anstrengung auf dem Fuße folgt, hohen Wert zusprechen.

Mit der verbesserten physischen Immunität stellt sich eine stabilere psychische Kondition ein; die Stress-Resistenz steigt, die Ökonomie der Herzleistung steigt, der Blutdruck sinkt. Sogenannte Leistungsträger in der *brainpower*-Welt der Firmen lesen fasziniert in diesen Beweislisten; ihr Sinn für Effizienz und sinnvollen Einsatz der Kräfte wird angesprochen. Einer nach dem andern nähern sich auch beharrliche Kritiker dem Trainingsgelände für all jene, die nicht mehr zulassen wollen, dass sie durch einseitige Belastung verwundbar werden. Die umfassende Fitness ist also kein Gegenideal der Leistungskultur, sondern ihre logische Weiterführung in eine umfassendere Form: Kraft abgeben und Kraft regenerieren, heißt das Prinzip. Wer hier mitspielt, betritt auch die Welt der unmittelbaren Rückmeldungen, die der Chef noch immer nicht geschaffen hat: Die Belohnung folgt der Belastung so zeitnah, dass Erfolgsglück unverdünnt gekostet werden kann. – Ein Lehrstück für Chefs: So einfach ist die Motivation für neue Einsätze zu holen!

- Mehr Sauerstoffzufuhr: bessere Konzentration, höhere Leistung.
- Das Gehirn wird »jünger«: Die neuronalen Netze werden dichter, das Gedächtnis wird besser.
- Endorphine liefern Zuversicht und Gelassenheit.
- Die Serotonin-Produktion steigt an. Serotonin ist das Hormon der Alphatiere. Es erzeugt Überlegenheitsgefühle und Distanz vom Alltagsstress.
- Das Lernvermögen steigt. Ideen melden sich: Der Läufer wird kreativer.*

* Vgl. dazu auch G. Höhler, Herzschlag der Sieger, S. 320–333.

Insgesamt ein Traumkatalog für Topmanager – und ziemlich leicht zu verwirklichen, meint der unbefangene Betrachter.

Diese Frage – Wer bin ich? Was kann ich im Extremfall leisten? – begleitet nicht nur junge Menschen. Da sie vielen von ihnen nicht beantwortet wird, läuft sie weiter mit: Wer bin ich, was steckt in mir, welche unentdeckten Potentiale schlummern, pochen, zerren an den Ketten, die mein tägliches Leben so mittelmäßig machen, dass ich manchmal alles aus den Angeln heben möchte, um ein Echo zu hören: Wer bin ich denn eigentlich?

An die Leistungsgrenze gehen, das sagen uns auch Mediziner, ist ein wichtiger Beitrag zu unserer Belastbarkeit. Ein kühner oder naiver Mitarbeiter könnte also vor seinen Chef treten und sagen: Ich muss täglich einmal an meine Leistungsgrenze rühren, ärztliche Verordnung! Ich darf doch erwarten, dass Sie mir dazu verhelfen? Noch hören wir nichts von solchen Auftritten, aber sie rücken näher. Wenn Mitarbeiter ihr Recht auf ein ausgeglichenes Energie-Austauschprogramm als eine Fürsorgepflicht der Firma erkennen, dann geraten die Führungsetagen in Erklärungsnot. Erstaunlich genug, dass sich die Zusammenführung von Arbeitsbedingungen und Gesundheitswissen so zögerlich gestaltet.

Das kann nur daran liegen, dass in den Chefetagen noch längst nicht allgemein bekannt ist, was jeder an Höchstleistung Interessierte weiß: Es geht um die Balance der Belastungen. Wer sich über längere Zeit einseitig belastet, leistet weniger. Wer seinen Kopf nicht mit sauerstoffreichem Blut versorgt – über körperliche Bewegung –, der wird konzeptionell schwächer und ideenarm. Wer nicht für die Endorphinlieferungen sorgt, die sein Selbstvertrauen stärken und seine Gelassenheit vertiefen – nicht über Drogen, sondern über physische Bewegung zu haben –, der wird ohne Siegesgewissheit leben und folglich nicht siegen.

Auch Risikosport spiegelt unsere Entbehrungen im Berufsalltag und im Stadtleben: Endlich will man sein Herz einmal spüren, wie es hämmert – und sich wieder beruhigt. Seinen Mut testen möchte man, ein wenig von dem fühlen, was sonst nur in Ausnahmeleben vorkommt. Also *Bungee-Jumping*, der Sturz in die Tiefe. Und gerade diese in den Großstädten so beliebte Art der Extremerfahrung sagt etwas ganz anderes über uns, als wir meinen.

Dieses Risiko-Spiel, zu dem Mut gehört, ist in Wahrheit ein Spiel um – Vertrauen. Dass die Menschen springen, hat seinen wichtigsten Impuls in ihrem festen Zutrauen, dass sie aufgefangen werden. Während sie in die Tiefe stürzen, wollen sie vor allem dies erleben: Du stürzest nur scheinbar, deine Welt fängt dich auf. Das Spiel hat eine verlässliche Ordnung, die dich wieder und wieder beginnen lässt: lebendig, erleichtert und mit gesteigerter Zuversicht, dass Mut die Verstärkung von Gewissheiten liefert, die uns zeigen: Wenn die Spielregel klar ist und alle sie einhalten, kann man gewaltige Mutsprünge wagen – um das eigene Herz zu spüren.

Wenn es so ist, dann steckt in der Risiko-Simulation, wie sie in vielen Angeboten der »Freizeitindustrie« vorkommt, dieses Wissen: dass wir Grenzerfahrungen suchen, um uns der Geborgenheit zu versichern, die unsere Spielregeln uns zusprechen. Wer das kalkulierte Risiko nicht beherrscht und tödlich werden lässt, landet vor Gericht. Mit diesen Exempeln zeigt die Gesellschaft ihren Mitgliedern immer wieder, dass sie die Bedürfnisse nach Selbsterprobung als Folge der Überregulierung unserer Lebensläufe versteht; sie öffnet Spielwiesen für Ich-Erfahrung. Damit begibt sich die Wellness-Fitness-Industrie wie andere in den Kernbereich der Suche nach Sinn – auch wenn das vielen Anbietern nicht bewusst ist. Die Erwartungen, Hoffnungen und Leidenschaften, die sich auf einen »Abenteuer-Urlaub« oder ein »Risiko-Seminar« richten, werden in aller Regel von den Veranstaltern unterschätzt. Wüssten sie, dass Menschen zu ihnen kommen, um fast tabuisierte Wünsche auszuleben, sich selbst zu erkunden jenseits aller im Alltag möglichen Erfahrungen, vielleicht entstünden dann Angebote, die den widersprüchlichen Wünschen der Teilnehmer – Diskretion und Entdeckung, die Wahrheit finden und sie doch für sich behalten dürfen – noch besser gerecht würden.

Der gesamte Industriezweig »Entschädigung für die tägliche Vernachlässigung meiner wichtigsten Bedürfnisse und Heilung von der Bereitschaft zur Unterwerfung« hätte, wenn er erst als Kopfprodukt zu Ende gedacht wäre, kurze Wege zur Marktreife seiner Produkte – und einen Boom zu erwarten, der viele Entdeckungen der Vergnügungsindustrie in den Schatten stellen würde. Übrigens würde auch das todkranke Gesundheitswesen von diesen Produkten profitieren. Aber vielleicht ist dieser Kranke – das System Gesundheit – bis dahin gar nicht mehr »ansprechbar«, wie die Ärzte es nennen.

Extrem-Erfahrung: Schon jeder Waldlauf vermittelt sie, wenn wir ihn nicht im ersten Formtief abbrechen. Danach erst laufen wir in die euphorischen Zonen ein – von denen noch zu sprechen sein wird.

So weit sind die Wege zum gründlicheren Kontakt mit uns selbst geworden, dass die Selbstbegegnung, wie sie jeder Hütejunge noch im 19. Jahrhundert alle paar Tage erlebte, wenn er einem Schaf nachlief, das sich »verstiegen« hatte – oder einem Lamm, das abgestürzt war –, inszeniert werden muss und aus dem verfügbaren Alltags-Set von Erfahrungen schmerzhaft herausfällt.

Ist Sport im Grunde die Droge, das Opium all derer, die sich dem Drogenkonsum wegen ihrer Leistungsorientierung nicht hingeben wollen? Der alltägliche Rausch, den unsere körperlich arbeitenden Vorfahren mangels Kontrast zu ausgedehnten Phasen der Immobilität nicht erleben konnten, ist ein Thema unserer Kultur, seit die Lizenz zur Ekstase keiner umständlichen Begründungen mehr bedarf. Alkohol und Sex, aber auch Sport, Tanz zu Techno-Musik und Risiko-Erlebnisse wie der Sprung von der Brücke ins rettende Fang-Gummi, werden als Medien zur Grenzüberschreitung eingesetzt. Ekstase als Zugang zur Transzendenz, losgelöst von den Religionen und ihren Vorschriften: Außer sich sein, um die bisher mögliche Erfahrung mit sich selbst zu überschreiten, das sei ihr Ziel, sagen junge Leute, die ihren Ausstieg aus der sensationslosen täglichen Erfahrung mit der Droge beschleunigen, die das Programm beschreibt: *Ecstasy.*

Ist es das, was auch die glänzenden, schweißbedeckten Körper in den Bodybuilding-Studios erkämpfen wollen: Ekstase, Durchbruch zur Transzendenz? Ist es das, was die harmlos aneinander vorbeilaufenden Wald-Jogger suchen – eine geheime *Community* der Ekstase-Jünger, die sich vorkämpfen zu Transzendenz-Erlebnissen, die ihnen das flüchtige Gut schenken, das ihr Bürotag nicht hergeben will: Sinn?

Die Vermutung ist deshalb vielversprechend, weil Sport eben nicht tut, was chemische Drogen tun: psychische Kondition zerstören, getarnt durch Lieferungen euphorischer Täuschungen, die den Konsumenten tiefer und tiefer in den Dschungel der neuronalen Fehlinformationen locken. Er fühlt sich groß, während er immer kleiner wird, er fühlt Allmacht, während seine Ohnmacht wächst. Sinn ist über Drogenkonsum nicht zu haben; »Transzendenz« nur als Täuschung der Sinne.

Physische Bewegung, so lernten wir inzwischen, ist in einer Gesellschaft, die sich zwar die »mobile« nennt, nicht mitlaufende Lebensbedingung, sondern ein »Extra«, das organisiert werden muss. Auch die Arbeitgeber helfen dabei nicht, obwohl die gesundheitsgefährdende Immobilität an den meisten Arbeitsplätzen ebenso vollständig belegt ist wie die gesundheitsfördernde Wirkung von regelmäßiger physischer Belastung.

Es ist schon grotesk, dass eine Zivilisation, die zu einem ihrer Hauptthemen das Tempo gemacht hat und die Beschleunigung des Wandels zu ihren Stressfaktoren zählt, die man managen müsse, die Menschen selbst, auf deren Mobilität es ankommt, körperlich fesselt – damit sie geistig um so dynamischer agieren können? Den Zusammenhang von physischer Bewegungssperre und geistigen Blockaden, von körperlicher »Sprungkraft« und geistigem Wagemut, von physischer Grenzerfahrung und psychisch-geistiger Fitness kennen wir aber inzwischen so genau, dass uns nichts mehr entschuldigt, wenn wir mit den schädlichen, innovationsvernichtenden und teuren Programmen fortfahren, in denen der Kopfarbeiter zum physischen Krüppel erzogen wird – sofern er nicht die Gegen-Energie aufbringt, sich selbst zu retten.

»Sport ist die Droge«, sagen viele Jogger und Kraftsport-Praktiker augenzwinkernd. Sie nennen sich »süchtig«, weil es ihnen tatsächlich schlechtgeht, wenn sie einen Tag nicht auf die Laufstrecke oder an ihre Trainingsbank können. Noch Mitte der achtziger Jahre sagten die aufgeklärtesten Bürger bei Umfragen: »Sport ist das, was man gegen sich macht.« Sie meinten den regelmäßigen Willensakt, gegen die Bequemlichkeit entschlossen die Kleidung zu wechseln, die Sportschuhe anzuziehen, statt vom Büro ins Auto, vom Auto in die Garage, von der Garage in den Sessel zu gleiten – eine geringe Zahl von Schritten hätte gereicht, um »anzukommen«.

Heute wird wenig über diese Disziplinleistung gesprochen – weil es schon viel mehr »Süchtige« gibt, die tatsächlich so etwas wie Entzug spüren, wenn sie ihr tägliches Bewegungspensum nicht bekommen.

Auch wenn diese Vermutung sicher zutrifft: Es fällt auf, dass die private körperliche Fitness-Lektion als lustvolle Zusatzleistung viel häufiger diskutiert wird denn als Anforderung, die Selbstüberwindung kostet. Es passt nicht gut, wenn man die eigenen Disziplin-Lücken bekanntgibt. Der zur Wellness-Kultur gehörige Habitus ist lustbetont, und die Lizenz dafür ist doppelt unschlagbar: Fitness-Training fördert die Leistungsfähigkeit und schützt vor Stress-Erkrankungen; und Fitness-Training macht glücklich. Die Euphorie nach der Anstrengung ist eben »die Droge«, die man immer wieder kosten möchte. Es gibt sie nicht auf dem Markt der beruflichen Anstrengungen – oder nur sehr verdünnt, sehr abgeleitet – und viel zu selten.

Führungskräfte, die mehr erreichen wollen als andere, sollten – natürlich – selbst diese Glückshormone schmecken, die ihre Leute sich neben der Arbeit holen. Und sie sollten nicht lockerlassen, bis sie das Leistungsglück, das so simple Bedingungen hat, in die Kopfwelt der Teams geholt haben. Der erste Schritt könnte die zeitlich dichte Nachbarschaft von physischem Fitness-Training und geistigen Herausforderungen sein. Natürlich profitiert die Kopfarbeit vom euphorischen Zustand der eben vom Waldlauf hereingestolperten Mitarbeiter.

Der nächste Schritt wäre die Übertragung von Grenzbelastungen, die Selbstvertrauen und Leistungsglück freisetzen, in den Firmenalltag. Es könnte sein, dass ein Mix aus physischen und intellektuellen Herausforderungen die erträumte Mischung brächte. Trivialitäten helfen oft mehr, als Kopfmenschen ahnen und wünschen: Wer nimmt die Treppen in den siebten Stock, wer den Fahrstuhl? Die Führung könnte anordnen, dass vor einem schwierigen Meeting alle die Treppe nehmen. Zu trivial? Menschen mögen einfache Beispiele, und Führungsphantasie gefällt ihnen.

Während die körperliche Bewegung zur Ausnahme wird, weil die Wissensgesellschaft auf *brainpower* setzt, entwickelt sich ein Spezial-Know-how rund um ihre Wirkungen. Vergessen war das Zusammenspiel von körperlicher Fitness und intellektuellem Selbstvertrauen; neu entdeckt wurde die faktische Wirkung von physischer Belastung auf die Durchblutung und die neuronale Netzdichte im Gehirn. Da wird es dann wirklich konkret für Anhänger und Gegner der neuen Balancespiele zwischen Körper und Geist: Wer vielseitiger lebt, meistert auch die Kopfarbeit besser. Der »Kopfmensch« alter Ordnung, der seine Defizite an Lebensfülle gern als Erfolgsbedingung in der *brainpower*-Welt darstellte, muss nicht nur die Argumente, sondern am besten den Lebensstil wechseln.

Wenn man näher hinschaut, was die ekstatischen Zustände im Sport für das Bewusstsein der Menschen bedeuten, so drängt sich die Vermutung auf, dass der Löwenanteil an Sinn-Management für die neue Lebensbalance in dem geistigen Reich zu holen sein wird, das sich für Ausdauerläufer und für leistungsverliebte Feierabendsportler öffnet.

Wer über monotone Büroarbeit klagt, der wird beim gleichmäßigen, monotonen Trab auf einer Laufstrecke das Gegenteil von Überdruss erleben: die Bewegung verselbständigt sich, der Takt, wenn er einmal gefunden ist, gibt dem Läufer ein merkwürdig »leichtes« Bewegungsgefühl – so als liefe er nicht, sondern »werde gelaufen«. Er ist sicher: »es« läuft, und er kommt innerlich immer mehr zur Ruhe, während der Takt seiner Schritte sich von ihm unabhängig macht. Die Umgebung wird Teil dieses Erlebnisses, und der Genuss ist um so größer, wenn die Strecke landschaftlich schön ist: Kein Spaziergänger redet so enthusiastisch von seinen Lieblingswegen wie Läufer von ihrer Laufstrecke. Das ist ein wichtiger *added value* gegenüber dem Laufband im Studio – das freilich ebenfalls die erhebende Monotonie liefert, die »high« macht.

Die Medizin erklärt uns, dass körpereigene Opiate ausgeschüttet werden, wenn wir uns ausdauernd körperlich belasten. Sport sei »Opium«: Soweit stimmt der Satz. Aber der wichtige Zusatznutzen entscheidet: Das Gehirn wird nicht betrogen, sondern es gibt seine belohnende Rückmeldung: Danke, dass du nochmal ausprobierst, wer du sonst noch bist – außer deinem Kopf.

Leistung als Zugang zu ekstatischer Grenzerfahrung – das ist ein neuer Akzent, der die Breite der Wellness- und Fitness-Bewegung verständlich macht. Dass sich sofort Vermarkter fanden, die den Weg zum gesteigerten Daseinsgefühl abzukürzen versprechen, dem unspektakulären Waldlauf die Wildwasserfahrt gegenüberstellen, bei der die »Bewegung« delegiert wird an Geräte und »Profis«, kann nicht verwundern. Achterbahn und Überschlagschaukeln gab es aber schon lange auf Kirmesplätzen, und niemand kam auf die Idee, das »Sport« oder Fitness-Training zu nennen. Die Vermarkter von Extrem-Erlebnissen unter fremder Regie versprechen nur das Ziel, nicht den Weg dahin. Wer sich ihnen anvertraut, wird zwangsläufig enttäuscht: Was verändert sich, nachdem das Herz gehämmert hat vor Aufregung, die Hände feucht wurden vor Angst – die innere Überlegenheit und Ruhe als Lohn aber nicht zu haben waren?

Menschen suchen Extrem-Erfahrung – das verschlüsselte Spiel um Vertrauen

Überregulierte Lebensläufe verhindern Grenzerfahrung.

Spielwiesen für Ich-Erfahrung:
ekstatische Risiko-Erlebnisse.

Menschen suchen Entschädigung für die
Vernachlässigung ihrer Bedürfnisse und
Heilung von der Bereitschaft zur Unterwerfung.

Sie suchen Grenzerfahrung,
um sich der Geborgenheit zu vergewissern.

Die Sehnsucht nach SINN
treibt Menschen in die
Grenzbereiche:

- Drogen
- Höchstleistung
- Risiko

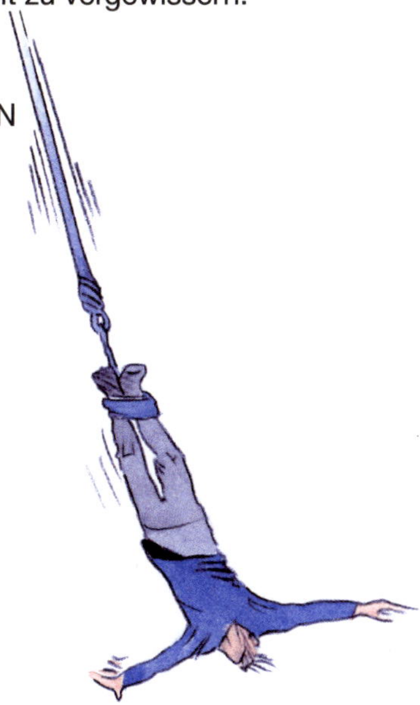

Die »Sensation« schafft zwar Aufruhr im Gehirn, sie löst Großalarm im Stammhirn aus: Die Fluchtreflexe springen an und laufen leer; die Kern-Emotionen Angst und Glück oszillieren ziellos ohne Entscheidung, was siegen soll: Schrecken oder Hochgefühl? – Die Mischung macht eher kopflos als glücklich, für eigenes Zupacken oder Loslassen bleibt kein Raum, wenn der Sturz ins einfangende Band die Regie an sich reißt – oder das Schlauchboot die zahlenden Schocksucher wie Beutestücke mitnimmt, während der Profi ihnen jede Verantwortung abnimmt.

Tatsächlich beuten solche »Angebote« die Sehnsüchte der Menschen aus, ihre Grenzen zu überschreiten und »Transzendenz« zu erleben: die Fenster zum Sinn aufzustoßen. Nirgends ist der Beweis leichter als in der Welt der physischen Selbsterprobung: Transzendenz-Erlebnisse gibt es nicht als »Angebot«; es gibt sie nur über eigene Leistung. Wer diese Leistung kurzerhand wegschneidet und das Ergebnis im Schnelldurchgang verspricht, der beutet die Sehnsucht nach Sinn nur aus, er kann sie nicht erfüllen.

Leistung steht auch im Hochleistungssport immer mehr unter dem neuen Vorzeichen: Zugang zu höheren Bewusstseinsebenen, auf die man anders nicht klettern kann. Immer häufiger antworten Hochleistungssportler auf die Frage, warum sie sich die extremen Belastungen ihres Trainings und der Wettkämpfe zumuten, so wie der Radrennfahrer Jan Ullrich: »Über dem Limit« empfinde er ein Gefühl von Glück, das »wie Opium aus dem eigenen Körper« wirke. Wie exakt er damit beschreibt, was die körpereigenen Opiate dem Hochleister »über dem Limit« schenken, hat Ullrich im Moment dieser Antwort wohl kaum gewusst.

Nicht der Sieg ist das wichtigste Stimulans, erfahren wir damit, sondern die ekstatische Erfahrung macht die Sogwirkung aus. Die Zugangsbedingungen sind klar: Disziplin, Askese, Konsequenz im Training. Die Flamme, die innen brennt, ist nicht einfach vom Siegeswillen genährt; da immer nur einer siegen kann, muss man von nachgeordneten Plätzen trotzdem hochmotiviert weitermachen können.

Auch deshalb muss das höchste Ziel in den Weg verlegt werden: spontaner Spielzug der Leistungsträger, um die Motivation für Höchstleistung vom Sieg abzukoppeln.

In dieser geschickten Selbstmotivation von Spitzenleistern lässt sich erkennen, wie die Leistungskultur generell ihr Fortleben sichert: Die Leistung selbst ist die Droge, sagt der Sportler. Schon wenn ich auf dem Weg bin, lange ehe ich weiß, ob er die Siegesstraße ist, werde ich für meinen Einsatz belohnt – durch Hochgefühle, durch gesteigertes Dasein, euphorische Leichtigkeit und die absolute Gewissheit: Die Anstrengung macht Sinn. Sie schenkt die »Überschreitung«, die Transzendenz aller alltäglichen Gedanken und Gefühle.

Für geistige Höchstleistungen sehen die Bedingungen nicht anders aus; nur berichten die Höchstleister im Gehirn-Jogging nicht von den gesteigerten Daseinsgefühlen, mit denen ihr Kampf um die außerordentliche Leistung belohnt wird. Von Künstlern sind wir es gewöhnt, solche Auskünfte zu hören. Sagt aber ein Schreiber, ein Denker, ein Wissenschaftler, dass er in schmerzhaften Arbeitsbelastungen ekstatisches Glück erlebe, dann wird seine Leistung zweifelhaft.

Wenn ein Radfahrer das sagt, dann sehen wir ihn immer noch radfahren. Sagt das ein Philosoph, dann misstrauen wir seinen Ergebnissen. Ist er ein ekstatischer Spaziergänger, sieht es schon besser für ihn aus: Einstein berichtete, dass ihm der Kern seiner Relativitätstheorie nicht im Labor, sondern auf einem Spaziergang im Park plötzlich klar vor Augen stand: Er hatte nicht eigentlich »nachgedacht«, im Gegenteil: Er suchte Entspannung und ließ seine Gedanken fließen. Jetzt bewährte sich das jahrelange disziplinierte Training: Die Ströme fanden ihre Bahn, die neuronalen Schaltungen spielten das Bekannte durch und kombinierten es neu – und lieferten die Lösung. Auch Einstein hatte bei seinem Parkspaziergang nicht auf Sieg gespielt; er war, wie so lange schon, »auf dem Wege«. Und unvermittelt am Ziel. »Der Weg ist das Ziel«: Diesen so anspruchsvollen Satz, den viele sich immer wieder kopfschüttelnd vorsagen, weil er sie **nicht** motiviert, ist am besten verstanden, wenn man Einstein, den Radrennfahrer und die vielen anderen hört, die vom Rausch der großen Kraftanstrengung berichten und den Sieg wie einen Nebeneffekt behandeln: Dem Weg muss deshalb alle Sorgfalt gelten, weil wir nie wissen, an welchem Punkt dieses Weges uns plötzlich der Sieg zufällt. Auf den Weg kommt es an, weil das Ziel sein Geheimnis ist – wir wissen nicht, wo und wann.

In den Trainings der Teams, die Kopfarbeit leisten, sollte auch dieses Wissen aus der sportlichen Leistungskultur ausgetauscht werden: Das Ziel ist sicherer, wenn wir dem Weg alle Sorgfalt zuwenden. »Zielvereinbarungen«, selbst wenn sie nicht die Mogelpackung von Zieldiktaten sind, müssen an diesem Wissen geprüft werden. Das Team muss ein Lauftempo finden, das jeden mit Rauschdrogen versorgt, die bei Belastung und Ausdauer von unserem Gehirn geliefert werden. So wird Etappe zwei bereits durch die automatisierte Leichtigkeit des Waldläufers an Schwung gewinnen, und Etappe drei, vielleicht schon die Zielgerade, wird alle mit Endorphinen füttern, die den Sieg entweder zwangsläufig oder verzichtbar machen – denn wir werden nicht immer Sieger sein. Immer aber muss das Team hochmotiviert auf den nächsten Streckenabschnitt gehen. Das geht nur, wenn es seine Motivation aus der Belastung selbst zieht.

Tatsächlich geht das besser mit Leuten, die das Durchbrechen der normalen Alltagsstimmung schon einmal via Sport eingeübt haben. Ihr Läufer- oder Fitness-Trainiertes Herz, ihr elastisches Gefäßsystem wird ihnen leicht auch im Büro die Energien zuliefern, die für Sprint und Ausdauerlauf in der Welt der Kopfarbeit den Vorsprung vor allen »Nur-Kopfarbeitern« bringen.

Warum arbeiten wir? Warum geben wir für große Projekte alle Kraft, nicht nur ein wenig? Warum setzen wir »unser Bestes« ein, unsere Leidenschaft und Disziplin? Nach allem, was wir jetzt wissen, ist die Antwort neu und einfach: Wir arbeiten, um glücklich zu sein. Wir geben alle Kraft, um Mauern einzubrechen, die uns vom Glück trennen. Und wenn wir einmal begriffen haben, dass höchster

Leistungskultur steigert das Bewusstsein

„Über dem Limit“ erlebt er ein Glück,
das „wie Opium aus dem eigenen Körper“ wirkt,
sagt der Leistungssportler (Jan Ullrich).

Körpereigene Opiate belohnen den Grenzgänger.
„Das Glück des Tüchtigen“ kannten schon die Römer.

**Nicht der Sieg entscheidet –
aber der Weg.**

Denn wir wissen nie,
auf welcher Etappe des Weges er uns zufällt:
der Sieg.

Leistung schenkt SINN-Gewissheit.

© Prof. Dr. Höhler

Einsatz unserer Kräfte diese Mauern niederlegt, jeden Tag, dann brauchen wir keine Motivationsdebatten mehr. Was aktuell bleibt, sind allein die Motivationsfeinde, die in und um uns lauern: Bequemlichkeit und Misstrauen, Sensationsangebote statt Handlungschancen, Angstbotschaften und Stressquellen aus der Führung.

Glück ist kein Produkt der Spaßkultur. Es ist ihr Gegenstück. Leistungs- und Erfolgsglück schenkt Sinngewissheit, weil es die Frage nach dem Sinn aufsaugt: Glück ist Lebenssinn – auch wenn sich die Philister einer älteren Leistungskultur dagegen wehren.

2 *Work-life-balance* – ein neuer Mythos? Der Krieg zwischen Arbeit und Leben muss enden

Schon die Formel verrät uns. Leben und Arbeit sind also zweierlei? Offenbar zwei ziemlich verschiedene Sphären, die wir mit Kunstgriffen und Kraftanstrengung ins Gleichgewicht bringen müssen?

Dann müsste auch die Formel »Leben und Arbeit« stimmen. Und viele engagierte Debattenredner erklären uns genau das: Leben und Arbeit sind zwei verfeindete Mächte. Was, nach Fitness- und Wellness-Einführung in die Lebenskonzepte der reichen Zivilisationen, den Zuschlag als höherer Wert erhält, lässt sich leicht ahnen: das Leben natürlich.

Ob ein Leben ohne Arbeit lebenswert sei, solche Fragen stellten unsere Vorfahren. Und die Antworten kamen von den mächtigen Sinn-Agenturen der abendländischen Tradition, von den Kirchen: *Ora et labora*, bete und arbeite. Oder, wie es im 90. Psalm Vers 10 steht, wenn das Leben »köstlich« war, ist es Mühe und Arbeit gewesen. »Arbeit macht das Leben süß«, sagt ein deutsches Sprichwort ohne jede Ironie – aber mancher kann es heute nicht ohne ironisches Lächeln anhören.

In der alttestamentlichen Geschichte von Adams und Evas Vertreibung aus dem Paradies, wo es offenkundig Arbeit nicht gab, wird die Arbeit für das eigene Überleben wie ein Fluch dem Menschenpaar mit auf den Weg gegeben: »Im Schweiße deines Angesichts sollst du dein Brot essen«, heißt es im 1. Buch Mose.*

* 1. Mose 3, 19.

Arbeit, das wissen wir aus der Begleitmelodie der reichen Sozialstaaten, ist aber auch eine Form der Teilhabe, Prestigequelle und Bestätigung der Nützlichkeit des einzelnen, und keinen Platz zu haben in der *Community* der arbeitenden Mitbürger wird von vielen Menschen als Makel empfunden.

Dass sie dennoch ein höchst kostbares Leben haben, erscheint ihnen dann offenbar wertlos; die Überlegenheit des Wertes »Leben« gegenüber dem geringeren Wert »Arbeit« löst sich plötzlich auf. »Du bist da und gehörst nicht dazu. Wir können dich nicht gebrauchen. Bald wirst du nicht mehr wissen, was in deiner früheren Firma vor sich geht; deine Freunde haben keine Zeit mehr für dich, und deine Familie schämt sich.«

Dass solche Katastrophen-Szenarien möglich sind in einer Welt, die seit Jahrzehnten aufgeklärt über den relativen Wert von Berufsarbeit diskutiert, die sich mit Modellen für Wohlbefinden und Ichfindung beschäftigt, den Weg in die eigene Mitte als Therapie für abgelenkte Arbeitsplatzbesitzer anbietet, ist verblüffend. Mit wie vielen Bildern von »Arbeit« lebt diese Gesellschaft eigentlich? Und was stellt sie sich unter »Leben« vor? Arbeitslosigkeit ja offenbar nicht, aber trotzdem hat dieselbe Gesellschaft den Slogan von der gestörten Balance zwischen – eben nicht Arbeit und Freizeit, sondern Arbeit und Leben entwickelt. Da geht mancherlei durcheinander.

Dass wir noch mehr über die faszinierenden Seiten der Arbeit, nicht nur über die *Fun*-Dimensionen des Lebens, wissen, zeigen viele knappe Merksprüche aus den Jahrhunderten der massenhaften Erwerbstätigkeit, also der Industriekultur. Der amerikanische Schriftsteller Tennessee Williams, ein Seelenkundiger also, schrieb den Satz auf: »Die Arbeit ist ein Rauschgift, das wie ein Medikament aussieht.« Verblüffend ähnlich der österreichische Dichter Peter Altenberg: »Arbeit ist eine Sucht, die wie eine Notwendigkeit aussieht.«

Ist die Arbeit eine Droge?

John Steinbeck, der berühmte amerikanische Autor des 20. Jahrhunderts, nennt »die Kunst des Ausruhens« einen

»Teil der Kunst des Arbeitens«. Dass es Probleme mit dem Maß, wie in so vielen Lebensbereichen, auch mit der Arbeit gibt, hat viele Beobachter beschäftigt. »Arbeit«, so der Medientheoretiker Marshall McLuhan, »existiert nicht in einer Welt, die des Lesens und Schreibens unkundig ist ...« – Und er liefert einen wichtigen Gedanken zu dem Bruch zwischen Arbeit und Leben, der heute niemanden mehr zu beunruhigen scheint: »Wo der ganze Mensch beteiligt ist, gibt es keine Arbeit. Die Arbeit beginnt mit der Verteilung der Arbeit.«

McLuhan berührt den Punkt, der uns vielleicht zu verstehen helfen kann, wie es zu unserem schizophrenen Verhalten gegenüber dem, was heute »Arbeit« für die meisten von uns ist, überhaupt kommen konnte. Im Grunde sagt er: Solange die Arbeit den Menschen ganz erfüllt, weil sie »seine« Arbeit ist, die getan werden muss, damit er leben, essen, Sicherheit erfahren, Beziehungen gestalten und Angst bannen kann, spaltet sie sich nicht von ihm ab wie etwas Fremdes. Sie ist ein Teil von ihm. Sie »ist« Leben. Er muss nicht nach einer »neuen« Balance zwischen beiden suchen, sie ist gegeben, weil beide eins sind.

Der Konflikt zwischen Arbeit und Leben begann mit der Rationalisierung. Des Menschen Kopf und Hand, seine Denk- und Muskelarbeit wurden immer kostengünstiger verlagert in technische Systeme. Die Würde menschlicher Arbeit verflog – um viel später, viel teurer in einzelne Marktsegmente zurückzukehren. »Handmade« ist heute ein Signal für Luxus, den sich nur wenige leisten können.

Schon an der Wende zum 20. Jahrhundert schrieb der tschechische Autor Karel Čapek* in seinem Werk »Rossums Universal-Roboter« über einen Mann, seinen Helden Rossum, einen Schlüsseldialog, der die Entfremdung von Arbeit und Leben, die wir heute als gegeben hinnehmen, an ihrer Wurzel fasst:

---

* Čapek lebte von 1890 bis 1938. Hier zitiert nach: R.W. Kent/ L. Schmidt, Geld, Königstein 1988, S. 66.

»Was denkst du, ist der beste Typ Arbeiter, vom praktischen Standpunkt aus?« fragt die Romanfigur Domin das Fräulein Glory.

Sie antwortet: »Wahrscheinlich der, der am ehrlichsten und fleißigsten ist.« Domin darauf: »Nein, der am billigsten ist. Der, dessen Ansprüche am geringsten sind. Der junge Rossum hat den Arbeiter mit den minimalsten Ansprüchen erfunden. Er musste ihn vereinfachen. Er vermied alles, was nicht direkt zum Arbeitsprozess nötig ist – alles, was Menschen so teuer macht. Tatsächlich verwarf er den Menschen und baute den Roboter. Mein liebes Fräulein Glory, die Roboter sind keine Menschen. Mechanisch sind sie viel perfekter, als wir es sind, sie besitzen eine überaus entwickelte Intelligenz. Aber sie haben keine Seele.«

Was die Maschinenzeit zerrissen hat, fügt die Informationsgesellschaft nicht spielend wieder zusammen. Obwohl die Welt der virtuellen Produkte und Prozesse sich inzwischen »Wissensgesellschaft« nennt, bleibt der Arbeitsstil der Industriekultur der herrschende – vor allem in den Führungszirkeln. Die immer noch so genannten »Arbeitnehmer« können nicht aus eigener Kraft gegen die Konzepte der Selbstausbeutung vorgehen, die ein großer Teil der Chefs als notwendiges Opfer für den Durchbruch zum Gipfel im Business versteht.

Arbeit frisst Leben, heißt das Konzept dann. »Seine Arbeit war sein Leben«, steht in den Todesanzeigen jener plötzlich aus der Schlacht Katapultierten, ein Satz, in dem sich Anerkennung von ähnlich strapazierten Topmanagern mit familiärem Groll auf unheimliche Weise mischt.

Entweder – oder, Arbeit oder Leben, das nehmen viele junge Leute als maßgebliche Alternative mit auf ihren Karriereweg. Sie fügen sich von Anfang an in die angebliche Wahrheit, dass man nicht beides haben könne. Keiner rennt durch die Firma und schreit: »Das kann doch nicht sein! Ich habe ein Recht auf beides! Ich will nicht als Krüppel leben!

Ich kann mir nicht vorstellen, dass es für diese Firma gut ist, wenn ihre Mitarbeiter als gespaltene Existenzen leben. Wenn das Leben selbst in einem lebendigen Organismus wie dieser Firma, die für lebendige Kunden ein attraktiver Partner sein möchte, zum knappen Gut wird, dann stimmt etwas nicht – mit der Firma, mit der Führung.« Aber keiner schreit. Auch die Frauen nicht. Dennoch: Ihre Annäherung an die Gipfel der Macht fällt auch deshalb so zögernd aus, weil sie die Alternative für verfehlt halten. Sie ist menschenfeindlich, lebensfeindlich und erfolgsfeindlich. Frauen aber weichen eher zurück, als ihre Wahrnehmungen intellektuell unwiderstehlich zu verkaufen. Darum geht alles so langsam. Ihr Einspruch fehlt – auch wenn er draußen wieder lauter wird: Frauen sind es nämlich überwiegend, die *work-life-balance*-Seminare anbieten. Was draußen geschieht, erreicht aber leider meist die Firmen nicht. Obwohl die Dramatik des Bruchs zwischen dem »wirklichen Leben« und dem Berufsalltag von immer mehr Menschen quälend erlebt wird, sind die »Angebote« auf dem Markt der »Trainer«, Berater und »Lebenshelfer« von einer ebenso dramatischen Dürftigkeit. Wie groß die Ratlosigkeit der Ratsuchenden ist, mag man an den Teilnehmerzahlen solcher Seminare ablesen – die den meisten Besuchern kaum mehr als eine Ahnung dessen mitgeben, wie sie sich fühlen könnten, wenn Arbeit und Leben besser zusammen passen würden.

Heublumenbad und Entspannungsgymnastik oder Meditationstechniken erreichen als Rettungsmethoden nie das Format des Problems. Auch Anweisungen zum Zeitmanagement, Hinweise auf gesunde Ernährung und physiologische Belastung als Ausgleich können nicht mehr liefern als ein aufgestoßenes Fenster, durch das man in eine Wunschlandschaft schauen kann – die zu betreten die Tür fehlt. Wer sich ein Loch in die Mauern stemmt, der wird in diesen Seminaren nicht gesehen. So fehlen die Leidensgenossen, die sich durchgesetzt haben – ohne falschen Führungsrespekt, unter gnadenloser Selbstkritik: »Du bist es selbst, der die Mauern zulässt! Dir fehlt der Mut, du hast mehr Angst vor dem Ausbruch als vor dem Weiterleben im Krieg zwischen Arbeit und Leben.«

Denn darum geht es: Zwischen Arbeit und Leben herrscht Krieg – so empfinden es viele Mitarbeiter. Der Krieg wandert nach innen und rüttelt an den inneren Verteidigungsmauern, hinter denen die Menschen vor der Übermacht ihrer Karrierepflichten Deckung suchen. Der Konflikt wandert mitten in die Identität hinein, denn natürlich spüren die Opfer, dass sie selbst an der Balancestörung mitwirken, die sie heilen möchten. Sie können sich aber gar nicht an eine Zeit erinnern, es sei denn in ihrer Kindheit, vielleicht noch als Studenten, in der es anders war. Als sie anfingen, ernsthaft mitzuspielen im großen Poker um Chancen, Aufstiege und Überholmanöver, da gab es nur noch Vorbilder, die ihnen überdeutlich vorlebten:

- Der Preis ist hoch.
- Die Opfer sind beträchtlich.
- Wer am meisten opfert, kommt am weitesten.
- Deine Wünsche sind Kinderwünsche, vergiss sie.
- Werde mit einem Schlage erwachsen, sonst verlierst du den Anschluss.
- Karriere muss wehtun.
- Verachte den Schmerz, er wird dich unempfindlich machen gegen weitere und stärkere Schmerzen.
- Wer siegen will, muss hart sein, vor allem gegen sich selbst.

Männergedanken und Männerprogramme – denen Männer sich bereitwillig unterwerfen. Demütig wie Frauen es niemals wären steigen die Männer ein auf das alte Spiel: Karriere ist Krieg gegen das Leben. Wer »nur« das Leben hat, der bleibt unwichtig. Als Fußvolk können Leute ohne Karrierewünsche nützlich sein: Sie stellen den Tross für die Topshots. Familienmitglieder, vor allem Ehefrauen gehören oft dazu.

Wer Karriere machen will, so die bisher verbreitete »reine Lehre«, der muss den unwichtigen Teil, der »Leben« heißt, beiseite lassen. Balancestörung als Programm.

Work-life-balance

Der Krieg zwischen Leben und Arbeit muss enden. Wer Leben für Arbeit opfert, gibt den Mitarbeitern ein schlechtes Beispiel.

Die Konfrontation von Leben und Arbeit ist ein Erbe der Industriekultur. Sie gehört zur untergegangenen Welt der Blöcke: Entweder – oder.

Manage für dich und deine Mitarbeiter das neue Gleichgewicht:

Wer so führt, wird die Balance zwischen Arbeit und Leben wiederfinden – und mit ihm seine Leute.

© Prof. Dr. Höhler

Das Training auf solche dramatischen Verluste hin beginnt früh und lässt bald den Schmerz verstummen. Wenn Manager dann sagen, ihre Arbeit sei »Passion«, dann darf man den fernen Nachklang eines todernsten Wortsinns ruhig mithören – auch wenn sie blitzschnell übersetzen: »Leidenschaft«.

Wenn man sich auf Arbeit ohne Leben trimmen kann, warum wird *work-life-balance* dann ein Thema? Einmal: weil viele Mitarbeiter, die nicht nur eine Vision von »Leben« haben, sondern auch den zornigen Wunsch, vielseitiger zu leben als ihre Chefs, durch die Defizit-Variante von »Leben«, an die sich ihre Vorgesetzten gewöhnt haben, quasi infiziert werden: Der Chef versteht ihre Mentalität bald nicht mehr. Er versteht, wie der Vertrieb mit Schrecken feststellt, auch die Kundenmentalität nicht mehr. Er verfolgt ein Leistungsideal, das die »Lebensprofile« der Mitarbeiter zurückdrängt. Das System wird mächtiger als das pulsierende Leben in den arbeitenden Menschen. »Was soll das?« fragen sie sich, wenn ihnen die Arbeitshaltung des Chefs immer fremder wird, weil sie die Form einer Obsession annimmt, die sie selbst nicht begeistert.

Natürlich finden sich bei den Beratern, die versprechen, die Balance wiederherzustellen, auch solche gejagten Chefs ein. Denn auch sie können beweisen: Ich bin eigentlich anders, lebendiger, interessanter, individueller. Aber ich habe keine Chance, in der Firma so aufzutreten. – Warum nicht? – Weil ich Karriere machen will.

Das Dilemma scheint ausweglos, solange zu viele erfolgsentschlossene Menschen glauben, der Preis für die Karriere sei – das Leben.

Wie zaghaft sich die Wahrnehmung dieses Irrtums in den letzten Jahrzehnten in unser Bewusstsein geschlichen hat, sehen wir an dem Satzklischee, das heute nur noch ironisch zitiert wird: »Im Mittelpunkt steht der Mensch.« Ein frommer Wunsch, auch ein Signal der guten Absicht, dem Zeittrend, der schon in den siebziger Jahren auf neue Zärtlichkeiten zeigte, Tribut zu zollen. Die siebziger Jahre waren es ja auch, die von der schwindenden Bereitschaft der Mitarbeiter Kenntnis gaben, zu arbeiten, nur weil man arbeiten soll – wieso eigentlich soll man das? »Leistungslust« wurde ein bedrohliches Thema für die Unternehmen, weil plötzlich die stille Verweigerung von Mitarbeitern, die sich nur schwer taxieren und noch schwerer sanktionieren lässt, als reale Möglichkeit im Business auftauchte.

Also schnellstens in den Mittelpunkt mit »dem Menschen« – eher im Singular, weil man es gar so ernst und für alle eben doch nicht meinte.

Niemand sprach davon, niemand spricht bis heute davon, dass es um etwas ganz Elementares geht, wenn die *work-life-balance*, deren Vorspiele so weit zurückreichen, jetzt zum vitalen Protest-Signal wird. Alle Teilzeit- und Gleitzeit-Projekte, alle Job-sharing-Versuche haben die Balance zwischen Leben und Arbeit nicht herstellen können. Ausnahmen bestätigen die Regel – und die heißt: Wer etwas erreichen will in der Wirtschaft, unterschreibt die Kriegserklärung: Arbeit gegen Leben. Der Ausgang dieses Gefechts ist nicht offen, denn der Verlierer steht fest – das Leben selbst.

Vielleicht wissen wir gar nicht mehr, was »Leben« ist? Und unsere Vorfahren, wussten die es besser? Leben und Arbeit hatten große Teilmengen gemeinsam, und jeden Tag, ja beinahe jede Stunde war in der landwirtschaftlichen Kultur klar, dass es bei der Arbeit um das Leben selbst ging. Beide waren untrennbar verbunden.

Nur Schwärmer können behaupten, diese Erfahrung sei auch heute noch für jeden Arbeitnehmer und jeden Chef der mittleren Ebene täglich greifbar.

Dass Topmanager und Geschäftsführer, Chefs generell, für sich eine hohe Motivation in Anspruch nehmen, heißt nicht mehr, als dass sie ihre Pflicht kennen: Wer zurückschaut, stürzt ab. Wer Arbeitnehmergedanken im Kopf hat, ist nicht lange Chef. Das elementare Geheimnis, das die *work-life-balance*-Melodie in den nächsten Jahren nicht verstummen lassen wird, ist die Entdeckung des stärksten aller Argumente für den Kampf ums Gleichgewicht: Nur so machen Arbeit und Leben Sinn. Wenn schon ihre wechselseitige Durchdringung gestört ist, weil alle Lebensfunktionen getrennt bearbeitet werden, so wird der Hunger nach Gleichgewicht immer größer. Leben, um zu arbeiten? Arbeiten, um zu leben? – Die Echos abgenutzter Spruchweisheiten spenden keinen Sinn. Wir erkennen doch, dass eines ohne das andere wertlos ist: Das Leben will nicht schmecken ohne Arbeit – in der ja all das im Tiefschlaf auf unser Verstehen wartet, was wir nicht »Arbeit« nennen: Liebe, Treue, Fürsorge, Aufmerksamkeit, Verantwortung – und die Arbeit tötet die Lebensgeister, wenn sie sich vor das Leben drängt und dieses unzumutbare Opfer fordert: Erfolg gegen Leben.

Im *work-life-balance*-Diskurs, den wir so schnell nicht wieder loswerden, verbirgt sich die Frage nach dem Sinn.

3 Die neue Balance: Sinn-Management für Arbeit und Leben

Das Leben in unsere Arbeit zurückholen und die Arbeit in unser Leben, das ist nicht irgendeiner, sondern der einzige Weg, den Sinn für beide, Arbeit und Leben, zurückzugewinnen. Der Krieg zwischen Leben und Arbeit beruht auf dem Irrtum, Menschen wären dauerhaft dafür zu gewinnen, eines gegen das andere einzutauschen.

Wieder erweist sich die Führung als Vorreiter: Sie opfert Leben für Arbeit und gibt damit den Mitarbeitern ein schlechtes Vorbild. Mitarbeiter spüren zwar, dass sie so nicht leben und arbeiten wollen, aber mit der skeptischen Distanz, die sie deshalb zu ihrer Führung wählen, geht Vertrauen verloren; mit diesem schwinden Sicherheit und Loyalität. Diese Verluste an Beziehungsqualität bringen Einbußen für den gemeinsamen Erfolg, den Führung und Mitarbeiter suchen.

Die Führung muss erkennen, dass die Balancestörung, unter der ihre Mitarbeiter mehr leiden als sie selbst, die das Askesemodell »Arbeit contra Leben« gewählt haben, nur von der Führung geheilt werden kann.

Alle elementaren Störungen im gemeinsamen Erfolgsprozess gehen von der Führung aus. Wer Führungsverantwortung trägt und diesen Satz nicht unterschreiben möchte, unterschätzt nicht nur die Ausstrahlung des eigenen Habitus auf die Mitarbeiter, sondern er erliegt auch der Versuchung, Ursache und Wirkung zu vertauschen:

Die gängige Chef-Klage, mit diesen Mitarbeitern seien

eben keine besseren Ergebnisse möglich, streicht die Führungsleistung kurzerhand weg. Wer so redet, glaubt nicht an die Macht von Führung – oder drückt sich vor der Führungsverantwortung. Wen wundert's, dass Mitarbeiter solchen Figuren keine Begeisterung entgegenbringen?

Die Spaltung von Arbeit und Leben entspricht dem Weltbild der Industriegesellschaft: Das Entweder-Oder aus der Welt der Blöcke sickerte ein in die Lebensentwürfe der Maschinenzeit. Kurzerhand wurden Lebensläufe zerlegt in Beruf und Freizeit, Arbeit und Leben. Für die Aufsteiger wurde daraus schnell »Arbeit oder Leben«. Die Spannung zwischen beiden Sphären zu bewältigen blieb Aufgabe des einzelnen. Über Jahrzehnte war die Sehnsucht nach Harmonie zwischen Arbeit und Leben, zwischen Selbstausbeutung und Regeneration kein Thema.

Der erste Versuch, den Funkenschlag der Lebenslust in die Arbeit zu holen, der in den siebziger Jahren des 20. Jahrhunderts begann, gut flankiert von der Forschung, brauchte eine ganze Generation, um nun zum Kern des Problems vorzustoßen. Die Beschleunigung seiner Kommunikationsprozesse macht den Menschen nicht schneller, so lernen wir daraus. Seine Psyche erscheint verspätet, im alten Generationentakt, auf der neuen Szene und klagt ihre Verluste ein.

So löst der Wunsch nach Balance, nach Gleichgewicht, das lebensfeindliche Entweder-Oder ab.

Wie kann sie nun aussehen, die »Philosophie der neuen Balance«, der sich die Führung verpflichten sollte, um die Sinnblockade zu durchbrechen, die ihre Teams an der Entfaltung ihrer Leistungslust hindert?

Hier mein Vorschlag:

- Wir arbeiten mit Menschen für Menschen.
- Das Wertvollste an den Menschen im Unternehmen ist nicht ihre Funktion, sondern ihre Würde.
- Die Würde der Menschen, mit denen wir arbeiten und leben, beruht auf ihrer Einzigartigkeit.

- Die Führung muss Einzigartigkeit und Vielfalt der Menschen achten: Intellektuelles und emotionales Leistungsvermögen sind für die Firma unentbehrlich.
- *Brainpower* managen heißt: Können und Wissen, Visionen und Träume zusammenbringen.
- Vorsprünge werden nur noch in der Welt der *added values* geholt.
- Deshalb darf Führung die *added values* der Mitarbeiter nicht länger vernachlässigen.
- Mitarbeiter träumen vom transzendenten *added value*: Sinn.
- Kunden ebenfalls.
- Die Folgerung lautet: Die Firma muss sich dieses Ziel setzen: Handlungssinn produzieren.
- Schaffen Sie den Begriff des »Arbeitnehmers« ab! Die Mitarbeiter bringen der Firma ihre Arbeitskraft, große Teile ihrer kostbaren Lebenszeit – und wenn die Führung erstklassig ist, erstklassige Ergebnisse.
- Entwickeln Sie in Ihren Teams das Bewusstsein, dass geistiges Eigentum verpflichtet. Wir müssen mit anderen teilen, was wir können und wissen.
- Machen Sie den Generationenmix produktiv! Pflegen Sie ein Klima wechselseitiger Bewunderung. Nur so lernen alle voneinander.
- Heilen Sie die Spaltung im Denken der Mitarbeiter: Unternehmenserfolg ist Mitarbeiter-Erfolg!
- Gehen Sie ins Risiko: Vertrauen Sie offensiv – und lassen Sie es Ihre Leute wissen.*
- Lassen Sie jeden Mitarbeiter spüren: Deine Nächsten außerhalb der Firma gehören dazu. Feiere nicht allein, trauere nicht allein. Die Firma möchte mithelfen, dass es deinem »Leben« gutgeht.
- Zum lebendigen Organismus Unternehmen gehören Kunden und Mitarbeiter nicht als Funktionen, sondern als Menschen, die in Beziehungsnetzwerken leben.

---

* Siehe dazu Teil VI, S. 197–212.

Die Balance zwischen Arbeit und Leben wiedergewinnen, das kann nicht Mitarbeiterprogramm sein, wenn es nicht Führungslektion ist. Deshalb hier der ergänzende Katalog für die Selbsttherapie der Führungskräfte:

- Wagen Sie erste Schritte in das eigene Gleichgewicht!
- Nehmen Sie Ihre Gefühle so ernst wie Ihre Gedanken!
- Wenn Sie jetzt fragen: welche Gefühle?, dann ist Ihr Weg etwas weiter. Er fängt dann so an:
- Lauern Sie sich auf, ertappen Sie sich: bei unterdrückten Gefühlen, die Sie mit der antrainierten Zensur killen, sobald sie in Ihr Bewusstsein klettern. Ein leichtes Beispiel: Frühling. Winde, Wolken, Düfte. Plötzlich Erinnerungen, so schmerzlich, dass Sie den großen Hammer nehmen möchten und die süßen Düfte killen. Tun Sie's nicht! Sie werden jemandem begegnen, der Sie auch noch sind, reich, sehnsüchtig, voller unverbrauchter Visionen und kühner Träume. Einer, den Sie mögen werden. Er liefert Ihnen den Rest der Welt. Riskieren Sie's! Sie werden mit einem wacheren Blick in die Firma kommen, und die Gesichter Ihrer Mitarbeiter werden Ihnen viel mehr erzählen als früher.
- Seien Sie freundlicher zu sich selbst. Nur wer sich mag, wird gemocht. Auch wenn das neu für Sie ist: Ihr Team wird besser, wenn Ihre Mitarbeiter Sie nicht nur achten, sondern auch mögen.
- Lassen Sie spontane Impulse nach vorn! Starten Sie ins Arbeitsprogramm mit dem Querschläger-Gedanken, den Sie gerade verwerfen wollten! Stellen Sie ihn zur Debatte. Das Vertrauen Ihrer Mitarbeiter steigt mit Ihrem Wagemut, Ihr »Leben« in die Arbeit zu holen.
- Erzählen Sie gelegentlich, was Ihre Kinder machen. Es wird den Mitarbeitern das Herz wärmen. Und auch sie werden erzählen: *work-life-balance*, erste tastende Schritte.
- Brechen Sie Rituale auf! Ein unkonventioneller Satz reicht, um die Runde im Meeting mit Mut und Energie zu versorgen: Alle kommen aus der Deckung, wenn der

Selfmanagement

Die Ziele: Die Opferrolle aufbrechen.
Das Dilemma zwischen Beruf und Privatleben lösen.

Die Balance wiedergewinnen: Das Leben ist kein Rollenspiel, sondern ein einmaliger Weg ohne Wiederkehr.

Mitarbeiter haben ein Recht auf souveräne Führungskräfte mit Handlungsspielräumen.

Belebe deine Träume!
Wage den Widerspruch gegen unverantwortliche Führungsbedingungen!

Formuliere die komplette Skala der gemeinsamen Ziele – und lass dich von deinen Mitarbeitern darauf verpflichten.

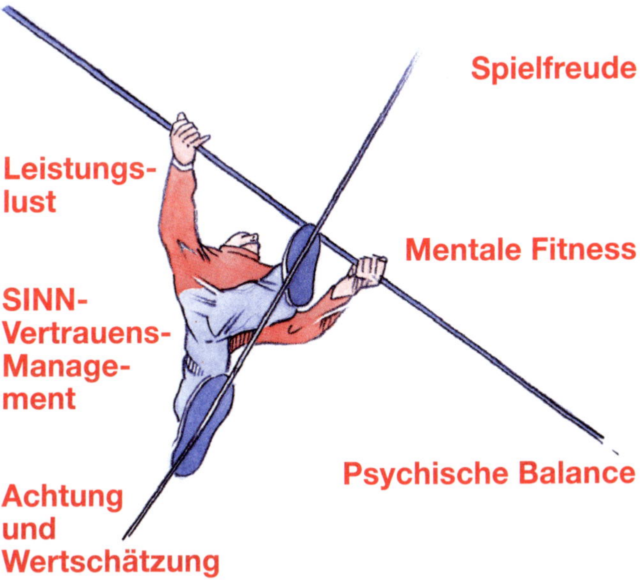

Chef das Spiel mit einem scherzhaften Ballwechsel eröffnet.

- Wagen Sie regelmäßig eine Sinn-Debatte. Lassen Sie jeden sagen, was er/sie darunter versteht. Ob der Lebenssinn in der Firma zerstört oder angereichert wird. Ob Firmenziele sich mit Lebenszielen decken. Wie man gemeinsam noch mehr Sinngewissheit und Lebensglück in die täglichen Abläufe hereinschaufeln kann. Das darf eine humorvolle Diskussion sein, wegen der Verletzlichkeit aller bei diesem zentralen Thema.
- Führung muss es anstimmen, das Wunschziel aller: Arbeit soll Leben sein, und beide sollen den Hunger nach dem befriedigen, was über Lob und Lohn, über Achtung und Vertrauen, über Leistung und Nutzen hinausgeht: Sinn. Er braucht alle diese Vorstufen, aber er öffnet eine neue Dimension. Es ist die Welt, in der die rechenbaren Erfolge nicht mehr wichtig sind.

Führung muss ihren Mitarbeitern zeigen, dass sie von dieser Welt weiß – und dass sie den Schlüssel zur Sinngewissheit gern in jede Mitarbeiterhand geben möchte.

Dann wird auch der andere Schauplatz, »das Leben«, von Gelassenheit und Sinn erfüllt. Ihre Zerrissenheit hier, im eigenen Leben, ist es ja, die viele Menschen zu den Angeboten der *work-life-balance*-Gurus treibt: Sie können keinen Frieden machen mit der beruflichen Rastlosigkeit, die sich in allen Gedanken und Gefühlen eingenistet hat; sie können ihre Erschöpfung nicht abschütteln, die Anspannung aus den acht oder zehn Arbeitsstunden nicht in Lebensfreude umsetzen, weil das Ziel undeutlich blieb, das Teamerlebnis kein Hochgefühl vermittelte – und der Vorgesetzte, die andern Mitarbeiter kein gemeinsames Leistungsglück zuließen. Oder war es auch die eigene Mutlosigkeit, die den Erfolg vertrieb?

Der andere Kampfplatz in diesem Krieg ist zu Hause. Motorisch unruhig, in schlechter Stimmung, dem morgigen Einerlei ausgeliefert wie dem heutigen, mit sinkendem

Selbstwertgefühl und ohne jede Vision, wie das Leben, die Arbeit wieder Glanz gewinnen könnten. Wenn die Botschaften des Tages sich verändern wie beschrieben, dann wechselt auch das Licht im Szenario »Leben«. Es war ein guter Tag: Mal sehen, wie's morgen weitergeht. Die Führung verändert ihr Gesicht. Vertrauen und Interesse fluten in das Einerlei des Mitarbeiterlebens. Diese Eindrücke begleiten ihn nach Hause. Ungewohnte Tonlagen machen ihn aufmerksam: Nach seinen Kindern hat der Chef gefragt. Von seinen eigenen erzählt. Außerhalb der Tagesordnung im Meeting plötzlich über den Frühling gesprochen. Alle waren sprachlos.

Wer abhängig arbeitet, fühlt und denkt abhängig. Chef-Stimmungen werden Mitarbeiter-Stimmungen. Chef-Defizite werden Mitarbeiter-Defizite. Und Landgewinne werden Landgewinne. Wenn der Chef plötzlich umkehrt, Arbeit mit Leben zusammenbringt, dann springen die Zensurschlösser auch in den Mitarbeiterköpfen auf.

Führung hat so viel mehr Macht über das Klima im Unternehmen, als die Führungsleute wissen wollen.

Eine Führung, die sich an die Sinndebatte wagt, öffnet Schleusen: Sinn flutet ins Unternehmen hinein, und Wohlbefinden greift um sich. Wohlbefinden – ein Wort, das in den Firmenbibeln bislang nicht steht. Es klingt so unprofessionell, so emotional. Es klingt – Vorsicht, Kunde! – nach Markt. Und der beginnt mitten im Unternehmen. Da, wo die Kunden der Führung arbeiten – und leben, wenn die Sache Sinn macht.

IX
Wahre Sieger sichern Sinn

1 Aus für Dealer, Zocker, Entertainer: *Human Leadership* in der Sinnkrise

Wer führt im ersten Jahrzehnt des neuen Jahrhunderts? Das eben vergangene endet mit hohen Idealen in der Theorie, während in der Praxis alles drüber und drunter ging: Die Glücksritter der *E-Community* waren unterwegs, ideenreich und dürftig qualifiziert in den klassischen Management-Ressorts. Finanzen und Controlling waren es dann, woran die meisten von ihnen scheiterten. Aber Pioniere blieben sie – wie der zögernde Erfolg all derer zeigt, die mit halbwegs heiler Haut davongekommen sind.

Während die Wirklichkeit so der Theorie vorauseilte, schienen im traditionellen Management einige neue Eigenschaften der Chefs schon Alltag geworden – Debattenalltag zumindest. Steile Hierarchien seien abgeschafft, die patriarchalischen Herrschertypen auch, so hörte man offiziell. Die Kommunikatoren seien nun an der Macht, gemeinsam mit ihren Teamworkern eilten sie im stufenlos planierten Unternehmen umher, um überall entspannte Mitarbeiter zu motivieren.

Mit der *New Economy* kamen die Dealer und Spieler ins Bild, und viele Klassiker des Managements hatten das ungute Gefühl, mit ihrer neuen Kommunikatorenrolle allzu dicht an diesem neuen Zocker-Typus zu landen: »Die harten Männer sind wieder gefragt«, hieß es schon bei den ersten Krisenzeichen der *New Economy*. Während sich die Pioniere der E-Community in die Rolle von Gladiatoren gedrängt sahen, von einem blutdurstigen Publikum im

Kampf gegen die Raubtiere der *Old Economy* umzingelt, wandelten sich unmerklich auch die Profile in den Köpfen: Vielleicht war er doch ein Autist, dieser Garagen-Pionier, der jetzt unterging, und wusste man wirklich, wie er mit seinen Leuten umgegangen war? – Mit seinen Aktionären hatte er wie ein Zocker gespielt, ihr Vertrauen kostete sie viel Geld. Die Helden einer neuen Epoche wurden im Tempo der neuen Zeit, viel schneller als in früheren Jahrzehnten, von Lichtgestalten zu zwielichtigen Egomanen. Dass ihre Büros unkonventionell organisiert waren, machte im gleichen Augenblick keinen Eindruck mehr, als das Vertrauen schwand. Lieber verlässliche Patriarchen als windige Dealer, sagt sich das Publikum. – Und sieht sich auch aus der traditionellen *Business-Community* mit neuen Zocker-Profilen konfrontiert: Da werden Unternehmenspleiten wie Siege honoriert, und die Topmanager verlassen den Kampfplatz nach der Vernichtung unzähliger Arbeitsplätze mit mehrstelligen Millionenabfindungen und *Pokerface*. Lief früher diskreter dasselbe, oder leiden wir an einer altertümlichen Moral? fragen sich die Beobachter. Sind wir als Globalisierungsnachzügler noch nicht angekommen in der *Global Economy*?

Ist es die Neidkultur, die uns so kleinlich auf die großen Belohnungen für schwer entzifferbare Leistungen reagieren lässt?

Wie auch immer die Antworten ausfallen: Alte Normen wanken. Die eben neu gewonnenen, nach denen Teilhabe und Zugang, Austausch und Motivation wichtiger sein sollten als Rangordnung und Autoritäten und die Allmacht der Kommunikation alle verbinden sollte, geraten bereits wieder in Zweifel. Junge Unternehmer organisieren sich deutlich anders als ihre Vorgänger*, und viele schlecht geführte Unternehmen liefern noch ein paar Jahre Firmengeschichte ab. Einige gut geführte bewegen sich erfolgreich im Krisen-Szenario dieser Jahre und beweisen: Auf die Führung kommt es an. – Aber wie sieht der Führungstypus aus, der

* Siehe dazu das Kapitel »Hyperkommunikation«, S. 42–60.

im ersten Jahrzehnt des neuen Jahrhunderts erfolgreich sein kann? Ernüchtert und, je nach Naturell, zum Zynismus oder zum moralischen Höhenflug neigend, bewegen wir uns im Jahr eins nach dem Tag der Wahrheit am 11. September. Was wir bis dahin für das heißeste Thema hielten, die *New Economy*, ist aus den ernsthaften Diskursen herausgeschossen worden wie eine Platzpatrone. Was von der *New Economy* bleibt, das konsolidiert sich nun im Aufmerksamkeitsschatten.

Keine schillernden Stars mehr, sondern die Kämpfer mit dem langen Atem machen nun ihren Erfolg. Die Integration der *Net Economy* in die traditionellen Strukturen geht ihren Gang. Nur die Menschen sind aus dem Tritt; das Selbstvertrauen hat Schaden genommen, und die Hyperaktiven finden das ärgerlich. Die Nachdenklichen suchen nach Worten und finden niemanden, der ihnen zuhören will, wenn sie Worte gefunden haben. Die Herren der alten Industriekultur machen *Business as usual* – in schwankenden Kulissen.

»Konsumentenstimmung« und Befürchtungen der Profis an den Börsen, von aufflackernden Hoffnungen nur kurz unterbrochen, bestimmen das Weltwirtschaftsklima wie selten zuvor. Der Terror als eine Kommunikationsform, der wir kurzfristig nichts entgegenzusetzen haben, lässt unsere Entschlossenheit, besser zu kommunizieren, visionär zu führen und toleranter mit Innovatoren umzugehen, wie einen Luxus aus den Zeiten der großen Illusion erscheinen. Die Illusion, die uns jahrzehntelang gefangenhielt und unsere Wahrnehmung einschränkte, vor allem im verstaubten Europa, hieß: Wir schaffen eine bessere Welt. Wir stehen auf der richtigen Seite. Wir führen nie mehr Krieg. Gewalt ist kein Mittel zur Konfliktlösung. Wir haben eine weltweit gültige Charta der Menschenrechte. Sie wird alle Völker auf unsere Seite ziehen.

High-Tech schützt uns vor unseren Feinden von gestern und morgen, fügten die Amerikaner hinzu.

Mit dem 11. September brach die barbarischste Variante von *Low-Tech*, die mit Menschenleben beladene Bombe, in diese Illusion der Friedfertigen ein. Genauer betrachtet, war es die teuflische Kombination von *High-Tech* und *Low-Tech*, die uns ohnmächtig machte: In den offenen globalen Netzen, die Freizügigkeit für jedermann und für jede Botschaft garantieren, wurde die Generalattacke auf die Arglosigkeit vorbereitet. Von unerwarteter Seite verstärkte sich die Lehre: Was wir nicht zuvor gedacht haben, das können wir nicht tun. Hier lernten wir: Was wir nicht für möglich halten, das und besonders das kann man uns antun. Die Welt im Kopf war unvollständig, weil wir Ernstfälle dieser Art nicht zu denken wagten. Unter dem fürchterlichen Donnerschlag riss der Vorhang: Die Welt wurde vollständiger, und der Schmerz ist inkommensurabel, wir konnten diese Lektion nicht lernen. Die Amerikaner haben mehr von ihr buchstabiert; die Europäer, zumal die Deutschen, haben sich schnell davongestohlen.

Welche Führungsideale entwickeln sich in solchen Zeiten? Die Politik, deren Ende schon zum geflügelten Wort geworden war, wurde plötzlich wieder wichtig. Weltfronten verwischten und klärten sich zugleich: Die Allianz gegen den Terror versammelte wohlkalkuliert alle, die jetzt überwacht werden sollten, ohne gleich unter Schurkenstaaten-Verdacht gestellt zu werden. Die NATO nahm Haltung an und erklärte den Ernstfall; damit war ihr Auftritt aber auch schon zu Ende. Die Länder Europas besannen sich auf ihre Nationalstaatlichkeit – ein Exempel, in dem einstweilen niemand lernend lesen will. Die USA verteidigen sich selbst und zeigen Weltmachtprofil. Europa bietet insgesamt eine Vorstellung, die weit hinter der offiziell gehandelten Vision zurückbleibt.

Deutlicher als in störungsfreien Zeiten treten Einzelpersonen hervor: der New Yorker Bürgermeister, der Präsident der USA. Ihren Worten lauscht die Welt, und ihre Gebärdensprache wird analysiert auf Zeichen von Entschlossenheit, Glaubwürdigkeit und Stärke. Worte und Reden gewinnen große Macht, wenn die Trümmerfelder, innere wie äußere, so unermesslich sind, dass nur die Welt im Kopf mit Bildern einer besseren Zukunft ausgestattet werden kann.

Wichtig ist dieser Vorsprung im Kopf für die Motivation der Menschen, für ihr Selbstvertrauen und ihre Leistungsbereitschaft. Die katastrophale Fehleinschätzung der freien Staaten, was die Reichweite ihrer Lebenskonzepte und die Unverwundbarkeit ihrer Systeme angeht, führte zu einer konzentrierten Präsenz der Führung, zu engerem Kontakt zwischen Führung und Bürgern. Die Bewährungsprobe für den Zusammenhalt und die Glaubwürdigkeit der Führung wurde in den USA vor allem deshalb bestanden, weil die Kommunikation von seiten der Führung eindeutig, einfach und mit klaren, ständig wiederholten Botschaften ablief, die der Mentalität der Menschen im Land entsprachen.

Würde eine Unternehmensleitung im Katastrophenfalle ebenso intensiv und lückenlos kommunizieren, dann könnte sich manche Firma schneller und mit weniger Schaden an ihrer Glaubwürdigkeit aus der Krise befreien. Unternehmensleitungen werden in der Regel in der Krise immer schweigsamer. Gerüchte und Vermutungen wuchern, Ängste der Mitarbeiter lähmen die Leistungsbereitschaft, Misstrauen zerstört die Solidarität. Der Unterschied zwischen Staaten und Unternehmen scheint auf den ersten Blick eindeutig: Weder Präsident Bush noch Bürgermeister Giuliani mussten den Bürgern mitteilen oder vorenthalten, dass die Reise ohne sie weitergehen würde. Im Gegenteil: Deutlicher als in harmloseren Zeiten zeigte sich: Aus dieser Geschichte will keiner von uns entlassen werden und kann keiner sich beurlauben. Wir gehören zusammen. – Selten wird eine Unternehmensleitung auf dieser Gewissheit aufbauen können. Aber der zweite Blick zeigt: Viele von denen, die Bush und Giuliani zuhörten, waren doch so etwas wie »Entlassene«, schlimmer noch: verlassen von ihren liebsten Menschen, ohne Existenzgrundlage, ohne Zukunft. Nicht nur ohne Arbeitsplatz, sondern ohne Zukunft irrten sie durch die Straßen, versammelten sie sich in den Gottesdiensten aller Kirchen und Konfessionen, um – nicht Gewissheit, aber Hoffnung zu schöpfen: Mit solchen Führungspersönlichkeiten geht auch meine Geschichte irgendwie weiter.

Warum gelingt im viel begrenzteren Umfang eines Firmenkonkurses solche Verbundenheit fast nie? Weil die Mitarbeiter Schuldige suchen – und in Gestalt der Führung finden? Reicht das als Grund schon aus? Auch gegen CIA und FBI richteten sich nach dem 11. September massive Angriffe. Der Solidarität der Menschen mit ihrem Land und mit ihrer Führung tat das aber kaum Abbruch.

Keine Firma erreichte eine vergleichbare Wertschätzung, wie sie die Nation Amerika in den Köpfen der Amerikaner hat. Profitorientierte Unternehmen, so argwöhnen die Mitarbeiter dagegen bei ihren Arbeitgebern, werden ihren Profit zur Not auch gegen uns suchen. Hier sind wir auf Zeit. Das heißt wachsam sein. Amerikaner sind wir auf Lebenszeit. Eine Schicksalsgemeinschaft, die auch den Stolz des einzelnen nährt.

Immaterielle Werte sind es, die den Zusammenhalt im Ernstfall zuverlässig machen. Dagegen haben Unternehmensführungen im Ernstfall weniger Chancen. Aber sie setzen auch weniger ein, um glaubwürdig zu bleiben. Ihre Mitarbeiter sind nicht ihre Wähler. Viele von ihnen brauchen sie nicht mehr – und das reicht schon aus, um sie schlechter zu behandeln als die andern.

So dünn ist das Eis der Menschenrechte, auf dem wir gehen. Business ist Dschungel, sagen die Resignierten unter den Beschauern.

Als wären sie auf die Solidarität ihrer Mitarbeiter nicht angewiesen, lassen bedrohte Firmen diese spüren: Eure Ziele sind nicht unsere Ziele. Mitarbeiterziele sind nicht Firmenziele – und waren es nie. Das Wohl der Firma hängt von euch nicht ab, lautet die nächste Botschaft. Im Gegenteil: Erst ohne euch können wir wieder über ein Weiterleben der Firma nachdenken.

Wenn es so ausgeht, ist es auch schon in besseren Zeiten nicht gut gelaufen mit der gemeinsamen Sinnschöpfung. Tritt ein Unternehmen in der Krise so unverblümt als Sinnvernichter auf, dann gab es auch schon vorher keine gemeinsamen Koordinaten für das Handeln. Mitarbeiter spüren das früh.

Siege in der Human Economy

Siegeswille begleitet den Menschen
durch seine Geschichte.
Jedes Kind siegt täglich über seine Widersacher:

Unerfahrenheit und Ungeduld

Feinde, die uns
täglich bedrohen:

- Bequemlichkeit und Gewohnheit
- Routine und Vorurteile
- Selbstüberschätzung und Kleinmut
- Fehler im Wissensmanagement
- Unaufmerksamkeit

Die Verlierer sind wir, nicht die anderen.

Und wir wissen:
Es geht nicht ohne die anderen.

Was Giuliani und Bush im Katastrophenszenario nach dem 11. September gelungen ist, liefert ein blendendes Beispiel für den Erfolg von Sinn-Machern. Hier können wir studieren, was dazugehört:

- Unbeugsamkeit und Glaubwürdigkeit;
- Versprechen halten;
- klare, täglich wiederholte Botschaften, die im Kern zusammenpassen;
- reale Präsenz an den Orten des Sinnverlustes;
- Mut und Leidenschaft;
- Lob und Belohnung für die vielen Sinn-Macher, die Helden auf allen Stufen des Geschehens –
- Prinzip: Die eigene Heldenrolle mit anderen teilen.

Aus der extremen Sinnvernichtung um so entschlossener, mit dem Zorn der verwundeten Kreatur neuen Sinn zu generieren, trotzig, standfest und ansteckend durch die Intensität des Entwurfs, das gelingt nur, wenn latent die Verbundenheit aller im Namen gleicher Werte die Basis liefert. Dann bewährt sich auch ein gewisser Überschuss an Selbstvertrauen, wie ihn viele Europäer mit abendländischem Missmut bei den Amerikanern ausmachen wollen.

In Deutschland geriet eine politische Führung in den Sturm der Weltgeschichte, die eigentlich für Spaßzeiten gewählt war. Der Kanzler eine Entertainment-Begabung, endlich ein Wahlkampf im »amerikanischen Stil«, wie die im übrigen gern amerikakritischen Deutschen sich komplexhaft bescheinigten.

Das Talent des Deutschland-Managers im Amt des Bundeskanzlers bewährte sich. Das Vokabular der »Mitte« wurde mit Extremvokabeln angereichert, die sich nicht gleich, aber nach einigen Monaten als sprachliche Architekturen einer symbolischen Politik erwiesen. Das Vokabular der Unbedingtheit – »uneingeschränkte Solidarität« als zentrale Botschaft – passte zum Unverdaulichen der Ereignisse. Aus Verbindlichkeiten schien Verbundenheit zu werden, das wärmt die Menschen. Starke Worte helfen, vor allzu starken Fakten nicht nur Ohnmacht, sondern auch Zorn zu empfinden. Die deutsche Führung lieferte eine stimmungskonforme Performance ab – und sie federte im Verlaufe der nächsten Monate das Gewicht ihrer Worte durch symbolische Aktionen ab: lebhafte Reisetätigkeit der Topleute, um Bilder vom Tatort für daheim zu liefern: Bedeutende Orte strahlen auf Personen aus – sie liefern Image zu.

Was nicht gelang, weil das Grollen des Welt-Terrors die Deutschen eben nur als der Schrecken der anderen erreicht hatte, war die durchgreifende Wandlung des Führungsprofils der Spitzenakteure. Der Alltag kam wieder, und die Nachsicht des Publikums nahm nicht zu, sondern ab. Der Firma Deutschland geht es schlecht, da lässt das Interesse an weltpolitischer Symbolik schnell nach. Der Startvorteil des Kanzlers erscheint dennoch unzerstörbar: Er polarisiert nicht. Er darf sogar weiter symbolisch Punkte sammeln, als Firmenretter und gönnerhafter Gesprächspartner junger Moderatorinnen. Die Deutschen, mehrheitlich, mögen diesen Führungsstil. Das heißt immerhin: Die »Mitarbeiter« der Firma Deutschland mögen diesen Chef. Sie mögen sein Geflunker in Sachen Haartönung, obwohl sie ihm, mehrheitlich selbst getönt, hier etwas mehr Souveränität wünschen würden: »Mach dir doch nicht solchen Stress«, lachen die Jungen.

Sind das nun lauter Hinweise darauf, wie ein Chef, als politische Führungsfigur zumindest, auftreten und handeln soll? Dann entstünde folgendes Wunschportrait – für politische Führung, wohlgemerkt. Wie es in der Firma zugehen soll, dazu haben die Menschen noch andere Meinungen.

Das Wunschportrait, wie es zu Beginn des neuen Jahrhunderts in der deutschen Politik aussieht, verrät viel über die Wünsche der Bürger nach Übersichtlichkeit und »Leben light«, nach Entwarnung in den großen Fragen und nach einer gewissen Lockerheit, die ihnen zuruft: »Alles halb so schlimm – wir machen das schon.« Auch die tiefernsten Auftritte, so haben die Wähler nun erfahren, haben keine einschneidenden Handlungsfolgen. Das Wort steht für die

Tat. Ganz ernst darf es nicht werden. Sie mögen es gar nicht, wenn man ihnen droht. Sie wollen delegieren, vor allem Gewissens- und Wertfragen sollen entschärft werden. Wie man das macht, gefällt den meisten gut: lange Gewöhnungsphasen mit vielen Experten, denen man nur zerstreut zuhört, und Entdramatisierung der Themen. Eigentlich ist das Leben nicht ernst, soll die Botschaft lauten.

Was die Führung bietet, ist Aufmerksamkeitsmanagement. Das Motto: Hier steht dein großer Bruder auf dem Schulhof und teilt aus, wenn's nötig ist. Es gibt ihn mehrmals: als Finanzminister, als Außenminister, als Innenminister, als Bundeskanzler – oder als Generalsekretär. Lauter selbstsichere Leute.

Ist das ein Führungsideal, was sich hier die Akzeptanz der Menschen geholt hat? Oder ist es eher ein *stand-by*-Modell, von dem Bürger sagen: Es macht wenig Stress, wir hören keine unerwünschten Bekenntnisse und werden nicht zu solchen herausgefordert; die Politik ist genauso fehlerhaft wie wir selbst, und eigentlich wollen wir diese Amtsträger auch nicht verehren.

Hat die Politik enttäuscht? »Nein«, sagen die meisten, »es sei denn, man hätte zuviel von ihr erwartet. Was kann denn Politik in Zeiten der Globalisierung noch ausrichten?«

Die meisten Bürger halten die Wirtschaft für mächtiger. Da sitzen die heimlichen Weltherrscher, die den Globus unter sich aufteilen. Darauf hat man ohnehin keinen Einfluss. Das gilt auch für Großkonzerne, fügen viele hinzu, auch da bist du ohnmächtig als Mitarbeiter. Nein, widersprechen andere, immerhin kenne ich meinen Chef und kann mit ihm sprechen. Die Firmenspitze ist weit weg und hat keine Ahnung von unserem Team. Das ist die große Chance. Für unseren Chef und für uns. Und plötzlich wird es ganz konkret. Wo man sich auskennt, da traut man sich etwas zu. »In der Politik ist man ja doch nur Zaungast«, sagt einer spöttisch. »Schon deshalb sollen die uns bloß keinen Stress machen. Aber in der Firma, da kann ich was bewirken, weil ich die Menschen kenne. Da gelten ganz andere Regeln, und keiner hält Fensterreden, weil keiner einen Vorteil davon hätte.« »Macht es Sinn, dass man sich anstrengt in so einem Team?« – »Sonst wär ich nicht da«, ist die lapidare Antwort.

Sinn – in ganz großen und in ganz kleinen Szenarien die kostbarste Ressource. Haben wir schon Bilder in den Köpfen, wie der Sinn-*Leader* aussehen, was er können – was er liefern muss?

Aus für die Alphatiere? Schluss für Patriarchen? Keine Dealer, Zocker und Spieler mehr? Klappe zu für Egomanen? Raus mit den Neurotikern, Autisten, Diktatoren? –

Es ist komplizierter. Ohne Alphatiere geht es nicht. Und Gurus, Heiler, Gute Hirten würden, alleingelassen, wenig ausrichten. Wie sieht die Mischung aus, die *Leadership* in diesen Jahren glaubwürdig verkörpern könnte? Oder hängen wir noch an dem Befund der achtziger Jahre des vorigen Jahrhunderts, dass die Zeit der großen Führungsfiguren vorbei sei? Woher nimmt dann ein Jack Welch seinen Weltruhm, was macht das Unwiderstehliche eines so schweigsamen Topmanagers wie Josef Ackermann von der Deutschen Bank aus? Wovon nährt sich der Weltruhm eines Alan Greenspan?

Welchem Typ entsprechen diese Manager? Ganz verschiedenen Typen, das sieht man auf den ersten Blick.

Was sie erreichen, ist nicht nur Macht und Einfluss, das Gemisch, von dem Manager weltweit sagen, es sei die Droge, die einen weitertreibt. Was sie bei Menschen auslösen, ist:

- Gefolgschaft,
- Freiwillige Zuordnung,
- Einsatzfreude,
- Leistungsbereitschaft,
- Bewunderung.

Sie sind, ohne das ausdrücklich zu wollen, Sinn-Manager für andere.

2 Nicht Programme – Personen entscheiden

Die Politik zeigt es überdeutlich: Die Team-Euphorie ist dahin. Was zählt, sind Gesichter, Auftritte und Profile – von Personen, nicht primär von Firmen. Das Wer überlagert das Was. Am deutlichsten treten die Personen in Sieg und Niederlage hervor; als Sieger zeigen sie sich freiwillig, als Besiegte werden sie so lange gesucht, bis man sie findet. Der Auftritt entscheidet, die Gebärdensprache wird gründlicher analysiert als die Worte – weil man den Worten nicht mehr vertraut, seit alle Führenden sich wie Gejagte verhalten. Die Mediendemokratie schult beide: Angreifer wie Opfer. Der unzufriedene Dritte, eigentlich Adressat der Botschaften beider, erfährt immer häufiger, dass es bei diesen Schaukämpfen eher um Fitness-Wettspiele zwischen Alphatieren und ihren Jägern geht als um objektive Ziele, die mit seinen Zielen etwas zu tun haben könnten.

Um so entschiedener konzentriert sich dieser Medienkunde als Mitarbeiter und Bürger auf seine Eindrücke von Personen. Er weiß inzwischen, dass sie die zuverlässigeren Informationen liefern, hinter denen die immer gleichen Texte der gezeigten Darsteller deutlich zurückbleiben.

Auch im Unternehmen erscheint das Team nicht mehr als das allein seligmachende Konzept. Teamwork läuft ohnehin, schon die Informationstechnologie des Hauses schafft jedem viele virtuell präsente Teampartner. Natürlich ruft der Chef die Mitarbeiter zum Meeting, und wenn er gut führt, beteiligt er sie an seinen Überlegungen, holt ihren Rat ein, gibt Zeichen seines Vertrauens und bestätigt die gemeinsamen Ziele. Gerade weil er dies alles tut – und damit den Sinn-Horizont der Mitarbeiter öffnet, sagen seine Leute: Auf den Chef kommt es an. Gruppendynamik, schön und gut; Meetings, die jeden spüren lassen: Wir brauchen dich – in Ordnung; – aber ohne diesen Chef wären alle Meetings sinnlos, käme Dynamik gar nicht erst zustande – und, fügen die Mitarbeiter ernst hinzu, ohne ihn gäbe es nicht diese wunderbare Balance aus Sicherheit und Wagemut, ohne ihn könnten Geborgenheit und visionäre Energie ihre Spannung nicht entfalten.

Natürlich hören wir auch gegenteilige Nachrichten: Ohne den Chef käme endlich Feuer in die trostlosen Treffs; an ihm vorbei könnten wir endlich unsere Ideen verwirklichen; nur der Chef ist es, der uns allen im Wege steht. Was ist da schiefgelaufen? Hat dieser Chef wirklich so viele Leute um sich gesammelt, die nicht zu ihm passen? Oder sitzt hier ein Team der kollektiven Täuschung auf, das tägliche Mittelmaß, die Verwaltermentalität sei allein vom Vorgesetzten verschuldet – und nicht auch von denen, die feige mitziehen? Oft sagt die Unzufriedenheit einer Gruppe mit ihrem Chef mehr über diese Gruppe, als allen Mitgliedern lieb ist.

Ist das Team aber tatsächlich stärker und innovativer als der Chef, dann wird es sich befreien, dafür sprechen viele Beispiele.

Mehr als jemals auf Teamwork angewiesen, gut trainiert im kooperativen Handeln, kommen Mitarbeiter mehrheitlich zu dem Fazit, die Führung sei dennoch der eigentliche Dreh- und Angelpunkt für Erfolg. Führungslose Teams versagen, das ist nicht neu. Dass aber die Führungsfigur im Team einem entschiedenen Bedürfnis der Team-Mitglieder entspricht, wird erst zögernd und scheu diskutiert. Schließlich hat jeder Mitarbeiter die Debatte »jenseits der Hierarchien« verinnerlicht; schließlich hat es allen eine gewisse Genugtuung bereitet, die dominanten Alphatiere von ihren erhöhten Plätzen zur Demut im Team gezwungen zu sehen. Aber, so finden sie heute, Sinn machen solche Revolutionen ja nur, wenn damit untaugliche Chefs unschädlich gemacht werden können. Ein guter Chef gehört nicht auf denselben Platz wie seine Mitarbeiter, weil er sich ohnehin nichts anmaßt, was die Mitarbeiter blockiert. Hinter diesen vernünftig vorgetragenen Argumenten flackert eine Unruhe, die nicht nur rational argumentieren möchte: Wir wollen sehen, wie es einer macht, der besser ist, als wir heute sind.

Der Team-*Leader* ist für jeden der Mitarbeiter ein lebendiges Beispiel für Optionen, die vielleicht seine eigene Zukunft betreffen. Wer mehr will als den heutigen Platz, dem ist mit lauter Gleichen auf lauter gleichen Plätzen nicht geholfen. Er will Unterschiede sehen. Bei jedem Meeting wird er oder sie denken: Wie wäre ich auf diesem Platz? Hätte ich heute so – oder anders – argumentiert? Könnte ich mir die Leute näher heranholen, sie mehr begeistern, sie schneller, frischer, mutiger machen? Auch dafür braucht man Chefs – um die eigene Fitness und Reichweite virtuell zu erproben.

Optionen: Ich erinnere daran, dass sie für die Sinngewissheit von Menschen eine Hauptrolle spielen (siehe S. 194–196). Der Chef als Sinn-Manager weiß, dass seine besten Leute ihn mit diesen Gedanken und mit pochendem Herzen beobachten, sprungbereit, unruhig beim Kopftraining für seinen Platz. Er hat es früher genauso gemacht, und er weiß, dass gute Führung genau diese Spielräume bieten mus.

Wenn wir die Klagen über den Mangel an Führungspersonal hören, so könnte zumindest das Gefühl des Mangels, so schwer der Mangel selbst zu beweisen ist, mit der Knappheit an guten Führungskräften in diesem Sinne zu tun haben: Wer oben ist, hilft den potentiellen Nachfolgern, sich fit zu machen. Er darf sich vor allem deshalb nicht im Team verstecken. Statt dessen sehen wir eine Menge führender Manager, die uns stolz von ihrem Verschwinden im Team berichten. Schauen wir genauer hin, so gehen sie dort in Deckung und bleiben ihren Mitarbeitern das Wichtigste schuldig: *Leadership* – Führung im Team.

Sieger in der Human Economy

Niemand siegt allein.

Nur die Mischung
der Talente und
Kompetenzen
bringt den Sieg.

Sieger brauchen
vor allem soziale
Kompetenz.

Sieger-Teams
brauchen

- Sachkompetenz
- emotionale
  Kondition
- Visionen

Homo sapiens ist auf Sieg programmiert,
weil er Selbstbestätigung sucht.
Der Erfolg von heute liefert den Treibstoff für
die größeren Herausforderungen von morgen.

Teams, die nicht siegen wollen, werden Verlierer.

Für die Lust auf sichtbare Personen, die sich nicht verstecken, gibt es natürlich noch mehr Gründe. Komplexe Sachverhalte, flüchtige Strukturen und wechselnde Plätze, auf denen man selbst nach Halt und Vorbildern sucht. Menschen wollen nicht Benutzeroberflächen, sondern Gesichter sehen. Es bleibt dabei, dass nur 0,3 Prozent der Menschen den Glanz von Ideen als Leuchtspur für ihr Leben ausreichend finden. Alle andern wollen sich Menschen anschließen, sie wollen Gesichter sehen. Auch und besonders gern die leuchtenden Gesichter der Ausnahmegestalten, die von Ideen leben. Nicht jeder von uns begegnet solchen Ausnahmemenschen persönlich. Aber die Mediengesellschaft spielt jedem, der aufmerksam ist, heute solche Begegnungen ins Haus.

Auch dies hat unsere Arbeitskultur deutlich verändert. Zum Guten, weil mehr von den ganz großen Vorbildern »erreichbar« werden. Zum Problematischen, weil die real verfügbaren Vorbilder plötzlich dürftig erscheinen. Aber nie sehr lange: Die lebendige Gegenwart von Menschen ist ihrer medialen immer überlegen.

Personen entscheiden – nicht nur fiktiv und scheinbar, weil man Firmen nur über Personen greifen kann. Am deutlichsten wird das in der Politik. Unbefangen teilen die Bürger mit, dass sie einem Bundeskanzler zwar wenig wirtschaftliche Kompetenz zutrauen – die sie andererseits für die wichtigste Fähigkeit in der aktuellen Lage halten; dass sie aber aufgrund ihrer Sympathie für den Amtsinhaber auch künftig das hohe Amt in seinen und nicht in wirtschaftskompetenteren Händen sehen möchten. Ein Widerspruch? – Eine entschiedene Nachricht wohl eher. Der Sympathiewert steht für das, was wir in diesem Buch Vertrauen nennen (siehe S. 194–212). Vertrauen ist eine unverzichtbare Voraussetzung für Sinngewissheit. Wenn die Bürger ihr Vertrauen zu einem Bewerber höher bewerten als dessen Sachkompetenz, dann teilen sie immerhin mit: Wenn wir nicht beides zusammen haben können, dann entscheiden wir uns für den weniger entbehrlichen Wert, das Vertrauen. Sachkompetenz macht unsern Hunger nach einem guten Gefühlsklima nicht satt.

In einer Firma, wo viel intelligentes Training die Köpfe programmiert hat, wird der Stellenwert der Sachkompetenz von den Mitarbeitern höher angesetzt. Der interne Wettstreit geht ja nicht nur um Sympathiewerte und um Vertrauen, sondern auch um Vorsprünge bei den intelligenten Lösungen. Fragen wir die ganze Firma, so hören wir: Mit Sachkompetenz kann sich niemand für eine schwache Führungsleistung entschuldigen! Wenn alle frieren, gibt es keine Begeisterungsstürme für die gemeinsamen Ziele. Vertrauen hebt die Firmentemperatur, Sinn als ein Mischprodukt aus IQ und EQ, aus logischer und Emotionaler Intelligenz, wärmt, statt abzukühlen.

Per-sona, das lateinische Wort, führt uns auf die Spur der Person als *Leader*, dessen Sichtbarkeit für alle wichtig ist. Nicht nur seine Sichtbarkeit, sondern auch seine Stimme: *per-sonare* heißt durchklingen, tönen; es geht also um eine Stimme, die weit trägt. Ursprünglich meinte das Wort die klangverstärkende Maske des Schauspielers im offenen Theater, wo kein Mikrophon und kein Lautsprecher die Worte zu den Zuhörern tragen konnte. Sichtbar in der Mitte, in einer Architektur, die, wie die Maske, jedes seiner Worte mit mehr Klang anreicherte, sprach er zu Tausenden und wurde verstanden.

Nicht nur, wenn es um Schuldige geht, bestehen die Beobachter – die sich oft genug als Opfer fühlen – auf Personen. Sie tun es auch, wenn es um Autorität und Bewunderung geht. Der Wunsch, unübersichtliche Zusammenhänge kurzerhand durch Personen »vertreten« zu lassen, hat auch mit Orientierungsbedürfnissen zu tun. Wenn es schon aussichtslos erscheint, die Sachverhalte durchschauen zu wollen, so entlastet und beruhigt es, sagen zu können: Das ist doch der, und ich erinnere mich an einen sympathischen – oder unsympathischen Auftritt. Was er gesagt hat? Schwer zu reproduzieren, aber das Grundgefühl haftet: sympathisch; unsympathisch.

Das verschärft aber den Druck auf einzelne, wird bei diesem Thema oft gesagt. Schließlich seien für Erfolg und Misserfolg doch immer Teams verantwortlich. Und nun einer im

Scheinwerferlicht, der für alle geradesteht? – Ja, genau das, sagen die Zaungäste. Sie wollen erleben, dass jemand Verantwortung übernimmt. In diesem Moment ist er für sie alle auch ein Stellvertreter: Man muss einstehen für das, was man tut, auch für das, was danebengeht, das müssen wir auch, denken Hunderttausende, wenn sie solche Auftritte erleben. Wer viel Verantwortung will, so denken sie weiter, der muss auch für viel einstehen.

Das ist eigentlich in Ordnung – so lange, wie ein gerechtes Urteil möglich bleibt. Da beginnt die Verantwortung der Medien.

Dass Menschen nicht nachlassen in ihrem Wunsch, Sachverhalte und Planungen, Entscheidungen und auch Fehlentscheidungen in Menschengestalt vor sich zu sehen, wird mancher als einen Misserfolg beim *net*-Tauglichkeitstraining sehen.

Im Grunde aber verbirgt sich darin die gute Botschaft, dass wir uns immer noch mehr aufeinander verlassen möchten als auf unsere Informationskanäle und dass wir den Menschen, *Low-Tech*, weiterhin der anonymen Begegnung mit *High-Tech* vorziehen – wenn es um menschliche Belange geht.

Die Wunschrichtung ist klar: *Human Economy*.

3 Leistungskultur der neuen Ordnung: Ein Sinn-Generator

Noch immer zögern die Unternehmen, eine Kultur von Lernen und Leisten als durchgehende Linie zu zeichnen: das »Drinnen«, die Mitarbeiterwelt, zu verbinden mit dem »Draußen«, der Kundenwelt.

Dabei wäre nur das realistisch. Der Mitarbeiter bewohnt ohnehin beide Welten, die innere und die äußere. Er ist Zeitgenosse – eine große Chance für seine Chefs, den Kunden und seine Mentalität in Mitarbeitergestalt zu erfahren. Je größer die Firma ist, desto weniger können die Herren der Firmenleitung sich als Zeitgenossen präsentieren: Sie leben in einer Sonderwelt und brauchen Vermittler, um die Lebenswelt der Kunden zu verstehen. Kundenferne ist ein durchgehendes Merkmal von Chefpositionen. Die wenigen Großkunden, die der Boss kennt, spiegeln nicht »den Markt«, sondern einen oft irreführenden Ausschnitt.

Das Unternehmen als lernende Organisation ist längst ein geflügeltes Wort geworden. Ob den Firmen selbst dabei Flügel gewachsen sind, bleibt schwer abzuschätzen. Die meisten haben jedenfalls ihren Kunden als Lernpartner gar nicht erst einbezogen. Dennoch ist die Leistung stets eine gemeinsame, wenn ein Geschäft gelingt. Setzt sich das Unternehmen ein noch höheres Ziel, nämlich die Leistungsgemeinschaft zu einer Sinnpartnerschaft zu machen, dann bietet sich eine ganz neue Basis für diese Bindung an. Lernen heißt Neugierde befriedigen – auch wenn die Bildungssysteme diese Neugier verschüttet haben. Mancher Schul-

Arbeitsstil und Arbeitshaltung der New Economy werden von den Besten in die Human Economy mitgenommen:

Herausforderung und Abenteuer

work-life-balance

physische und mentale Fitness

Freundschaftskultur und Rituale der Gemeinsamkeit bestimmen das Erfolgsklima der Teams.

abgänger entdeckt seine Explorationslust erst, nachdem ihn die Lehrer freigegeben – oder aufgegeben haben. Als Kunden ziehen dieselben Menschen lernbegierig durch die Einkaufszone ihrer Heimatstadt und ihrer Urlaubsorte: Dabeisein und sich unterscheiden – das sind die Wünsche aller Mitspieler, die den Markt lebendig halten.

Der kostbare Rohstoff für Lernen und Leisten, der hier mitläuft, heißt: Aufmerksamkeit. Bemerken, was geschieht – und daraus einen eigenen Vorteil machen, also: aufmerksam sein, um Aufmerksamkeit zu erregen, das ist ein wichtiger Impuls, den Firmen bisher nur auf der Kundenseite interessant finden. Weil sie Innen- und Außenwelt spalten, erkennen sie nicht die Riesenchance, die darin steckt, dass Mitarbeiter genauso leben wie Kunden, weil beide Zeitgenossen sind.

Lernen und Leisten gehören mit der Aufmerksamkeits-Strategie der Menschen in der Massenkultur zusammen – sie bilden ein Erfolgs-Dreieck, das für jeden einzelnen Lernerfolg, Leistungsglück und Aufmerksamkeits-Ziele verbindet. Der persönliche Erfolg fällt dabei zusammen mit dem Berufserfolg, der zugleich ein Erfolg für die Führung ist. Persönliche Ziele und Firmenziele bauen so aufeinander auf, und das Idealbild eines sinnerfüllten Lebens entsteht.

So einfach ist das – aber nur, wenn alle verstehen und tun, was darin ihr Beitrag zum Erfolg ist.

Man kann meinen, alle müssten nur ihrer Neugierde folgen, um in den Sog dieses magischen Dreiecks einzusteigen. Aber ist Neugier eine Kardinaltugend von Führungskräften? In der Regel sind sie eher damit beschäftigt, die Experimentierlust ihrer Mitarbeiter einzudämmen.

Sind die Laufbahnen in Richtung Führungsrolle nicht eher so zugeschnitten, dass man weniger Stress hat, wenn man die Neugier irgendwann entschieden unter Jugendmanieren ablegt? Neugierig sind immer die andern; die Führungskraft dämpft und ordnet. Mit der Neugier stirbt dann auch die Innovationskraft im Team.

Es soll ein lernendes Team sein, so wissen wir. Aufmerksam für alles Neue, leistungsfreudig und damit immer im Lichte der Aufmerksamkeit: Die Rückmeldung stimmt, der Treibstoff fürs »Weiter so« wird mitgeliefert. Ein Team, das Sinn hereinschaufelt – für jeden, für die Gruppe, für die Firma. Einzelwohl trifft Gruppenwohl, trifft Gemeinwohl. Niemand hat weniger, weil alle etwas haben, sondern der geteilte Sinn vermehrt sich.

Ein Idealbild? Nein, es ist mehr. Wo die Bedürfnisse der einzelnen und der Teams und der Organisation im Markt so überzeugend zur Deckung kommen, drängt das Ideal in die Realität.

Das erste Gebot, an dem die Führung durch keinen Trick vorbeikommt, lautet:

Wir können nur die Ressourcen managen, von denen unsere Mitarbeiter und Kunden für sich selbst profitieren wollen.

Keine Management-Theorie verzeichnet diese einfachste Grunderkenntnis; folglich glaubt niemand bis heute daran, dass hier der Schlüssel zum Erfolg liegt.

Nur wenn Eigeninteresse und Firmeninteresse sich untrennbar verbinden, wird jenes explosive Gemisch aus Lernlust, Leistung und Aufmerksamkeit erreicht, das Firmen – und alle Menschen – brauchen, um erfolgreicher zu sein als andere.

Gebot Nummer eins, noch einfacher gefasst, heißt also: Wir managen, was unsere Partner können und wollen. Außerhalb dessen ist keine Erfolgs-Chance. Hat die Führung dies verstanden, dann formuliert sie ein ganz anderes *Corporate Profile*:

- Diese Firma ist neugierig.
- Sie lernt das Neue schneller als andere, und
- sie leistet mehr als andere.
- Unser Lebensprinzip heißt Aufmerksamkeit – weil jeder von uns und die Firma sich Aufmerksamkeit wünscht.

- Unsere Kultur der Aufmerksamkeit macht uns schneller beim Zugriff auf neue Informationen und Erkenntnisse.
- Aufmerksamkeit als Firmenprinzip macht aber auch sensibel für die Bedürfnisse anderer; sie optimiert unsere Dienstleistungen.
- Der Rückfluss der Energie, die wir unseren Partnern im Markt geben, regeneriert unsere Kräfte. Wir geben und nehmen in einem ausgewogenen Verhältnis.

Wer so denkt und handelt, macht das Unternehmen zum Sinn-Generator.

Warum machen sich so wenige Unternehmen die Bedürfnisse ihrer Mitarbeiter zunutze, um beides, Leistung und Lebenssinn, zusammenzubringen? Schon die Worte zeigen es: Wir glauben immer noch nicht an die Deckungsgleichheit persönlicher und öffentlicher Ziele. Private und berufliche Lebensgeschichte seien zweierlei, wird immer noch behauptet. Und wer ganz nach oben kommt, kappt die private Existenz ganz. Zunächst wird delegiert, schließlich resigniert. Die Familie lebt ein Stellvertreterleben.

Wer als Führungskraft begreift, wo die ungenutzten Ressourcen liegen – in den unerfüllten Lebenswünschen der Mitarbeiter: ein neugieriges Leben mit Lernerfolg und Leistung für das Ziel Aufmerksamkeit –, der wird erschrocken feststellen: als amputierter »Leistungsträger«, der 50 Prozent seines eigenen Lebens weggestrichen hat, kann ich diese Ressourcen überhaupt nicht managen.

Während wir zahllose Mitarbeiter haben, die in den Firmen ihr Bestes geben würden, wenn man ihr Bestes, ihre Lebenswünsche als Kundenwünsche erkennen und managen würde, mangelt es an »frischen« Führungskräften, die das erste Gebot mit heißem Herzen befolgen wollen: Manage die Ressourcen, von denen deine Leute und deine Kunden für sich selbst profitieren wollen. Zieh deinen Leuten gar nicht erst die Zwangsjacke der Askese an, in der du selber nach Atem ringst.

Wirf sie ab, atme tief durch und belebe deine Neugier, die deinem Lerneifer Beine machen wird. Leistung kommt dann von selbst – und weil du aufmerksamer hinschaust, im Nahfeld und im Markt, holst du Aufmerksamkeit – für dich, für dein Team, für deine Firma.

Gleichviel, was man dir bis dahin erzählt hat über die Passion der Führungskräfte: Die Welt ist rund.

Die großen Erfolgsfelder sind also:

- Neugiermanagement
- Lernmanagement
- Leistungsmanagement
- Aufmerksamkeitsmanagement

Ihr Potential ergibt:

- Sinn-Management

Bringen sie wirklich alles, was die Firma braucht? Sie braucht, neben einer dynamischen

- Leistungskultur,
- Kundennähe: *Costumer first.* Sie braucht
- Innovationskraft – also ein entschiedenes Konzept für
- *Leadership.*

Alle diese Prinzipien müssen im

- Vertrauensmanagement zusammenwirken, um Kontinuität zu sichern:
- Nachhaltigkeit muss das Handlungsziel auf allen Gebieten sein.

Was heißt denn »Leistungskultur?«

- Wir tun, was wir sagen, wir sind berechenbar.
- Wir suchen die Herausforderung und halten unsere Versprechen.
- Wir sind risikosensibel und reaktionsschnell.
- Wir belohnen Höchstleistungen.
- Wir bleiben verlässlich, auch in Krisenzeiten.

»Kundennähe« heißt:

- Die Strukturen den Kundenwünschen anpassen.
- Die Firma mit den Augen des Kunden sehen – er gehört zu uns.
- Darum verstehen wir nicht nur seine Wünsche; wir kennen sie im voraus.
- Wir liefern unseren Kunden Wettbewerbsvorteile.
- Beziehungsmanagement festigt unsere Bindung; der Kunde ist unser Innovationspartner.

Wie sichert man »Innovationskraft«?

- Unsere Neugier hilft uns, rechtzeitig Entdeckungen und Erfindungen für uns zu nutzen.
- Kreative Querköpfe sind wichtige Team-Mitglieder.
- Stop für Verwalter-Mentalität –
- *Go* für Träume, Jokes und schöpferische Unvernunft.
- Innovations-Check für alle Teams: *What's new?*
- *No go* für *business as usual.*
- Die Kreativen im Lande sind regelmäßig zu Gast in der Firma.

Natürlich sind das lauter Herausforderungen für *Leadership*.

- Die *Leaders* müssen liefern: Vision und Strategie.
- Sie müssen *Change*-Manager sein, nicht Verwalter des Status quo.
- *Leaders* sollen *trouble shooters* sein – und engagierte Kommunikatoren.
- *Leaders* motivieren durch Vorbild – und sichern den Aufstieg der Firma durch Vertrauensmanagement.
- *Leaders* brauchen Autorität – aber sie können sie nicht fordern. Wenn die Mitarbeiter sie ihnen schenken, ist das eine hohe Auszeichnung: der Ritterschlag für die Führung.
- *Leaders* entdecken und entwickeln das Potential der Menschen im Unternehmen. Sie zeigen die Fülle der Optionen – und sind damit Sinn-Manager.

»Nachhaltigkeit« gilt den Menschen und dem Leben in jeder Form.

- Nachhaltigkeit ist das Wachstumsprinzip, das gilt.
- Sicherheit, Sorgfalt und Qualität bestimmen alle Prozesse.
- Keine Kompromisse zugunsten kurzfristiger Profite.
- Offenheit und *overcommunicating* bestimmen das Handeln: Sag mehr, als du für nötig hältst – dann sagst du gerade genug für alle, die dir zuhören.

Das aufmerksame Unternehmen, das hier gezeigt wurde, weckt Aufmerksamkeit. Aufmerksamkeit zu erregen, so teilen uns Trendforscher gern mit, sei eines der wichtigsten Ziele geltungsbedürftiger – und damit aller – Menschen in der Massenkultur, die alle und alles verwechselbar mache. Wie oberflächlich diese Diagnose ist, zeigt der – aufmerksamere – Blick auf den täglichen Wettstreit der Schnellen mit den noch schnelleren Leuten.

Schnell sein nutzt gar nichts, wenn das Wissen, das einer hat, nicht ausreicht, um überhaupt etwas zu bemerken. Aufmerksamkeitsmanagement ist ein Sektor des Wissensmanagements. Hellwach hinschauen und hinhorchen lohnt sich nur, wenn Vorwissen in diesem wachen Kopf ist, das den Beobachtungen Docks zum Landen geben kann: Die neuronalen Schaltungen in unserem Gehirn wollen zuordnen, um abspeichern zu können. Was uns an nichts erinnert, das findet dort keinen Halt – es fällt buchstäblich sofort wieder heraus, es macht uns nicht klüger und liefert keinen Vorsprung.

Den neugiergeleiteten Unternehmen neuen Zuschnitts sei deshalb das tägliche Kurzmeeting der Teams als Aufmerksamkeits-Check empfohlen:

- Wem ist was, egal wo, aufgefallen?
- Und wem ist, zu dem, was auffiel, auch etwas eingefallen?

So setzt man einen Wettstreit in Gang, der die Firma klüger macht.

4 Der Sieger als Sinn-Manager

Da wird es kontrovers. Wer braucht schon Sieger? Überstehen ist alles, meinen viele – und blicken matt in die Runde. Wer nur überstehen will, wird niemanden begeistern. Wer resigniert hat, wird sich als Bundesgenosse anbieten – Drittklassigkeit garantiert, der Horizont düster, Visionen abgeschminkt, *slow motion* bestimmt den Tag.

Seit Jahren sind sich alle Management-Analytiker einig: Soziale Kompetenz ist wichtig, Fairness im Team, großzügige Informationsstrategien, kooperativer Führungsstil machen den Manager von morgen – ein Kommunikationsgenie im besten Falle, mit einem soften Ego, das sich nicht vordrängt.

Seit die Zeiten schwieriger geworden sind, nicht nur im Weltbusiness, sondern auch für die Weltpolitik, beginnen die Bilder sich wieder zu mischen. Harte Männer braucht man, wenn die Gegner gefährlich werden. Korruption und Terror rehabilitieren mit einem Schlage die Gewalt: Wo Kommunikation zur Farce würde, da müssen die Waffen sprechen, so folgert die Politik. Und im Business machen sich selbst bei den Optimisten einer neuen Kooperationskultur Zweifel breit, ob nicht doch der schweigsame, einsame Manager, der Kommentare nicht abwartet, um durchschlagend zu handeln, als Führungsfigur der Mann der Stunde sei. Kommunikation und soziale Wärme seien doch eher Schönwettertugenden, so die Entschuldigung für den Stilwechsel.

Für wen machen Siege SINN?

Die Botschaft der Ich-Kultur: Jeder siegt für sich allein.

Die Erfahrung der SINN-Kultur:
Jeder Sieger ist Vorbild
und Stellvertreter.

Jeder Sieger macht
andere stärker.

Wir wollen siegen,
damit nicht Probleme die Sieger bleiben.
Die Feinde der besseren Leistung sind oft wir selbst.

Sieger sind Störenfriede für Faulenzer.
Faulenzer werden unglücklich.

Siegeswille ist nichts anderes als –
Hunger auf SINN.

Jeder siegt für sich allein, scheint das zu bedeuten. Abstimmung als Kompromiss, Information als Zeitverschwendung, Kooperation als Illusion, wenn es schnell gehen muss – und nicht für jeden günstige Ergebnisse bringt? Die Versuchung, im Ernstfall das Team zu enttäuschen, meldet sich nur dann, wenn dieses Team nicht mehr war als eine *work station*, mit irgendwelchen Menschen besetzt, auf die man im Ernstfall als Chef nicht zählen möchte. Wo sich die Gangart in der Krise derart verschärft, dass die Führung niemandem vertraut, hat es auch schon im Normalverlauf an allem gefehlt, was die Gruppe für Siege braucht.

Herausforderungen prüfen die Führungskultur auf ihre Substanz. Schönwetterteams scheitern jetzt kläglich. Und die *soft factors*, die sie vor dem Sturm für ihre Kultur reklamiert haben, waren nicht siegtauglich. Auf die Mischung kommt es an – auch bei der Siegermentalität. Und ob man siegen muss: Wenn das Scheitern zum Greifen nah ist, sind sich alle einig, dass es zwischen Sieg und Niederlage keine Option gibt; der Sieg muss es sein.

Ist damit die ganze schöne Skala von sozialer Kompetenz, emotionaler Kondition und Vertrauen hinfällig? Ist die Kommunikations-Strategie außer Kraft gesetzt, die Fairness aus dem Spiel, wenn die Truppe nur noch auf Sieg spielt?

Nehmen Aggression und Durchsetzungswille, Feindbilder und Kampfeslust jetzt die Plätze der »Friedenstugenden« ein? Konfliktstrategie als Kriegsstrategie? Wer siegen will, braucht Verlierer und wird sie sich schaffen?

Die vorschnellen Verdächtigungen verhindern häufig die ruhige Erklärung: dass wir immer, auch in scheinbar unbedrohten Phasen, Mut und Angriffslust brauchen, um mit Herausforderungen umzugehen, die nur selten personifiziert werden können – deshalb ist das Verliererbild ein Kurzschluss. Die Feinde sind Routine und Gleichgültigkeit, Fehler im Wissensmanagement und Ausfälle der Aufmerksamkeit: Wo etwas danebengeht, haben wir ungenau hingesehen – Selbstüberschätzung oder unrealistische Wünsche

Sieg-Kultur ist SINN-Kultur

Siege tragen Teams, wenn wir sie teilen.

Wer Siege nicht teilt,
hat keine Verbündeten für neue Siege.

Wer Siegchancen auslässt,
„um keine Verlierer zu machen“,
wird selbst zum Verlierer.

Der Leistungsmix macht Sieger.

- Hohe Spielkultur
- Sportlicher Kampfgeist
- Soziale Kompetenz
- Natürliche Autorität

Für Siegerteams ist die SINN-Frage beantwortet:
Sie wollen morgen wieder siegen.

sind die häufigsten Ursachen. Unsere Feinde sind unter uns – oder noch genauer: Unsere Feinde sind wir. Wer also Siegerrollen mit dem heuchlerischen Spruch abwehrt, er wolle keine Verlierer machen, hat oft hundert Niederlagen im eigenen Haus zu beschönigen, bei denen die Probleme die Sieger blieben.

Ein Sieg in der Firma, der sich gegen die andern richtet, mit denen wir die Siegerstraße gegangen sind, trägt nicht. Aus dem sehr einfachen Grunde, weil wir auch für die nächsten Schritte die andern brauchen. Die Schwarzweiß-Welt der Kriegs- und Friedenstugenden im Unternehmen, mit denen wir neuerdings aus vielen Magazinen versorgt werden, ist ein spätes Echo aus der Welt der Blöcke.

Da werden Stark und Schwach konfrontiert, Brutal und Sanft, Schnell und Langsam, Hart und Weich, Durchsetzungsfähig und Flexibel, Raubtiere und Kuschelhäschen, Wölfe und Lämmer, Dschungelkämpfer und Gute Hirten. Entweder – oder, lautet die Botschaft. Hai oder Goldfisch kannst du sein, Grizzly oder Hauskatze, Geier oder Kanarienvogel. Eben: Sieger oder Verlierer.

In Wahrheit sind es die gut gemischten Fähigkeiten, die den Sieger machen. Wann er was einsetzt, ob er die Situation richtig einschätzt, seine Leute zu motivieren versteht und Mut ausstrahlt, wie er die Handlungsschritte aufteilt, das entscheidet über Sieg oder Niederlage.

Ob Zubeißen oder Umarmen die bessere Strategie ist, bleibt der Sensibilität des Siegers überlassen. Da das Leben nach dem Sieg weitergeht, auch für die Verlierer, bleibt die soziale Kompetenz die wichtigste Tugend – auch für Sieger. Wer viel zerstört, braucht lange Zeit zum Wiederaufbau; das gilt auch für die eigene Mannschaft. In der Belastung, die jeder Konflikt für alle bringt, entscheidet sich neu, wie überzeugend die Führung agiert.

Nicht jeder Sieg wird von den eigenen Leuten akzeptiert. Brutale Vernichtungskriege wecken Angst selbst bei den eigenen Truppen – das gilt auch für das Business. Wer so mit den Feinden von heute umgeht, der könnte morgen mit mir genauso umgehen, sagt sich der Mitarbeiter. Der alternative Effekt ist die Brutalisierung der Truppe. Ihr Gewaltbedürfnis könnte unbeherrschbar werden, wenn die Führung kein Maß setzt.

Extreme Anforderungen, wie jede Krise sie bringt, stellen das Team auf die Probe. Trägt seine Vertrauenskultur? Hat das Training für Ernstfälle gestimmt? Weiß jeder, was er kann? Spürt jeder, dass es ohne ihn nicht geht? Sind alle hellwach und aufmerksam, zur Höchstleistung bereit und umfassend informiert?

Die Krise ist die Stunde der Bewährung – nicht für ein spezielles Set an Kriegstugenden, sondern für die Qualität der Teams, der ganzen Firma.

Denn jetzt, in der Bedrohung, kommen die Fragen wieder, auf die wir die Antwort gesichert bei uns tragen müssten, statt sie in Panik zu suchen:

- Wer sind wir?
- Woher kommen wir?
- Wohin gehen wir?

Für jeden im Team hat diese Frage mehrere Schichten. Sie gilt ganz äußerlich für die Fitness des Teams; sie fasst aber auch jeden privat bei seinem Lebensplan; und sie meint für alle: Lohnt sich dieser Einsatz? Welches Versprechen steht am Horizont? Welche Optionen öffnen sich, wenn ich mich ganz einsetze?

Es ist die Frage nach dem Sinn, die das Team einholt. Gut geführte Teams sind darauf vorbereitet.

Aber, so fragen die Kritiker jeder Sieg-Debatte, brauchen wir denn wirklich Siege? Geht es nicht mit dem ganz normalen, täglichen Ausgleich der Interessen, so dass jeder immer zufrieden ist und Stress reduziert wird?

Höchstleistungen können wir dann freilich nicht mehr anstreben. Leistung ist auch Stress, warnen die Zufriedenheits-Apostel. Was sie nicht wissen: Ohne Leistungs-Chancen gibt es keine Zufriedenheit. Und glücklicherweise schenkt

Leistung uns mehr als nur Zufriedenheit: Sie schenkt Leistungsglück.

Merkwürdig genug, dass wir uns an elementare Spielregeln des Lebens gegenseitig erinnern müssen, so als gehörten wir gar nicht dazu. Parallel zur Akzeptanz derjenigen Wissenschaften, die uns beim Erinnern, wer wir eigentlich sind, helfen können, steigt auch das Ressentiment gegen diese: Wer den Evolutionsbiologen zuhört, wird dann schnell als »biologistisch« verdächtigt, wer den Hirnphysiologen zuschaut, gilt als reaktionär, weil er die Botschaft mitbringt, dass Männer und Frauen verschieden mit ihren Gehirnen umgehen. Wer Verhaltensforscher zu seinen Arbeitspartnern zählt, wird als irrationaler Esoteriker verachtet.

Aber diese Naturwissenschaften sind es, die uns den Siegeswillen zu begreifen helfen – und damit alle törichte Polemik aus unseren Debatten vertreiben könnten.

Eigentlich hatten wir ja die Konkurrenzfreude des *homo sapiens* bereits verstanden – auch wenn sie Faulpelzen nicht in den Kram passt. Wer Kindern zusieht, bemerkt ihre Freude am Kräftemessen, ihren Wettkampfgeist, auch dann, wenn sie ganz allein spielen: Der Bauklotzturm soll stehenbleiben. Was scheitert, wird neu begonnen, bis es gelingt. Das Erfolgsglück des Kindes drückt sich oft in lautem Jubel aus: Ein Sieg wird gefeiert.

Wir sehen Tiere spielerisch ihre Kräfte messen und werden nicht argwöhnisch. Nur beim Menschen haben wir das Großexperiment zur Leistungsdämpfung nun 30 Jahre praktiziert. Das Erfolgsdämpfungsprogramm lief unter dem Motto Gerechtigkeit, Stress-Rückbau und »gleicher Erfolg für alle«. Die Nachrichten über die eigene Leistung wurden immer spärlicher, damit niemand sich unter Druck gesetzt fühlte. Lustlosigkeit statt Lust war die Folge, die Leistungen sanken, das Selbstvertrauen auch.

Das Niveausenkungsprogramm an den deutschen Schulen trat als Etikettenschwindel auf: als Chancenlieferant. Das wahre Etikett hätte heißen müssen: Großversuch zur

Verhinderung von Spitzenleistungen. Mit der Nebenfolge: Verweigerung von Wettbewerbsvergnügen und Leistungsglück.

Wer den Kindern ihre Konkurrenzfreude nicht glauben mag; wer die Vergleiche mit unseren nächsten Verwandten, den Primaten, die nicht zufällig »Menschenaffen« heißen, als »biologistisch« ablehnt, wer das Kräftemessen der jungen Wölfe, Löwen und Bären nur als Vorübung für das Beutemachen versteht – halt, der ist schon gefangen bei einem wichtigen Befund. Wer seine Kräfte trainiert, hat zwei Vorteile: Beute machen, um der eigenen Gruppe beim Überleben zu helfen und – nicht selbst Beute werden.

Wer nun einwendet, ebendiese Lebensbedingungen seien ja beim Menschen wegzivilisiert, der hat nicht einmal im eigenen Arbeitsumfeld die Augen wirklich offen. Da werden Reviere abgesteckt und Territorien gesichert; da erwachen Jagdinstinkte und werden in leidenschaftlichem Wettkampf die Kräfte gemessen – auch dann, wenn alle zu einem gemeinsamen Ziel unterwegs sind. Der teaminterne Wettbewerb steigert die Leistung aller und verbessert das Ergebnis. Die schneller pochenden Herzen, die hellwache Aufmerksamkeit versorgen jeden mit Endorphinen, stimmungsaufhellenden Hormonen, die das Leistungsglück steigern.

Jeder erfährt wieder etwas mehr über sich selbst; einige in der Gruppe nehmen lustvoll zur Kenntnis, dass sie besser geworden sind; alle genießen die gemeinsame Siegorientierung, und jeder spürt: Diesen Sieg brauche ich auch für mich; – die Firma holt Erfolg, weil jeder von uns für sich Erfolg holt.

Wer immer noch fragt, warum wir so auf Sieg programmiert sind, der kann nun jedenfalls verstehen: weil wir Selbstvergewisserung suchen. Die erreichen wir nur durch Ausprobieren, durch Messen unserer Kräfte. Kräftemessen, das treibt uns immer wieder in Teams zueinander, es geht nicht ohne die andern. Wer keinen Vergleichspartner hat, erfährt nichts über sich selbst. Er hat auch keinen »Festpartner«, um den Sieg zu feiern. Der Sieg ist die Beute, die wir miteinander teilen wollen, weil jeder seinen Anteil daran genießen soll. Darin steckt auch die Zukunftsgewissheit, dass wir wieder füreinander eintreten werden.

Wer den Weg zum Sieg abschneidet, wie es die Ideologen der Leistungsdämpfungsaktion im Bildungswesen getan haben, der nimmt nicht nur den Besten ihren verdienten Lohn, sondern allen; denn immer sind die Beiträge zum Sieg verschieden, wie die beteiligten Menschen und ihr Leistungsvermögen, ihr Temperament, ihre Phantasie verschieden sind.

Der Sieg bringt einen Statusgewinn, nicht nur für die Führung, sondern für alle. Auf diesen kommt es eigentlich an, weil Status ein Regulativ für den Umgang im Alltag ist.

Die besten Teams haben eine flexible Rangordnung, weil theoretisch jeder bei der nächsten Herausforderung den höchsten Status auf Zeit erreichen kann. Vieles steht dieser überlegenen Organisation unter Menschen entgegen, weil sie das Fließende ihrer Positionen nicht akzeptieren wollen.

Wer einmal verstanden hat, dass der Siegeswille zum menschlichen Recht auf Selbsterfahrung gehört, wer weiter begriffen hat, dass wir den Sieg selten anderen, meist aber der möglichen Niederlage in Problemen entreißen, der wird auch bei den Anti-Sieg-Debatten nicht mehr mitmachen wollen. Es gibt kein begründeteres Plädoyer für die Schwachen, Mutlosen und sogar für die Faulen als das Plädoyer für die Lust am Sieg. Der Sieg über das eigene Vorurteil, über Misstrauen und Feigheit, Neid und Versagensangst setzt das Startzeichen für eine ganze Kette von Siegerfahrungen: Wer bin ich eigentlich? Was kann ich? Wohin gehen meine Wünsche? Wem will ich mich zuordnen?

Was sich mit diesen Erfahrungen aufbaut, ist nichts anderes als Sinn – Sinn für ein vorher in lauter Vorbehalten gefangenes Ich.

Wenn Manager die Siegorientierung ihrer Teams als eine Variante der Sinn-Orientierung begreifen, dann können sie die Erfolgsfreude ihrer Leute noch einmal steigern. Die Botschaft heißt:

Siege sind nicht nur für die Firma da; sie sind für jeden von uns da, weil sie von jedem von uns mit erkämpft wurden. Siegen heißt erfahren, wer wir sind. Siege liefern Sinngewissheit.

X
Alphatiere, Helden, Hirten: Der Sinn-Macher als Rebell und Friedensstifter

1 Alphatier und Guter Hirte – Helden im Feuer der Widersprüche

Wie sehen sie aus, die Leittiere in der neuen Unübersichtlichkeit?

Sind es die Kommunikatoren, die Moderatoren oder Gladiatoren, die Egomanen, die Visionäre oder die Navigatoren? Sind es die Animateure, die Idole oder die Zocker, Dealer und Raffer? Betreten die neuen Softies die Bühne, von Gurus flankiert, die Heiler und Hüter? Oder besteigt der Typus des Herrschers, des Patriarchen das Podium, listig getarnt in Gesellschaft des Hofnarren, der die staunenden Untergebenen mit Scherzen ablenkt? Der autoritäre Retter als Profiteur der Führungskrise?

Haben wir denn eine Führungskrise? Eine Gesellschaft, der klare Ziele fehlen, lebt natürlich mit einer Führungskrise. Die Führungsteams in Wirtschaft und Politik haben große Mühe, auch nur Skizzen einer realisierbaren Zukunfts-Strategie vorzulegen. Sie spüren das wachsende Misstrauen des Publikums und liefern, wie es zur Krise gehört, täglich die falsche Therapie: immer sparsamere Auskünfte, die immer mehr Deutungen zulassen. Wie vieles sie selbst nicht wissen, soll keiner erfahren. Was sie ebenfalls nicht wissen: dass das Einfrieren der Kommunikation Vertrauen kostet, jeden Tag.

Jeder klare Satz, der die Unsicherheit aller, auch der Führenden, dingfest machen würde, wäre ein Anker für den Zusammenhalt. Weil niemand diese Sätze spricht, die Solidarität stiften könnten, leben wir mit der Inflation der negativen und positiven Heldenbilder, mit der Flut der Idole, keineswegs nur in Spaßlaune, sondern in steigender Unruhe. Da lässt man sich schon einmal die Zeit vertreiben von Entertainertypen im Politmanagement; da gibt es Beifall für Ablenkungsmanöver, weil sie den Ernst vertreiben, der die Menschen beschleicht. Die sogenannte Spaßkultur ist über weite Strecken nichts anderes als Beschwichtigungskultur: Keiner will in ungeklärter Unruhe leben.

Und das Unbehagen verwandelt sich in Groll.

Da kommen die Skandalmeldungen der großen Verbündeten im Misstrauen, der Journalisten, gerade recht: Topmanager räumen ab. Die Herren über Milliarden, die in besseren Zeiten für stolze Wohlstandsgefühle beim Bürger sorgten, greifen im Absturz nach Millionen. Verlierer als Gewinner, das will dem Publikum nicht in den Kopf. Details interessieren nicht, Erfolgsgeschichten der Herren mit den goldenen Fallschirmen will keiner hören. Der Wohlstandsgenerator Business, dessen Kathedralen in den großen Metropolen stehen, gerät in den Sog des Misstrauens, das auch die Politiker einbezieht: nirgends mehr Partner für ermutigende Zukunftspläne mit den Menschen, die sich als »Publikum« der Risikogesellschaft degradiert fühlen.

Manager als Dealer, Zocker und Raffer. – Die hohe Bereitschaft, Unternehmen, die einst als Garanten für Wohlstand und Stabilität erlebt wurden, unter Generalverdacht zu stellen, lässt sich nur aus der Enttäuschung verstehen, dass niemand sich spürbar für die Menschen interessiert, die nicht auf Kommandoplätzen sitzen. Unterbricht einer aus der Führungstruppe die triste Grundstimmung mit einem *Joke*, so jubeln ihm alle zu, weil er sie für einen Augenblick in eine leichte, durchschaubare Welt zu entführen scheint. Diese *Joker*-Rolle spielt der Regierungschef der Bundesrepublik virtuos.

Das Jagdfieber entlastet nur vorübergehend; und es verzögert die neuen Antworten auf den Hunger nach sinnorientierter Führung. Was Manager »verdienen« für ihre Einsätze, ist ja nicht Thema in dieser Skandaldebatte. Es geht um Folgen der Globalisierung, die internationale Mischungen auch bei den Managergehältern produziert, die im alten Europa Furcht und Schrecken auslösen. Es geht mit Sicherheit auch um Fragen der Business-Ethik und des Geschmacks; es geht, bei neuer Transparenz, die viele Manager als hilflose und stümperhafte Kommunikatoren zeigt, um Fragen des Stils und, viel ernster, um das rechte Maß. Da sind wir dann mitten im Katalog der Tugenden, die als imponierender Strom abendländischer Übereinkünfte jeden Manager binden – und jedem bekannt sein sollten. Da liegen dann die Defizite offen zutage, die das traditionelle Management jeder gut geführten Attacke hilflos ausliefern – gleichviel ob der Angriff berechtigt ist oder nicht.

Es greift zu kurz, wenn man die Jagd auf die »Abzocker« im Management ein Aufflammen der Neidkultur nennt. Neid richtet sich nicht auf Figuren und Lebensformen, die sozusagen um Lichtjahre von denen der Normalbürger entfernt sind. Neid hat anfeuernde Wirkung im Wettbewerb mit Menschen, deren Standard man grundsätzlich selbst erreichen könnte – und, wenn der Neid genügend Stresshormone freisetzt, auch erreichen wird.

Auch die Rennfahrer, Spitzensportler und Fußballhelden sind zu weit entfernt von ihren Beobachtern im Normalalltag, um Neid zu wecken. Popsänger, Showmaster, die Idole der Medienkultur, sie alle verfügen über erstaunliche Einkünfte und sammeln Reichtümer an. Dasselbe Publikum, das die seriöse Leistung eines Spitzenmanagers nicht mehr würdigen will, wenn er, berechtigt oder unberechtigt, mit ebenso erstaunlichen Summen wie die Sport- und Medienstars die Arena verlässt, findet es keineswegs skandalös, wenn in einem Bruchteil der eingesetzten Lebenszeit ein Tennisspieler das Vielfache dessen bunkert, was ein Manager für Jahrzehnte seiner Lebenszeit erhält.

Das Publikum misst mit ungleichem Maß. Die einen sind »seine« Helden mit grenzenlosen Lizenzen, sie sind Traumpartner, weil mancher von ihnen kometengleich aus dem Staub gestiegen ist – und die andern sind Repräsentanten der Gegenwelt, wo die Uhren anders gehen, eine fremde Kaste, die man zwischen Misstrauen und Bewunderung schwankend beobachtet. Entgleist einer aus dieser Gruppe, so breitet sich Genugtuung aus, weil die Spannung nachlässt: endlich handfeste Texte, mit denen man die entrückte Elite abfertigen kann.

Wer nach den Heldenbildern dieser Kultur sucht, der gerät also in ungeahnte Spannungsfelder. In Wendezeiten sinkt die Belastbarkeit der Menschen; sie werden verletzlich und ungeduldig. Aggressive und vorschnelle Urteile verbergen nichts anderes als die Enttäuschung von Menschen, die führungslos leben müssen.

Zugleich wächst die Zahl der sogenannten Führungskräfte, vor allem in der Politik, ins Unfinanzierbare. Der Bürger weiß, dass dieses Personal aus seiner Tasche bezahlt wird. Sein Groll steigt, sein Misstrauen kommt nicht mehr zur Ruhe. Wenn er im Beruf ein ähnliches Vakuum erlebt, gerät sein Leben ins Trudeln: Woran soll er sich halten? Was, außer seelenlosen Regelwerken von Behörden, gilt für sein eigenes Leben? Warum soll er sich Mühe geben? Vielleicht hat er einen Pfarrer oder Arzt, dem er vertraut, »aber Macht haben diese Menschen auch nicht, und Führung muss doch auch die Macht haben, das Leben zu den Zielen zu führen, von denen sie redet – oder bleibt das alles uns selbst überlassen?« fragt ein nachdenklicher Angestellter in einem Gespräch über »die Helden der Zukunft«.

Wir wissen, was gute Führung auszeichnet. Und wir haben entdeckt, dass Führung den Zugriff auf virtuelle Güter öffnen muss, wenn sie die Menschen gewinnen will: Sie braucht und generiert Vertrauen. Und sie schafft nichts Geringeres als Sinn, weil Menschen ihre Grenzen überschreiten wollen, um Gewissheiten zu erfahren – die Gegenwelt der pochenden Unruhe, deren Dreiklang wir kennen: Wer bin ich? Woher komme ich? Wohin gehe ich?

Man könnte kurzerhand all denen zustimmen, die dieser Fragen-Trias kein Recht im Alltag einräumen wollen. Aber diese Fragen lassen sich nicht wegkommandieren; sie schweigen nicht. Und wir können nicht auf »Antwortgeber vom Dienst« verweisen, die als Sinn-Agenturen unsern Führungs-Schlendrian begünstigen könnten: die Kirchen. Immer weniger Menschen verstehen diesen Hinweis als konstruktiv. Noch weniger sind es, die der Schwellenangst widerstehen und die Antwort der Kirchen suchen.

Den meisten Menschen fallen diese Fragen obendrein zur Unzeit ein: im Büro, mitten am Tage, wenn die Sinnlosigkeit der eigenen Rolle und der Aufgaben sie überfällt. Beträte dann ein Geistlicher den Raum, so hätte er schwerlich die alltagstaugliche Antwort. Es sei denn, er wäre eine von jenen Ausnahmegestalten, die den Brückenschlag beherrschen: aus der beliebigen Alltags-Studie in den ruhigen Takt einer überlegenen Zeitrechnung, die den Frager sicher macht: Es lohnt sich, dass ich jetzt und hier meinen Chef herausfordere mit der ungewohnten Frage: »Chef, ich habe ein Problem. Ich finde keinen Sinn an meinem Arbeitsplatz. Können Sie mir helfen?« Ob der Chef dem Regelbruch gewachsen wäre, den jene wirklich wichtige Frage – noch – bedeutet?

Neue Führungsprofile für die neue Unübersichtlichkeit: Sinn-Manager müssen sie sein, die Manager der *Human Economy*. Wendezeit-Management ist ihre Aufgabe, Krisenmanagement in einem andern als dem bekannten Sinne: Es geht um die Krisenstimmung der **Menschen**, ein Thema also, das im klassischen Repertoire der *Old-Economy*-Manager gar nicht vorkommt. Der Mensch stand dort zwar angeblich im Mittelpunkt – aber alle wichtigen Prozesse rotierten um ihn herum, dass ihm schwindlig wurde.

Wenn wir den neuen Helden finden wollen:

Gibt es Vorbilder für den Sinn-Manager in der Geschichte?

Mit dem Versprechen, Sinn zu schaffen, treten die Religionsstifter auf. In allen Kulturen bringen sie vor allem diese Zusage für die Menschen mit: Dein Leben ist ein sinnerfüllter Weg, und dein Ziel ist nicht einfach der Untergang, sondern das Heil. »Heilsversprechen« begleiten die Auftritte der göttlichen Gäste und ihrer Propheten. Im Christentum ist es der göttliche Sohn, der die Revolution der gesamten Funktionärsklasse verkündet, die bis dahin an den Schalthebeln der geistlichen Macht saß. Seine Position als Rebell wird lebensbedrohlich, weil er die etablierte Macht der Hohenpriester entzaubert. Nein, mit Geld ist das Heil nicht zu haben. Nein, es begünstigt nicht die hochgestellten Kultmanager. Das Sinnversprechen wendet sich an alle, es stellt Hoch und Niedrig gleich.

Die Hierarchien stürzen. Verachtete Berufsgruppen, wie die Zöllner, werden ausgezeichnet mit der Heilszusage, Gelehrte werden den einfachsten Leuten gleichgestellt. Das Sinnversprechen des Jesus von Nazareth bringt lauter Grenzüberschreitungen. Arm und Reich, Könige und Bettler gehören zusammen, weil ihnen allen das Versprechen gilt: Jeder deiner Schritte macht Sinn. Auch wo du es nicht auf den ersten Blick wahrnimmst, bist du in einem Sinnkonzept aufgehoben, weil du unvergleichlich bist – und unverlierbar.

Die traditionellen Führungskader fühlen sich bedroht durch den Anspruch des unqualifizierten jungen Mannes, der von ungeklärter Herkunft ist: ein uneheliches Kind! – und keinerlei kirchliche Weihen hat, wie die Eliten, denen er nun die Welt neu erklären will. Er stellt sich den gültigen Dogmen entgegen und liefert neue Lesarten der Heiligen Schriften, deren Auslegung der Hoheit der Hohenpriester zusteht – niemandem sonst.

Ist dieser Jesus von Nazareth ein Alphatier? Er sichert sich eine wachsende Gefolgschaft, und er holt sich das Privileg der Aufmerksamkeit, ohne auf die üblichen Mechanismen der Funktions-Autoritäten der Priesterschaft zurückgreifen zu können. Er ist ein Outcast, ein Sonderling, ein Störenfried – und für viele der Inbegriff des Retters. Er kennt die Spielregeln und die Botschaften der herrschenden

Theologenklasse, er verblüfft durch perfekte Kenntnisse aller Texte, die Grundlage der priesterlichen Lehre sind. Aber er liest sie anders, er deutet sie neu. Die Aufregung ist groß, die Priester-Elite ist alarmiert.

Dieser Rebell ist für Gläubige und Ungläubige ein starker Sinnspender.

Die Dominanz dieses ärmlich gekleideten Menschen, der auf kein Prädikat der höhergestellten Klasse verweisen kann, stammt allein aus der Botschaft, die er vertritt. Machtmittel stehen ihm nicht zur Verfügung. Ehrentitel, die ihm Respekt verschaffen könnten, hat er nicht aufzubieten. Nur seine Botschaft – dass das Leben Sinn macht und dass es nur ein Zeichen ist für die Unendlichkeit, die auf jeden wartet.

Träte heute so einer auf, dann würde der Evolutionsbiologe schon sagen: Alphatier. Sehr dominant. Durchsetzungsfähig. Anerkannt bei den Betatieren. Und, das entscheidende Merkmal: den Omegatieren zugewandt. Ein Freund der Schwachen. Ein Friedensstifter und Hüter seiner Gruppe. Ein überlegener Beschützer nach innen und ein Kämpfer nach außen. Seine Kampfansage an seine Widersacher zeigt unglaublichen Mut. Und er fügt das Unvereinbare zusammen: Sein Charisma wirkt unwiderstehlich, weil er beiden Gruppen angehört: Alphatier und »König«, wie er sich selbst nennt, gehört er zugleich zu den Niedrigsten, den Omegatieren, die in der Rangfolge ganz unten stehen: Ihnen verdankt die Gruppe ihre Heiterkeit und Freude. Alphatier **und** Omegafigur war dieser Jesus von Nazareth, weil eine Leuchtspur der Freude seinen Weg für die andern erhellte.

Auch er, wie das Omegatier im Rudel, wurde preisgegeben an die Raubtiere, und erst jetzt begannen seine Anhänger zu erkennen, was er für sie bedeutet hatte. Rebell und Opfer, Sieger und Verlierer, ein Held, der zu allen gehört und von allen verlassen wird: ein Versöhner der Widersprüche, aus denen sich alle andern nie befreien können. Genau dies fasziniert in seiner Botschaft: Das Hohe kommt zum Niedrigen, alle Menschen werden Brüder. Das Sinn-Versprechen wird zugleich zum Heilsversprechen, weil Vergeblichkeit und Vergänglichkeit mit diesem Heldenauftritt für alle enden sollen. Metaphysischer Sinn-Macher, der Alpha und Omega, Anfang und Ende zusammenbringt, wie er selbst sagt.*

Dass er zugleich eine Stellvertreter-Rolle übernimmt, erhöht seine Glaubwürdigkeit – auch wenn nur wenige ahnen, wie ernst er es damit meint. Die Kontrastharmonie ist sein Merkmal: bescheiden gekleidet, aber stolz und entschieden in seinen Positionen. So belegt sein Auftreten, dass Hoch und Niedrig durch ihn zusammengebracht werden. Er kündigt Frieden einer neuen Qualität an, Frieden über die zeitliche Welt hinaus, und wird als eine einzige Kriegserklärung an die geltende Lehre und ihre Würdenträger verstanden. Er vertreibt die Händler aus dem Tempel, weil es hier, wo die Welt der Sinnversprechen beginnt, nicht um Geschäft geht.

Jesus ein Sinn-Macher? Ein Vorbild für Manager? Nicht ganz so kurz geschlossen. Aber das Menschenbild, mit dem dieser Religionsstifter unterwegs ist, würde sich so mancher Manager schon gern gefallen lassen. Und seine Mitarbeiter auch. Dass die Botschaft ihn allen längst etablierten Führungseliten überlegen macht, nicht Imponiergehabe oder Prahlerei, das ist ein eindrucksvolles Beispiel für natürliche Autorität. Neben seinem Mut ist es der ausgeprägte Gerechtigkeitssinn, der den jungen Mann vertrauenswürdig macht.

Aber er lässt so wenig gelten, was die hochrangigen Funktions-Autoritäten an gültigen Ritualen verteidigen. In einem Konzern wäre er nicht einmal als kreativer Querdenker erwünscht – weil er es zu ernst meint mit seiner Lehre: »Ich bin der Gute Hirte.«

Und da haben wir sie plötzlich, die Führungsgleichnisse, die das Sinn-Management ebenfalls in seinem vollen Ernst zu entfalten versprechen. Da tritt ein Mensch mit transzen-

---

* Offenbarung 1,8; 21,6; 22,13.

Der Antiheld – Alphatier und Guter Hirte

Sein SINN-Versprechen stürzt die herrschende Funktionärsklasse.

Gegen die Zocker, Dealer und Raffer: der Gute Hirte. Der Rebell, das Alphatier.

Klassenlos, ein Outcast.

Religionsstifter:

- Der seine Herde gegen die Löwen verteidigt.
- Der jedes verirrte Schaf sucht.
- Der die Lämmer „in seine Arme sammelt".

Alphatier und Guter Hirte – das Führungsideal, in dem Siegversprechen und SINN-Versprechen zusammenfallen.

dentem Anspruch auf, der absolut widersprüchliche Prädikate benutzt, um immer wieder nur das eine zu sagen: Mein Einsatz für euch ist bedingungslos. Ich lebe für einen Auftrag, der größer ist als ich. Ich bin der Überwinder eurer Zweifel und Ängste. Ich bin ein König. Ein Hirte. Der Retter. Und dann dieser geheimnisvolle Satz: Ich bin, der ich bin.

Vergleiche verboten? Dieser Jesus von Nazareth sagt aber: Eifert mir nach. Vielleicht hätte seine Kirche mehr Gläubige festhalten können, wenn sie sich daran gehalten hätte: Eifert mir nach. Vergleiche sind also erlaubt. Mit der Substanz des Gottessohnes sind ohnehin keine Vergleiche möglich. Aber seine Geschichte, wie sie die Zeitzeugen aufzeichnen, weil sie von allem abwich, was sie sonst erlebten, ist begleitet von Führungsmetaphern, die das Ideal von guter Führung erfassen – mit Metaphern, die noch heute in unserer Sprache lebendig sind.

Wenn wir den Sinn-Manager beschreiben wollen, dann ist er ja auch ein Grenzüberschreiter, ein Rebell. Auch er will den Durchbruch von dem, was vor Augen ist, zu dem, was in den Köpfen und Herzen der Menschen den Glanz für die alltäglichen Vorgänge liefert. Das ist nicht der Glanz des Geldes, sondern ein emotionaler Mehrwert, der aus Anerkennung und Vertrauen, Wertschätzung und Empathie die Sinngewissheit anmischt, die jeden Mitarbeiter ganz sicher macht: Es muss mich geben. Gut, dass ich da bin.

Wir erkennen jetzt, dass mit dem beliebten Begriff der Motivation eben nicht erfasst wird, worum es eigentlich geht: Menschen Lust auf Leistung zu machen ist ein wichtiges Führungsziel. Aber mit welchen Versprechen kann das gelingen? Nur mit Sinn-Versprechen. Du wirst dich in der Anstrengung besser kennenlernen – ein Versprechen, das nicht alle interessiert. Du wirst erleben, wie andere an deiner Leistung teilhaben – auch das fasziniert nicht alle. Aber dies: Du wirst im Erfolgsglück erleben, warum du für alle unentbehrlich bist, die mit dir arbeiten; du wirst erleben, dass du mehr kannst, als du wusstest – und ahnen, dass du morgen noch mehr können wirst: Du wirst Grenzen sprengen, mit denen du dich abgefunden hattest – und du wirst begreifen, dass dich nichts aufhalten wird, außer du selbst.

Der Sinn-Macher des Christentums, Jesus von Nazareth, nimmt ein Führungsgleichnis auf, das schon bei den Propheten des Alten Testaments eine wichtige Rolle spielt: das Gleichnis vom Hirten. Der Gute Hirte ist die Idealfigur, mit der immer wieder das Führungsideal umrissen wird: verständlich in der Welt der Viehzüchter und Ackerbauern, aber von so hohem Symbolwert, dass ein Blick auf dieses Herrschergleichnis lohnt. Denn der Gute Hirte hütet und weidet seine Schafe nicht nur, er baut auch ihre Hürden, um sie vor Angriffen zu schützen, und er schreit die Löwen an, die seine Herde bedrohen. Der Löwe brüllt, und der Hirt schreit zurück – ein ungleicher Kampf, aber der Mut des Hirten geht noch weiter: Er kämpft gegen den Löwen, der seine Herde bedroht. David, der schöngeistige Harfenspieler, hütet die Herden seines Vaters und kämpft einen Bären und einen Löwen nieder (1. Buch Samuel, Kap. 34 f.). Das Bild vom Guten Hirten umfasst scheinbare Widersprüche; auch er ist ein Held der Kontrastharmonien: Kämpfer gegen Raubtiere, aufmerksamer Beschützer, der jedem verirrten Tier nachklettert – und zum äußersten Opfer für die anvertraute Herde bereit: »Der gute Hirte lässt sein Leben für die Schafe« (Johannes 10,12). Es geht nicht um den Wortlaut, aber sicher um die Grundhaltung.

Es gibt kaum konsequentere Bilder der wechselseitigen Bindung von Führung und Geführten in der Geistesgeschichte als dieses auf den ersten Blick sehr einfache Bild vom Hirten und seiner Herde. Letzter Einsatz des Hirten für jedes einzelne Tier seiner Herde, und die »verlorene Herde«, wenn der Hirt sich nicht um sie kümmert. Eine Herde ohne Hirt zerstreut sich; bald brüllt der junge Löwe über seiner Beute (Psalm 104, 21 und öfter).

Natürlich hat der Hirt im theologischen Sinne die Seelen zu hüten (1. Petrus 2, 25).

Aber wer, nach allem, was wir über die psychische und emotionale Verletzlichkeit von Menschen wissen, wagt noch die Behauptung, mit den Seelen seiner Leute habe der Manager in der modernen Wirtschaft nun wirklich nichts zu tun? Was will er tun, wenn Mitarbeiter »Schaden nehmen an ihrer Seele«? Anweisungen zur besseren Verpackung der Seele geben? Gleichzeitig aber einen Einsatz »mit Leib und Seele« für die Firma wünschen? – Nur als Sinn-Manager kann er sich das leisten, weil er um die Verwundbarkeit der Seelen weiß, um die Zerbrechlichkeit von Vertrauen und um die Siegerqualitäten, die ein Team mit psychisch präsenten und emotional sicheren Leuten entwickelt.

Der Vorrat der Gleichnisse aus der Hirtenwelt wird noch realistischer, wenn beim Propheten Hesekiel von den Schafen die Rede ist, die sich fettfressen und andere zur Seite drängen und »die Schwachen von sich stoßen mit ihren Hörnern« (Hesekiel 34. 20 f.).

Mobbing, würde ein launiger Beobachter aus dem 21. Jahrhundert vielleicht sagen. Auch die Ausbeutung der Mitarbeiter durch egozentrische Vorgesetzte wird von Hesekiel beschrieben: Die »Hirten, die sich selbst weiden! Sollen nicht die Hirten die Herde weiden?« Die Anklage wird drastisch:

> »... ihr fresset das Fette, und kleidet euch mit der Wolle, und schlachtet das Gemästete; aber die Schafe wollt ihr nicht weiden. Der Schwachen wartet ihr nicht, und die Kranken heilt ihr nicht, das Verwundete verbindet ihr nicht, das Verirrte holt ihr nicht, und das Verlorene sucht ihr nicht; sondern streng und hart herrschet ihr über sie.« (Hesekiel 34, 3 f.)

Führen oder Herrschen? Die harte Herrschaft ist eine Herrschaft ohne Zuwendung zu den Schwachen, das ist die knappe Fassung dieser heftigen Anklage. Härte heißt also nicht Leistungsanspruch, sondern Mangel an Erbarmen.

Hirten sind es auch, die als Erste von der Ankunft des Heilsbringers erfahren (Lukas 2, 8 ff.). Hätte die Nachricht die herrschende Klasse der Priester erreicht, so hätten sie ähnlich reagiert wie der König Herodes: mit Mordplänen. Die Hirten sind arglos genug, der Botschaft zu glauben und zum Ort des Geschehens zu eilen. Quintessenz ist wieder: Die Herrschenden wollen keinen Retter.

Bei Johannes im Neuen Testament gibt es das schöne Beispiel, das phantasiebegabte Leute auf den Unterschied zwischen Unternehmern und angestellten Managern bringen könnte: Der »Mietling«, dem die Schafe nicht gehören – »der nicht Hirte ist«, »sieht den Wolf kommen und verlässt die Schafe und flieht; und der Wolf erhascht und zerstreut die Schafe. Der Mietling aber flieht; denn er achtet der Schafe nicht.« (Johannes 10, 12f.) Ich, der Gute Hirte, »erkenne die Meinen und bin bekannt den Meinen«, fügt Jesus, der natürlich der Sprecher ist, aufklärend hinzu. Es geht eben nicht um Schafe und Hirten, es geht um das Einstehen für die, die sich auf uns verlassen. Dafür müssen wir wissen, wer wir sind – wir und die andern. Der »Mietling«, der den Wolf kommen sieht und seine Leute preisgibt, um sich selbst zu retten – er könnte in mancher der heute umgehenden Skandalgeschichten wiedergefunden werden, in denen die »Mietlinge« zu vergoldeten Fluchten aufbrechen, ohne an ihre verlorenen Teams zu denken.

Wer bei dem Stichwort vom Guten Hirten an eine Softvariante aus einer längst überholten Welt der kuschelweichen Herden-Idyllen gedacht hat, der weiß jetzt jedenfalls mehr: Es ist die Welt der Raubtiere und des hohen Ethos, in die das Hirtengleichnis uns führt. Handelt der Sinn-Manager wie der Gute Hirte, fühlt er seine Verantwortung so umfassend, dass er für Schwache und Starke zuständig ist, dann ist seine Führungseignung größer als die aller Zocker und Dealer und Entertainer, von denen wir heute Proben ihrer Mentalität sehen.

Der Gute Hirte ist dominantes Alphatier und sanfter Hüter in einer Person. Bei dem Propheten Jesaja steht es in schönen Worten: »Er wird seine Herde weiden wie ein

Hirte; er wird die Lämmer in seine Arme sammeln, und in seinem Busen tragen, und die Schafmütter führen.« (Jesaja 40, 11)

Umfassender kann das Bild einer Führungspersönlichkeit nicht sein. Auch wer nichts mit der christlichen Botschaft im Sinn hat, erkennt das hochkomplexe Bild von Führungsverantwortung, das hier entworfen wird. Zornige Verteidigung der Schutzbefohlenen und äußerster Einsatz für Verirrte oder »Verlorene« stehen neben zartfühlender Umarmung für den Nachwuchs und liebevoller Fürsorge für die Mütter.

Ist es zu umfassend, dieses Führungsideal? Es stammt aus einer von allen Seiten bedrohten, einer kriegszerrissenen Welt, wo Überleben auch mit Brutalität und Rücksichtslosigkeit gelingen konnte. Das hohe Ethos dieser Bilder vom Guten Hirten zeigt die Hochachtung für das, was wir heute die Würde des Menschen nennen, und die Ermahnung, gerade die Schwachen mit größter Aufmerksamkeit zu begleiten. Es verbindet Leistungsideale mit sozialen Pflichten.

Wie lebendig das Bild vom guten Hirten in den Köpfen und Herzen vieler Menschen auch heute noch ist, zeigt eine der ergreifendsten Begebenheiten vom Schreckensmorgen des 11. September 2001. Der Passagier Todd Beamer an Bord von United Airlines-Flug 93, jener Maschine, die nach dem todesmutigen Angriff von Passagieren auf die Terroristen bei Pittsburgh auf freies Feld stürzte statt auf Camp David, erreichte bei seinen Versuchen, seine Frau anzurufen, schließlich nur noch die Vermittlerin, der er so viele Details wie möglich berichtete. Er wusste, dass er sterben würde. Und er bat die Telephonvermittlerin, mit ihm den 23. Psalm zu sprechen, der vom Guten Hirten handelt. Sie sprachen den Psalm gemeinsam.

»Der Herr ist mein Hirte; mir wird nichts mangeln.
Er weidet mich auf einer grünen Aue und führet mich zum frischen Wasser.

Er erquicket meine Seele; er führet mich auf rechter Straße um seines Namens willen.

Und ob ich schon wanderte im finstern Tal, fürchte ich kein Unglück;

denn du bist bei mir, dein Stecken und Stab trösten mich.

Du bereitest vor mir einen Tisch im Angesicht meiner Feinde. Du salbest mein Haupt mit Öl und schenkest mir voll ein.

Gutes und Barmherzigkeit werden mir folgen mein Leben lang, und ich werde bleiben im Hause des Herrn immerdar.«

»Stecken und Stab«: Der junge David trat mit nichts als seinem Hirtenstab vor die Armee der Philister, aber seine Hand umklammerte einen Stein in seiner Tasche. Den warf er Goliath an die Stirn.

Dass die Zufallsbegegnung der beiden Amerikaner am Telephon auch zwei Menschen ins Gespräch brachte, die beide den 23. Psalm auswendig kannten, mag viele Deutsche befremden. Auch das ist ein Unterschied zwischen Deutschland und Amerika.

Die Sinn-Macher. Erben Davids oder Goliaths? Wer will schon Goliath sein? Und wer wagt es, David zu sein? Sind die Sinn-Macher Erben des Todeskandidaten Jesus von Nazareth? Schüler seiner Tugenden?

- Alphatiere mit Omega-Wissen.
- Umstürzler mit sanfter Seele.
- Kompromisslose Gegner von Funktionärscliquen.
- Leidenschaftliche Vertrauenspartner ihrer Leute.
- Entschiedene Entlarver falscher Rituale.
- Verteidiger von Gerechtigkeit, Mut und Maß.
- Integratoren: Ihre Welt ist rund. In ihr leben Männer, Frauen und Kinder.

2 Alpha braucht Omega

Alphatiere wollen sie sein, die Topmanager. Dominanz und Kampfbereitschaft sehen sie als ihre Vorzüge, die auf den Spitzenplatz geführt haben. Rivalen sind zurückgeblieben, die meisten Entscheidungskämpfe sind unblutig abgelaufen, anders als im Tierreich. Aber die Verletzungen bei Gewinnern und Verlierern sind in der Menschheit nicht so harmlos, wie der Sieger behauptet. Von den Verlusten und Opfern auf der Karrierestrecke handeln viele Kapitel dieses Buches.

Ein Alphatier zu sein, das heißt überall letztlich oben zu bleiben, weil die andern bei ihren Angriffen schließlich ermüden. In Männergesprächen klingt das Wort wie eine magische Formel auf, wenn Gleichstarke zusammen sind: Alphatiere unter sich.

Erst wenige Männer wissen, dass es Alphaordnungen auch bei weiblichen Tieren – und Menschen gibt. Im globalen Business-Szenario sind einige unterwegs, die diesen Ehrentitel verdienen. In Männerrunden spielt diese parallel aufgebaute Rangordnung noch immer keine Rolle. Topfrauen wären nach diesem Schema leicht zu erkennen – aber Männer haben keine Vorstellung von Alpha-Frauen; sie haben nur eine von Frauen. Solidarität zwischen männlichen und weiblichen Alphatieren gelingt nur an ganz wenigen Plätzen. Die Männer buchstabieren noch, sie brauchen Zeit.

Wer im Kampf um die Spitze verliert, bleibt selten länger im gleichen Team. Er hat unter Menschen nicht die Chance, die bei den Wölfen gilt: eine neue Rolle zu besetzen, die des sanftmütigen und sensiblen Helfers für andere Verlierer. Das Menschenrudel friert Besiegte aus, mit der offiziellen Begründung, ihr »*Standing*« sei ja nun beschädigt. In Wahrheit will die Gruppe nicht mit den Spuren der gewaltsamen Entscheidung konfrontiert werden; das Opfer muss aus den Augen aller, die sich als Mittäter fühlen.* Eine Wettbewerbsmoral, die den Kampf um die Spitzenposition zu einem *fight* um Sein oder Nichtsein macht, widerspricht jeder auch nur durchschnittlichen Unternehmensphilosophie. Aber alle männlichen Täter und Opfer sehen die Auseinandersetzung als eine endgültige. Dazu passt die Neigung, Spitzenplätze viel länger gegen Nachwuchs zu verteidigen, als dem Geschäft guttut. Selbst wenn ein weitblickender, ethisch sensibler Manager, der in die Führungsposition gelangt ist, den besiegten Kontrahenten bittet, im Spitzenteam zu bleiben; selbst wenn eine Alpha-Frau ihn dazu bewegen möchte: In den meisten Fällen geht der Besiegte, solidarischer Partner der befangenen Kollegen, damit diese wieder frei atmen können. Nicht selten taucht der Verlierer auf einem andern Spitzenplatz wieder auf, und die früheren Sieger staunen nun auf Distanz über seine Fähigkeiten.

Wenn die »Alphas« zusammensitzen, wird nie einer fragen: Und wer sind die andern? Die andern sind eben die andern; verwechselbar, nicht siegverdächtig, Chefs der tieferen Ebenen und Mitarbeiter. Normalmenschen eben. Man braucht viele davon, während es von der eigenen, der Alpha-Spezies, nur wenige gibt.

In gut geführten Firmen reicht der Blick dieser selbstbewussten Elite freilich weiter in die Zukunft. Die Schattenmannschaft hinter den führenden Managern steht; die Einspringer und Ersatzleute sind ausgewählt und werden intensiv beobachtet und gefördert.

Wenn wir einen Blick in die Welt werfen, aus der die Alphaformel kommt, die Welt der Wölfe zum Beispiel, dann

---

* Vgl. G. Höhler, Wölfin unter Wölfen, S. 123–134.

gehört zu diesen unterschwelligen Auswahlprozessen auch ein »Qualitätsmanagement«, das menschliche Alphatiere sich ansehen sollten. Wenn es um die Jagd auf eine Beute geht – im Management also um ein Geschäft – und andere schnelle Jäger haben dieselbe Fährte aufgenommen, dann beginnt das Spiel um die Fitness des eigenen Rudels: Der Wettbewerber spielt ungewollt die Rolle des Trainers, er macht die Wölfe schneller, wenn er schnell ist. Der Wettkampf um eine wertvolle Beute wird oft nur dazu genutzt, die eigenen Reserven zu testen und zu steigern. Umgekehrt lässt das Rudel oft von einer »allzu leichten« Beute ab, weil sie das Jagdgeschick unterfordert. Das Spielerische mischt sich übergangslos in die »ernsten« Prozesse, denn Beutemachen heißt Überleben. Zugleich muss der gute Trainingszustand des Rudels erhalten bleiben, da schaden Erfolgserlebnisse auf niedrigem Niveau.

Menschlich gedacht? Nein, nur gelesen, wie der spontane Wettbewerb bei Tieren abläuft, die in anspruchsvollen und vorbildlichen sozialen Ordnungen leben. Zudem ist der Wolf einer der ältesten Lebensgenossen des Menschen. Menschen werden als Leittiere akzeptiert, wenn die Wölfe schon als Welpen, also »Kleinkinder«, mit ihnen zusammen sind. Wölfe suchen auch die Nähe des Menschen, wenn sie als Jungtiere verlassen oder verwaist sind. Sie haben ein ausgeprägtes Empfinden für Fairness, das auch im Alltag des Rudels eine wichtige Rolle spielt. Nie bleibt ein Verlierer allein; während der Sieger mit der Demonstration seiner neuen Macht beschäftigt ist, suchen »Solidarische« aus der Verlierergruppe die Nähe des verletzten Besiegten. Sie legen sich neben ihn und lecken seine Wunden. Im Menschenrudel ist es tabu, sich in die Nähe des Verlierers zu begeben; schon deshalb muss er das Team verlassen, weil er isoliert wäre, ein Paria, ein Aussätziger, der wie der Träger einer ansteckenden Infektion gemieden wird. Da spielt nicht nur Aberglaube mit; die unreife Kultur der meisten Unternehmen zeigt hier ihre Defizite. Schaut den Wölfen zu, wenn ihr eine gute Siegerkultur entwickeln wollt, so möchte man den defizitären Alphatieren auf zwei Beinen sagen.

Sie sind, auch in der Menschenwelt, immerhin die weithin sichtbaren Figuren, die als Klima-Macher und Vorbilder für den Nachwuchs gelten. Sind die Alphatiere im Wolfsrudel die »Manager« für die Optimierung des Erbgutes der Gruppe, so haben Führungspersönlichkeiten unter Menschen im übertragenen Sinne natürlich die gleiche Aufgabe: Sie sollen die Ansprüche der Firma an die Qualität des Spitzenpersonals nicht nur halten, sondern ausbauen und den neuen Erfordernissen anpassen. Dafür reicht der Sieg über den Mitbewerber nicht aus. Die fatale Mischung aus Brutalität und Verlegenheit, die zur »Entsorgung« des Unterlegenen führt, gibt in der ganzen Firma ein beklemmendes Beispiel für die Standards, die »ganz oben« gelten. Das Misstrauen der nächsten Führungsebenen wird gefüttert, und das Ressentiment der Mitarbeiter, die fern von der Spitze »ihr Bestes« geben sollen, erhält neue Nahrung. Solche Alpha-Auftritte sind das Gegenteil von Qualitätsmanagement. Vertrauenskultur rückt in weite Ferne, und Sinn-Management wird als exotische Vokabel abgetan.

Was die Alphatiere unter den Menschen nicht wissen: Das Team wird mit ihrer Leistung nicht satt. Was sie nach oben abschließen und stolz repräsentieren, das Rudel in seiner Kampfstärke und Leistungsbereitschaft, das kann vom hohen Anspruch der Topleute allein nicht leben. Was die »Mitarbeiter« im Rudel zusammenhält, was für Jagdstimmung und Erfolgsglück entscheidend ist, das kommt vom andern Ende der Skala, wo Alpha-Tiere sich nicht auskennen: Es heißt Omega. Omega-Tiere, so nennen die Forscher jene Wölfe, die zart und schwach wirken, auf der untersten Stufe der Rangordnung stehen und sich auch so verhalten: Sie warten immer mit dem Fressen, bis die andern satt sind. Aber sie spielen gern, sie sind die Spaßmacher im Rudel, sie verbreiten eine heitere, freudige Stimmung. Der zarte Omega-Wolf ist der Joker des Rudels, zuständig für Wohlbefinden und Harmonie.

Wirklich deutlich wird seine tragende Rolle erst, wenn er plötzlich fehlt. Forscher aus dem *Wolf Education and Re-*

search Center in Idaho, USA, haben einen Film gedreht, in dem eine kleine, schwarze Wölfin diese hochwirksame Randfigur im Rudel spielte; demütig, ohne jeden Geltungsdrang, verspielt und immer gut gelaunt. Die Forscher kannten ihre Rolle als Omega-Wolf, am Ende der Rangordnung, aber, wie sich dann herausstellte, fast unentbehrlich. Ein Puma kam in das Revier des Rudels und riss diese schwächste Wölfin. Plötzlich war ihr Platz leer.

Mit ihr verschwand die Spielfreude aus dem Rudel. Die Gruppe trauerte. Die kleine, schwache Wölfin, die niemals auch nur in die Nähe eines Alphatieres hätte aufrücken können, hatte diese Macht besessen: die Macht über die Gefühle im Rudel. Die Depression nach ihrem Verschwinden legte sich nur zögernd. Der Übermut der Balgereien und Spiele wollte nicht wiederkommen. Das Tier mit dem niedrigsten Rang reißt eine Riesenlücke, wenn sein schmaler Platz, fast ein Underdog-Platz in den Nahrungsritualen, leer bleibt. Sozial unscheinbar plaziert, war das kleinste Geschöpf in der Gruppe für deren psychische Kondition ein Riese. Nicht als Jägerin in der Alpha-Reihe trat die kleine Wölfin auf, sondern mit Futter für die Seelen beladen erhellte sie den gemeinsamen inneren Lebensraum.

Die Geschichte bestürzt, weil sie so viele Folgerungen aufdrängt. Die Biologen berichten, dass rangniedrige Tiere oft eine Art »Hofnarrenfunktion« haben. Ihre Stunde ist gekommen, wenn die Alphatiere ihre Arbeit getan haben. Die kleine dunkel gefärbte Wölfin hatte die Achtung ihrer Gruppe; sie wurde nicht gebissen oder abgedrängt – sie wurde nicht »gemobbt«, wie das abweichenden, rangniedrigen Menschen oft geschieht. Das Rudel kannte ihren Wert. Aber es war nicht in der Lage, sie aus dem Kreis der andern Tiere zu ersetzen. Das heißt immerhin: Sie war, gleichviel wie tief unten in der Hierarchie plaziert, völlig unverwechselbar; mit Fähigkeiten, die keines der andern Tiere hatte. Es war eben nicht eine »Rolle«, die sie spielte, sondern es war ihr Wesen, das die Gruppe nährte – mit anderen Stoffen, als die starken Jäger im Rudel es konnten.

Alpha braucht Omega

Die Entdeckung der Wolfsforscher:
Alpha, das Leittier, sichert die Rangordnung oben,
Omega, das Schlusstier mit der verschlüsselten Macht,
sichert sie unten.

Omega sichert die psychische Kondition der Gruppe.
- Hält das Spielvergnügen wach.
- Ist der „Joker“ des Teams.

Omegatiere unter Menschen leben jenseits der Hierarchie.
Sie haben kein Prestige zu verlieren.
Das macht sie allen überlegen.
Sie pflegen als „Narren“ die SINN-Gewissheit der Gruppe.

Als der Puma die Omega-Wölfin holte,
trauerte das Rudel lange.
Omegatiere begreifen wir erst, wenn wir sie verloren haben.

Omega-Tiere:

Das Geheimnis ihrer starken Wirkung im Rudel ist sicher auch dies: dass sie an den Kämpfen um Prestige nicht teilnehmen. Sie haben kein Prestige zu verlieren, deshalb umgibt sie eine eigene Aura der Freiheit. Die schmale Wölfin drängte sich nicht zum Fressen, weil sie keinen höheren Platz unter den dominanten Tieren zu verteidigen hatte. Sie war die einzige, die warten konnte – freier als die andern. Während sich alle im Gerangel um Aufstiege drängen, bleibt sie an ihrem Platz, den ihr niemand streitig macht, weil ihn niemand füllen könnte: jenseits der Hierarchie – in einem viel überlegeneren Sinne, als es Tom Peters in seinem gleichnamigen Buch meinen konnte.

Es ist der Ausnahmeplatz, der die spielende Wölfin, die Animateurin des Rudels, auch zur Stellvertreterin für eine Sehnsucht macht, die alle andern Tiere nie werden zeigen können – außer in der Trauer nach ihrem Tod: die Sehnsucht, sich aus den Zwängen der Hierarchie zu retten: Das Verhaltensmuster des Omega-Tieres ist deshalb mindestens so wertvoll für die Gruppe wie das Alphamuster. Ohne das Omega-Verhaltensmuster wäre dem Rudel die Lebenslust ausgegangen.

Menschen haben Schwierigkeiten, den besonderen Beitrag von rangniedrig eingeschätzten Mitarbeitern zu erkennen. Sie kämpfen nicht nur mit den Vorurteilen, die Erziehung und Ausbildung ihnen mitgeben: Fitness ist das Ideal, Intelligenz das Hauptmerkmal zur Qualifikation in intelligenten Systemen. Wer nicht fit und quick und als Drängler daherkommt, wird spontan geringgeschätzt.

Wer obendrein als Wettbewerber uninteressant ist, wird gar nicht mehr beachtet. Die Kategorien sind so simpel, dass den leiseren Talenten, die dem Team eine Leistung bieten könnten, die nicht in den offiziellen Tauglichkeits-Katalogen steht, kaum eine Chance eingeräumt wird, in eine von Alphamenschen dominierte Gruppe aufgenommen zu werden.

Damit wäre die Geschichte zu Ende, ehe sie angefangen hat. Wo geregelte, nicht natürliche Zugänge vorherrschen, wo der Intellekt, nicht der Instinkt die Mischung regelt, da gibt es nur noch Monokulturen. Intelligente Systeme mit intelligenten Köpfen, systemgerechte Gedanken und Projekte, eine Führung, die ihre Alphakämpfe austrägt – aber keine Spiele, keine verklärende Heiterkeit, die – welche Bedrohung! – von einem Mitglied ausginge, das keinen höheren Platz in der Hierarchie will und der Gier aller andern nach Vorteilen völlig entspannt Platz macht. Verdächtiger kann man sich gar nicht verhalten. Das Omegageschöpf wird in der Vorstellungswelt der Alpha-Süchtigen ein Spion, ein Intrigant. Niemand im Club der Nur-Intelligenten kann sich vorstellen, dass Menschen so sein können: sanft und ohne Ehrgeiz, aber Spezialisten für Heiterkeit und Gelassenheit, Spielleiter gewissermaßen, die nichts anderes wollen als Stimmungsaufhellung, Klimawechsel managen. Nur wo die Führung begriffen hat,

- dass Teams eine Seele haben, die hungrig ist und der Pflege bedarf,
- dass Mitarbeiter Durst auf Sinn haben,
- dass die regulären Systeme genau diese *added values* nicht liefern können,

da schlagen die inneren Seismographen aus, wenn ein unauffälliges, unehrgeiziges Omega-Tier auf der Schwelle steht. Nur souveräne Chefs lassen dieses Geschöpf herein, das alle Merkmale eines überflüssigen Mitarbeiters hat: zu bescheiden, nicht aufstiegsorientiert, nicht ernsthaft genug – und gefährlich entspannt. So groß die Probleme der Alphatiere unter den Menschen mit dem scheuen Wild sind, das wir »Sinn« nennen, so groß ist der Beitrag der Omega-Menschen zur Sinnkultur des Unternehmens. Sie sind es, die zeigen, dass es Heiterkeit und Spielfreude gibt – jenseits der Hierarchien. Sie entwickeln bei dieser Demonstration eine Macht, die zu ihrer offiziell festgestellten »Schwäche« im Prestigesystem einen erstaunlichen Kontrast macht. Sie beweisen ohne großen Aufwand, dass der Kopf ohne Emotionen und Seelennahrung sehr einsam und traurig wird – so traurig wie das Rudel, als die schwächste Wölfin verschwunden war. Omega-Tiere, die am Rande der Menschenrudel leben, zeigen den andern ihre Grenzen, weil sie selbst Grenzgänger sind. Die Omegas liefern den Alphas ein Lehrstück, das nur verschlüsselt bei diesen ankommt – und häufig erst, wenn es zu spät ist. Sogar bei den instinktgesicherten Wölfen war es so: Das Rudel konnte die kleine Wölfin nicht schützen, und es trauerte hilflos, als sie vom Puma zerrissen worden war.

Das Lehrstück vom Gegenpart für die mächtigen Alphatiere ist ein ernstes Stück, weil es im Leben der Menschen überall gilt, nicht nur im Business. Es gilt in Familien und Schulen, auf Spielplätzen und in Ausbildungsbetrieben. Wenn unsere Spontanreaktion auf »schwach« zeigt, müssen wir hinzufügen: Omega. Das Schlusstier der Gruppe. Ein Schutztier eigener Ordnung. Nach unten/außen schützen die Alphatiere die Gruppe nicht, sonst hätte die Omegawölfin nicht sterben müssen. So geht es in der Menschengruppe auch: Die Schutzimpulse für den, der abweicht, springen nicht mehr an. Eher geben wir ihn oder sie spontan preis: Jeder muss kämpfen. Dass er oder sie für die Gruppe vielleicht einen andern Kampf führt, den um das Seelenwohl dieser erfolgstrunkenen Leute, das bemerken die Stärkeren immer zu spät.

Deshalb ist es gut, wenn man weiß, dass es sie gibt. Und dass sie genauso wichtig für das Team sind wie die Sieger an der Spitze – die Omega-Tiere. Sie sind Sieger einer andern Kategorie, sie erlösen immer wieder vom Wettstreit der Arbeiter durch den heiteren Wettlauf der Spieler: Sie wecken den Hunger auf Sinn – und stillen ihn. Alpha braucht Omega.

Literaturhinweise

Barber, B.:The Logic and Limits of Trust, Rutgers University Press, New Brunswick, NJ 1983

Beck, Ulrich/Giddens, Anthony/Lash, Scott (Hg.): Reflexive Modernisierung. Eine Kontroverse, Suhrkamp, Frankfurt am Main 1996

Bell, Daniel: Die nachindustrielle Gesellschaft (amerikanische Erstausgabe 1973), Campus, Frankfurt am Main

Bell, Daniel: Die dritte technologische Revolution und ihre möglichen sozioökonomischen Konsequenzen, in: *Merkur* 44 (1990), S. 28–47

Berning, H.-H.: Grundlage einer Ethik des Sports. Glück oder Sittlichkeit, in: K. Cachy u.a. (Hrsg.): Sport und Ethik, Clausthal-Zellerfeld 1985, S. 74–88

Bierhoff, H.W./Buck, E.: Vertrauen und soziale Interaktion: Alltägliche Bedeutung des Vertrauens, in: Berichte aus dem Fachbereich Psychologie der Philipps-Universität Marburg, Nr. 83, Marburg 1984

Blomqvist, K.: The many faces of trust , in: *Scandinavian Journal of Management* 1997, Vol. 13, S. 271–286

Bly, Robert: Die kindliche Gesellschaft, München 2001

Borsook, Paulina: Schöne neue Cyberwelt. Mythen, Helden und Irrwege des Hightech, dtv, München 2001

Buytendijk, F.J.J.: Wesen und Sinn des Spiels. Das Spielen der Menschen und der Tiere als Erscheinungsform der Lebenstriebe, Berlin 1933/1959

Capra, F.: Lebensnetz. Ein neues Verständnis der lebendigen Welt, Darmstadt 1996

Charan, Ram/ Fichy, Noel M.: Every Business is a Growth Business, Three Rivers Press, New York 1998

Davenport, Thomas H./Prusak, Laurence: Working Knowledge. How Organizations Manage What They Know, Harvard Business School Press, Boston/Massachusetts 1998

Deutsch, M.: Trust and Suspicion, in: *Journal of Conflict Resolution* 1958, 2, S. 265–79

Deutsch, M.: Cooperation and Trust. Some Theoretical Notes, in: M.R. Jones (Ed.), Nebraska Symposiums on Motivation, University of Nebraska Press, Lincoln 1962

Dornes, Martin: Die emotionale Welt des Kindes, Frankfurt am Main 2000

Drucker, Peter F.: Landmarks of Tomorrow, 1959

Drucker, Peter F.: Post-Capitalist Society. New York 1993, Harper Business

Drucker, Peter F.: The Age of Discontinuity, New York 1969, Harper & Row
Drucker, Peter F.: The Age of Social Transformation, in: *The Atlantic Monthly*, Volume 273, Number 11, Boston 1994
Eibl-Eibelsfeldt, Irenäus: Und grün des Lebens goldner Baum. Erfahrungen eines Naturforschers, Köln 1992
Ellison, C.W./Firestone, I.J.: Development of Interpersonal Trust as a Function of Self-esteem, Target Status, and Target Style, in: *Journal of Personality and Social Psychology* 1974,29, S. 655–663
Farson, Richard: Management of the Absurd, Simon & Schuster, New York 1997
Fenzl, Norbert/Hofkirchner, Wolfgang/Stockinger, Gottfried (Hrsg.): Information und Selbstorganisation. Annäherungen an eine vereinheitlichte Theorie der Information, Studien Verlag, Innsbruck-Wien 1998
Fröhlich, G.: Netz-Euphorien. Zur Kritik digitaler und sozialer Netz(werk)-metaphern, in: Schramm, A. (Hrsg.): Philosophie in Österreich, Wien 1996, S. 292–306
Giddens, Anthony: The Consequences of Modernity, Stanford University Press, Stanford 1990
Giddens, Anthony: Leben in einer posttraditionellen Gesellschaft, in Ulrich Beck/Anthony Giddens/Scott Lash (Hg.): Reflexive Modernisierung. Eine Kontroverse, Suhrkamp, Frankfurt am Main 1996, S. 113–194
Golzen, Godfrey/Garner, Andrew: Smart Moves. Successful Strategies and Tactics for Career Management, Penguin Books, London 1990
Guggenberger, Bernd: Das digitale Nirwana.Vom Verlust der Wirklichkeit in der schönen neuen Online-Welt, Reinbek 1999
Haag, H.: Bewegungskultur und Freizeit. Vom Grundbedürfnis nach Sport und Spiel, Osnabrück 1986
Haag, H.: Sportphilosophie, in: Haag, H./Strauß, B.G./Heinze S. (Red.): Theorie und Themenfelder der Sportwissenschaft, Schorndorf 1989, S. 94–123
Heidenreich, Martin/Töpsch, Karin: Die Organisation von Arbeit in der Wissengesellschaft, in: Industrielle Beziehungen, Jg. 5 (1998), Nr. 1, S. 13–44
Hoffmann, D.L./Novak, T.P./Peralta, M.: Building Consumer Trust Online, in: *Communications of the ACM*, Vol. 42, Nr. 4, April 1999, S. 80–85
Höhler, Gertrud: Das Glück, Econ, München 1988
Höhler, Gertrud: Die Zukunftsgesellschaft, Econ, München 1992
Höhler, Gertrud: Herzschlag der Sieger, Econ, München 1987
Höhler, Gertrud: Offener Horizont, Econ, München 1988
Höhler, Gertrud: Spielregeln des Glücks, Econ, München 1988
Höhler, Gertrud: Spielregeln für Sieger, Econ, München 1991
Höhler, Gertrud: Virtuosen des Abschieds, Econ, München 1989
Höhler, Gertrud: Wettspiele der Macht, Econ, München 1998
Höhler, Gertrud: Wölfin unter Wölfen, Econ, München 2000
Höhler, Gertrud/Koch, Michael: Der veruntreute Sündenfall, dva, Stuttgart 1998
Hold, Barbara: Rangordnungsverhalten bei Vorschulkindern, in: *Homo*, 25/1974
Hold, Barbara: Rank and Behavior. An Ethological Study of Preschool Children, in: *Homo*, 28/1977
Kent, Robert W./Schmidt, Lothar: Geld, Königstein 1988
Koller, M.: Sozialpsychologie des Vertrauens. Ein Überblick über theoretische Ansätze, Bielefelder Arbeiten zur Sozialpsychologe 1990, Nr. 153
Krockow, C.V.: Sport- und Industriegesellschaft, München 1972

Krohn, Wolfgang: Rekursive Lernprozesse: Experimentelle Praktiken in der Gesellschaft, in: Technik und Gesellschaft, Jahrbuch 9: Innovation – Prozesse, Produkte, Politik, Frankfurt am Main 1997
Krohn, Wolfgang/Weyer, Johannes: Gesellschaft als Labor, in: Soziale Welt, Jg. 49 (1989), S. 349–373
Kuhlen, R.: Vertrauenssicherung auf elektronischen Märkten, in: *WISU*, 2 (2000), S. 220–226
Lane, Robert E.: The Decline of Politics and Ideology in a Knowledgeable Society, in: American Sociological Magazine, o.O., o.J.
Leadership 2/2001, Publikation der Unternehmensberatung Knight Gianella u. Partner, Zürich
Lenk, H.: Leistungssport: Ideologie oder Mythos, Stuttgart 1972
Lenk, H.: »Manipulation« oder »Emanzipation« im Leistungssport? Die Entfremdungsthese und das Selbst der Athleten, in: Lenk, H./Moser, S./Beyer, E. (Hrsg.), Philosophie des Sports, Schorndorf 1973, S. 67–108
Linneweh, Klaus: Führen kann nur, wer sich selbst führen kann, Fachartikel bei ZFU, CH-Thalwil
Loomis, J.L.: Communication, the Development of Trust, and Cooperative Behavior, in: *Human Relations* 1959, 12, S. 305–315
Lübbe, Hermann: Der Lebenssinn der Industriegesellschaft, Berlin 1990
Luhmann, Niklas: Die Soziologie des Wissens. Probleme ihrer theoretischen Konstruktion, , in: Gesellschaftsstruktur und Semantik, Bd. 4, Suhrkamp, Frankfurt am Main 1995, S. 189–201
Lundvall, Bengt-Ake/Johnson, Björn: The Learning Economy, in: *Journal of Industry Studies* 1, 1994, S. 23–42
Lundvall, Bengt-Ake (Hrsg.): National Systems of Innovation. Towards a Theory of Innovation and Interactive Learning, Pinter, London 1992
Lübbe, Hermann: Der Lebenssinn der Industriegesellschaft. Über die moralische Verfassung der wissenschaftlich-technischen Zivilisation, Heidelberg 1990
Martens, E.: Der Faden der Ariadne. Über kreatives Denken und Handeln, Stuttgart 1991
Meier, H.: Die Herausforderungen der Evolutionsbiologie, Piper, München 1988
Nelson, Richard R.: National Systems of Innovation. A Comparative Analysis, Oxford University Press, Oxford 1993
Paul, M.F.: Power, Leadership and Trust.: Implications for Counselors in Terms of Organizational Change, in: The Personal and Guidance Journal 1982, Vol. 60, S. 538–541
Patel, Parimal/Pavitt, Keith: The Nature and Economic Importance of National Innovation Systems, in: *STI review*, Nr. 14 (1994), S. 9–32
Petermann, Franz: Psychologie des Vertrauens, 3. Auflage, Hogrefe, Göttingen 1996
Picot, A./Reichwald, R./Wigand, R.T.: Die grenzenlose Unternehmung. Information, Organisation und Management, 4. Auflage, Gabler, Wiesbaden 2001
Pfiffner, Martin/ Stadelmann, Peter Daniel: Arbeit und Management in der Wissensgesellschaft. Konzeptualisierung und Lösungsansätze für das Management von Wissensarbeit, Diss. Nr. 1674 Hochschule St. Gallen, Difo-Druck GmbH, Bamberg 1995
Porat, Marc: The Information Economy: Definition and Measurement, US Government Printing Office, Washington D.C. 1977

Postman, Neil: Das Technopol, Frankfurt am Main 1992
Quellen der Identität. Das Selbstverständnis deutscher Topmanager der Wirtschaft, Schriftreihe Identity Foundation, Bd. 2, Düsseldorf 2001
Rehäuser, Jacob/Krcmar, Helmut: Wissensmanagement im Unternehmen, in: Schreyögg, Georg/Conrad, Peter (Hrsg.): Managementforschung 6. Wissensmanagement, Berlin/New York 1996, S. 5–40
Reicheld, F.F./Schefler, P.: E-Loyalty. Your Secret Weapon on the Web, in: *Harvard Business Review*, July/August 2000, S. 106 ff.
Rifkin, Jeremy: Access. Das Verschwinden des Eigentums, Frankfurt am Main 2000
Ripperger, T.: Ökonomik des Vertrauens. Analyse eines Organisationsprinzips, Tübingen 1998, S. 42 ff.
Schawinsky, Karl: Medienkompetenz: Schlüsselqualifikation in der Wissensgesellschaft, Deutscher Instituts-Verlag, Köln 1999
Scheuerl, Hans: Das Spiel, Weinheim 1979
Scheuerl, Hans: Theorien des Spiels, Weinheim 1975
Schiller, F.: Über die ästhetische Erziehung des Menschen, in einer Reihe von Briefen, in: Schillers sämtliche Werke, Bd. 4, Stuttgart 1979, S. 558–634
Schmidbauer, Wolfgang: Evolutionstheorie und Verhaltensforschung, Hoffmann und Campe 1974
Smith, Keith: System Approaches to Innovation. Some Policy Issues, Oslo: Working Paper of the ISE (Innovation Systems and European Integration) Research Project
Spitzer, M.: Geist im Netz. Modelle für Lernen, Denken und Handeln, Darmstadt 1996
Stehr, Nico: Arbeit, Eigentum und Wissen. Zur Theorie von Wissensgesellschaften, Suhrkamp, Frankfurt am Main 1994
Stehr, Nico: Wissensgesellschaften oder die Zerbrechlichkeit moderner Gesellschaften, Vortrag Forschungszentrum Karlsruhe, 12. September 1996
Streich, Richard K.: Managerleben. Im Spannungsfeld von Arbeit, Freizeit und Familie, München 1994
Therborn, Göran: Europas künftige Stellung. Das Skandinavien der Welt?, in: Hradil, Stefan/Immerfall, Stefan (Hrsg.): Die westeuropäischen Gesellschaften im Vergleich, Leske + Budrich, Opladen, S. 573–600
Toffler, Alvin: Powershift. Knowledge, Wealth, and Violence at the Edge of the 21st Century, Bantam Books, New York 1992, (auf Deutsch: Machtbeben. Der globale Vorstoß der Informationseliten, Econ, Düsseldorf 1993)
Turkle, S.: Leben im Netz. Identität in Zeiten des Internet, Reinbek b. Hamburg 1998
Willke, Helmut: Dimensionen des Wissensmanagements. Im Zusammenhang von gesellschaftlicher und organisationaler Wissensbasierung, in: Schreyögg, Georg/Conrad, Peter (Hrsg.): Managementforschung 6. Wissensmanagement, Berlin/New York 1996, S. 263–304
Willke, Helmut: Entzauberung des Staates. Überlegungen zu einer gesellschaftlichen Steuerungstheorie, Athenäum, Königstein/Ts. 1983 (Habilitationsschrift)
Willke, Helmut: Supervision des Staates, Suhrkamp, Frankfurt 1997
Willke, Helmut: Systematisches Wissensmanagement, UTB/ Lucius & Lucius, Stuttgart 1998
Zand, D.E.: Vertrauen und Problemlösungsverhalten von Managern, in: Lück, H.E. (Hrsg.): Mitleid – Vertrauen – Verantwortung, Klett, Stuttgart 1977

Register